PETIT
DICTIONNAIRE
FRANÇAIS

ADOPTÉ POUR LES CLASSES TENUES

PAR

LES FILLES-DE-LA-SAGESSE.

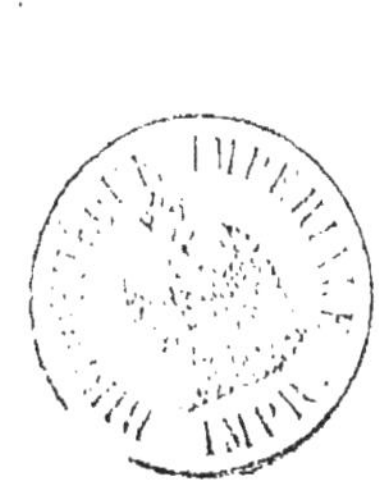

POITIERS

HENRI OUDIN, IMPRIMEUR-LIBRAIRE

RUE DE L'ÉPERON, 4.

1861

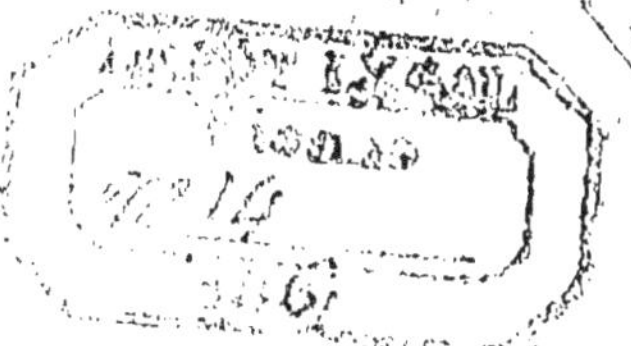

PRINCIPALES ABRÉVIATIONS.

v. verbe.
s. substantif des deux genres.
sm. substantif masculin.
sf. substantif féminin.
a. adjectif.
a. et s. adjectif et substantif.
a. poss. adjectif possessif.
pron. pronom.
ad. adverbe.
prép. préposition.
conj. conjonction.
interj. interjection.

DICTIONNAIRE

D'ORTHOGRAPHE

OU LA PRONONCIATION EST INDIQUÉE LORSQU'ELLE EST IRRÉGULIÈRE.

A

A , *sm.*, voyelle, 1re lettre.
A , *prép.*, prend l'acc. grave.
Abaissement , *sm.*, humilité.
Abaisser, *v.* diminuer, avilir.
Abandon , *sm.* délaissement.
Abandonnement, *sm.*, act. d'
Abandonner, *v.*, délaisser.
Abasourdir , *v.*, étourdir.
Abatage, *sm.* coupe d'arbres.
Abâtardir , *v.*, altérer.
Abâtardissement, altération.
Abatis, *sm.* choses abattues.
Abat-jour *sm.* qui abat la lum.
Abattement *sm.* affaiblissem.
Abattoir, *sm.* tuerie de best.
Abattre , *v.*, mettre à bas.
Abbatial, *pl.* aux , *a.* d'abbé.
Abbaye, *sf.* (*abéie*) couvent.
Abbé, *sm.*, supér. d'abbaye.
Abbesse, *sf.*, sup. d'abbaye.
A b c, *sm.* (*abécé*) alphabet.
Abcès , *sm.*, amas de pus.
Abdication , *sf.*, action d'
Abdiquer , *v.*, renoncer à.
Abdomen , *sm.*, ventre.
Abdominal , *a.* du ventre.
Abécédaire , *sm.*, alphabet.
Abeille , *sf.*, mouche à miel.
Aberration, *sf.*, erreur.
Abétir , *v.*, rendre bête.
Abhorrer , *v.* avoir en horreur
Abîme , *sm.*, gouffre.
Abîmer , *v.*, ruiner.
Abject , e , *a.*, vil.
Abjection, *sf.*, abaissement.
Abjuration , *sf.*, action d'
Abjurer , *v.*, renoncer à.
Ablation, *sf.* retranchement.
Ablution, *sf.* action de laver.
Abnégation, *sf.* renoncement
Aboiement, *sm.* cri du chien.
Abois, *sm. pl.*, extrémités.
Abolir *v.* annuler, supprimer
Abolition, *sf.* action d'abolir
Abominable, *a.*, exécrable.

Abominablement , *ad.*
Abomination, *sf.* exécration.
Abondamment , *ad.*, avec
Abondance *sf.* grande quant.
Abondant, e, *a.* qui abonde.
Abonder , *v.*, être abondant.
Abonnement, *sm.*, marché.
Abonner *v.* faire un abonnem.
Abord, *sm.* accès. [aborder.
Abordable, *a.*, qu'on peut
Abordage, *sm.*, action d'
Aborder, *v.* accoster, débarq.
Abouchement, *sm.* action d'
Aboucher, *v.* mettre en relat.
Abouter, *v.* joindre 2 bouts.
Aboutir, *v.* tendre à, suppurer
Aboutissement, *sm.*, action
    d'aboutir.
Aboyer , *v.*, japper.
Abrégé, *sm.* raccourci, précis
Abréger, *sm.*, raccourcir.
Abreuver , *v.*, faire boire.
Abreuvoir, *sm.* où on abreuve
Abréviateur, *sm.* qui abrége.
Abréviation *sm.* retranchem.
Abri , *sm.*, lieu à couvert.
Abricot, *sm.*, fruit à noyau.
Abricotier, *sm.* arbre fruitier
Abriter, *v.*, mettre à l'abri.
Abrogation , *sf.*, action d'
Abroger, *v.*, annuler.
Abrupt, e, *a.*, escarpé.
Abrutir, *v.*, rendre brute.
Abrutissement, *sm.* stupidité
Absence, *sf.*, éloignement.
Absent, *a.* et *s.* non présent.
Absenter (s'), *v.* s'éloigner.
Absinthe, *sf.* plante, liqueur
Absolu , *a.*, impérieux.
Absolument, *ad.* tout à fait
Absolution *sf.* act. d'absoud.
Absorbant, *a.*, qui absorbe.
Absorber , *v.*, consommer.
Absorption *sf.* act. d'absorber
Absoudre, *v.* déclar. innocent

Absoute, *sf.* absolution publ.
Abstenir (s') , *v.*, se priver.
Abstention *sf.* act. de s'abst.
Abstinence , *sf.*, privation.
Abstinent, *a.*, sobre.
Abstraction, *sf.* act. d'abstr.
Abstractivement *ad.* isolém.
Abstraire, *v.*, séparer.
Abstrait, *a.* vague, indéfini.
Absurde , *a.*, déraisonnable.
Absurdement, *ad.*, avec
Absurdité, *sf.* chose absurde.
Abus, *sm.* mauvais usage.
Abuser, *v.* tromper, user mal
Abusif, *a.* contre les règles.
Abusivement, *adv.* par abus.
Acabit, *sm.*, qualité.
Académicien, *sm.* membre d'
Académie *sf.* comp. savante.
Académique , *a.* d'académie.
Acajou, *sm.*, arbre, bois.
Acanthe, *sf.*, plante.
Acariâtre, *a.* d'humeur aigre
Accablant, *a.*, qui accable.
Accablement *sm.* abattement
Accabler, *v.* abattre, surch.
Accaparement, *sm.* action d'
Accaparer, *v.*, amasser.
Accapareur *s.* et *a.* qui accap.
Accéder, *v.*, consentir.
Accélération, *sf.*, action d'
Accélérer, *v.* hâter, presser.
Accent, *sm.*, signe, ton.
Accentuation, *sf.* manière d'
Accentuer, *v.* mettre l'accent
Acceptable *a.* qu'on peut acc.
Acceptation , *sf.*, action d'
Accepter, *v.* recevoir.
Acception, *sf.* préfér., sens.
Accès, *sm.* abord, retour.
Accessible, *a.*, abordable.
Accession, *sf.* consentement.
Accessit, *sm.*, récompense.
Accessoire, *a.*, moins util.
Accessoirement, *ad.*

Accident, *sm.*, cas fortuit.
Accidenté, *a.*, inégal.
Accidentel, le, *a.*, fortuit.
Accidentellement, *ad.*
Acclamation, *sf.* cri de joie.
Acclimater, *v.*, habituer.
Accolade *sf.* embrass., signe
Accoler, *v.* embrasser, réunir
Accommodable, *a.*, facile.
Accommodage, *sm.*, apprêt.
Accommodant, *a.* aisé, facile
Accommodement, *sm.* accord
Accommoder, *v.*, arranger.
Accompagnateur, trice, *a.* qui accompagne.
Accompagnement *sm.* act. d'
Accompagner, *v.* aller avec.
Accomplir, *v.* achever, exéc.
Accomplissement, *sm.*
Accord *sm.* harmonie, conv.
Accorder *v.* céder, concorder
Accoster, *v.*, aborder.
Accoler, *v.*, appuyer de côté.
Accoucher, *v.*, enfanter.
Accouder (s'), *v.*, s'appuyer.
Accoupler *v.* joindre par deux
Accourcissement, *sm.* act. d'
Accourcir, *v.*, diminuer.
Accourir, *v.*, venir vite.
Accoutrement, *sm.*, act. d'
Accoutrer, *v.* parer ridicul.
Accoutumer, *v.*, habituer.
Accréditer, *v.* donner crédit.
Accroc, *sm.*, déchirure.
Accrochement, *sm.* action d'
Accrocher, *v.*, suspendre à.
Accroire, *v.*, faire croire.
Accroissement, *sm.*, act. d'
Accroître, *v.*, augmenter.
Accroupissement, *sm.* act. de
Accroupir (s'), *v.*, s'asseoir.
Accrue, *sf.*, augmentation.
Accueil, *sm.*, réception.
Accueillir, *v.*, recevoir.
Acculer, *v.* pousser dans un coin.
Accumulateur *sm.* qui accum.
Accumulation, *sf.*, amas.
Accumuler, *v.*, amasser.
Accusateur, *sm.*, qui accuse.
Accusation, *sf.*, action d'
Accuser, *v.*, imputer.
Acensement, *sm.*, action d'
Acenser, *v.* donner à ferme.
Acerbe, *a.*, âpre.
Acétique, *a.*, piquant.
Achalander, *v.*, procurer des chalands.
Acharnement, *sm.*, fureur.
Acharner *v.* irriter, s'attach.
Achat, *sm.*, acquisition.
Acheminement, *sm.* action d'
Acheminer, *v.*, se diriger.

Acheter, *v.*, acquérir.
Acheteur, *sm.*, qui achète.
Achèvement, *sm.*, fin.
Achever, *v.* finir, compléter.
Acide, *sm.* aigre.
Acidité, *sf.*, qui est acide.
Aciduler, *v.*, rendre acide.
Acier, *sm.*, fer épuré.
Acolyte, *sm.*, compagnon.
Acoustique, *sf.*, art des sons.
Acquéreur, *sm.* qui acquiert.
Acquérir, *v.*, acheter.
Acquiescement, *sm.* action d'
Acquiescer, *v.*, consentir.
Acquisition, *sf.*, achat.
Acquit, *sm.*, quittance.
Acquittement, *sm.* action d'
Acquitter, *v.* payer, absoudre
Acre, *sf.*, mesure agraire.
Acre, *a.* piquant, caustique.
Acreté, *sf.*, qualité âcre.
Acrimonieux, *a.*, qui a de l'
Acrimonie, *sf.*, âcreté.
Acrobate, *sm.* saltimbanque.
Acrostiche, *sm.* pièce de vers
Acte, *sm.*, action, écrit.
Acteur, trice, *s.*, qui joue un
Actif, ve, *a.*, qui agit. [rôle.
Action, *sf.*, acte, opération.
Actionnaire, *sm.* qui a action
Actionner, *v.* agir en justice.
Activement, *ad.* avec activité
Activer, *v.* donner de l'activ.
Activité, *sf.*, faculté active.
Actuel, le, *a.*, présent.
Actuellement, *ad.*
Acutangle, *a.* à angles aigus
Adage, *sm.*, proverbe.
Adapter, *v.* ajuster. [calcul.
Addition, *sf.* ce qu'on ajoute,
Additionnel, le, *a.* ajouté.
Additionner, *v.*, ajouter.
Adepte, *sm.*, initié.
Adhérence, *sf.*, union.
Adhérent, *s.* et *a.* attaché à.
Adhérer, *v.*, être attaché à.
Adhésion, *sf.* act. d'adhérer.
Ad hoc, *loc. ad.*, spécial.
Adieu *sm.* salut en se quittant
Adjacent, *a.* qui est auprès.
Adjectif, *a.* et *sm.* qui qualifie
Adjectivement, *ad.*
Adjoindre, *v.*, joindre avec.
Adjoint, *sm.*, qui aide.
Adjudant, *sm.* officier milit.
Adjudicataire, *smf.* à qui on adjuge.
Adjudicatif, ve, *a.* qui adjuge
Adjudication, *sf.*, action d'
Adjuger, *v.*, décerner.
Adjurer, *v.*, commander.
Admettre, *v.* recevoir. [régit
Administrateur, trice, *s.* qui

Administratif, ve *a.* d'admin.
Administration, *sf.* direction
Administrativement, *ad.*
Administrer, *v.*, régir.
Admirable, *a.*, très-beau.
Admirateur, trice, *s.* qui adm.
Admiratif, *a.*, qui exprime l'
Admiration, *sf.*, action d'
Admirer, *v.*, trouver beau.
Admissible, *a.*, apte à l'
Admission *sf.* act. d'admettre
Admonition, *sf.* réprimande.
Adolescence, *sf.*, jeunesse.
Adolescent, *s.* et *a.*, jeune.
Adonis *sm.* beau jeune homm
Adonner (s'), *v.*, se livrer à.
Adopter, *v.* prendre pour fils.
Adoptif, ve, *a.* qui est adopté.
Adoption, *sf.* act. d'adopter.
Adorable *a.* digne d'adoration
Adorateur, trice, *s.* qui adore
Adoration *sf.* amour extrême
Adorer, *v.*, rendre un culte.
Adosser, *v.*, appuyer le dos.
Adoucir, *v.*, rendre doux.
Adoucissant, *sm.* qui adoucit.
Adoucissement *sm.* act. d'ad.
Adragant, e, *sf.*, gomme.
Adresse, *sf.* indication, ruse.
Adresser, *v.*, envoyer.
Adroit, *a.* qui a de la dextérité
Adroitement, *ad.*
Adulateur, trice, *s.* flatteur.
Adulation, *sf.*, flatterie.
Aduler, *v.* flatter bassement.
Adulte, *a.* et *s.*, adolescent.
Adultère, *a.* et *s.* qui viole la foi conjugale.
Adverbe, *sm.* partie du disc.
Adverbial, *a.* de l'adverbe.
Adverbialement, *ad.*
Adversaire, *s.*, opposé.
Adverse, *a.*, contraire.
Adversité, *sf.*, malheur.
Aérer, *v.*, donner de l'air.
Aérien, ne, *a.* de l'air. [ciel.
Aérolithe *sf.* pierre tomb. du
Aérostat *sm.* ballon. [au ball.
Aérostatique, *a.* qui a rapport
Affabilité, *sf.*, bonté.
Affable, *a.* qui a de l'affabilité
Affadissement, *sm.*, effet d'
Affadir, *v.*, rendre fade.
Affaiblir, *v.*, rendre faible.
Affaiblissement *sm.* faiblesse
Affaire *sf.* occupation, procès
Affairé, *a.* accablé d'affaires
Affaissement, *sm.*, act. de s'
Affaisser, *v.*, abaisser.
Affamer, *v.*, causer la faim.
Affectation, *sf.*, action d'
Affecter, *v.* faire ostentation, rendre malade.

Affectif, ve, *a.*, qui émeut.
Affection, *sf.*, action d'
Affectionner, *v.*, aimer.
Affectueusement, *ad.*
Affectueux, se, *a.*, aimant.
Affermer, *v.* donner à ferme.
Affermissement *sm.* action d'
Affermir, *v.*, rendre ferme.
Afféterie, *sf.*, affectation.
Affiche, *sf.* placard public.
Afficher, *v.* mettre des affich.
Afficheur, *sm.*, qui affiche.
Affidé, *a.*, émissaire.
Affiler, *v.*, aiguiser.
Affiliation, *sf.*, association.
Affilier, *v.*, initier, associer.
Affinage, *sm.*, action d'
Affiner, *v.*, rendre plus fin.
Affinité, *sf.*, conformité.
Affirmatif, ve, *a.* qui affirme.
Affirmation, *sf.*, assertion.
Affirmativement, *ad.*
Affirmer, *v.* assurer.
Afflictif, ve, *a.*, qui afflige.
Affliction, *sf.* peine, déplaisir
Affligeant, te, *a.* qui afflige.
Affliger, *v.* causer de la peine
Affluence, *sf.*, abondance.
Affluent, *sm.*, qui afflue.
Affluer, *v.* arriver en foule.
Affoler, *v.* rendre passionné.
Affranchissement, *sm.* act. d'
Affranchir, *v.*, rendre libre.
Affréter, *v.* louer un vaisseau
Affreusement, *ad.*
Affreux, se, *a.*, effroyable.
Affriander, *v.* rendre friand.
Affront, *sf.* injure, outrage.
Affronter, *v.*, braver.
Affublement, *sm.*, action d'
Affubler, *v.* vêtir, couvrir.
Affût *sm.* t. milit. et de chasse
Affûtage, *sm.* action d'
Affûter, *v.*, aiguiser.
Afin, *conj.* qui marque le but
Agacement, *sm.* irritation.
Agacer, *v.* provoquer, exciter
Agacerie, *sf.*, provocation.
Agapes, *sf. pl.*, repas.
Agaric, *sm.*, champignon.
Agate, *sf.*, pierre dure.
Age, *sm.*, période, durée.
Agé, *a.*, avancé en âge.
Agence, *sf.* charge d'agent.
Agencement, *sm.*, action d'
Agencer *v.* disposer, ajuster
Agenda, *sm.* portefeuille.
Agenouiller *v.* mett. à genoux
Agent, *sm.* qui agit, employé
Agglomération, *sf.* réunion.
Agglomérer, *v.*, assembler.
Agglutination, *sf.*, réunion.
Agglutinatif, *a.*, qui colle.

Agglutiner, *v.* réunir, coller
Aggraver *v.* rendr. plus grave
Agile, *a.*, léger.
Agilement, *ad.*, avec agilité.
Agilité, *sf.*, légèreté.
Agio, *sm.*, intérêt d'argent.
Agiotage, *sm.*, act. d'
Agioter, *v.*, spéculer.
Agioteur, euse, *s.* qui agiote.
Agir, *v.*, être en action.
Agitateur, trice, *s.* qui agite.
Agitation, *sf.*, ébranlement.
Agiter, *v.* ébranler, troubler.
Agneau, *sm.*, petite brebis.
Agnelet, *sm.*, petit agneau.
Agonie *sf.* lutte contr. la mort
Agoniser, *v.*, être à l'agonie.
Agrafe, *sf.*, petit crochet.
Agrafer, *v.*, accrocher.
Agraire, *a.* relatif aux terres.
Agrandir, *v.*, accroître.
Agrandissement *sm.* accrois.
Agréable, *a.* qui plaît.
Agréablement, *ad.*
Agréé, *sm.* offic. de justice.
Agréer, *v.*, plaire.
Agrégation, *sf.*, association.
Agrégé, *sm.*, amas, grade.
Agréger, *v.*, associer.
Agrément, *sm.*, plaisir.
Agrès, *sm. pl.* t. de marine.
Agresseur, *sm.*, qui attaque.
Agression, *sf.*, attaque.
Agreste, *a.*, rustique.
Agricole, *a.*, des champs.
Agriculteur, *sm.* cultivateur.
Agriculture, *sf.*, culture.
Aguerrir, *v.*, accoutumer à.
Aguets (aux), *sm. pl.* épier.
Ahi! ou Aïe! *int.*, de douleur
Aide, *sm.* qui aide, *sf.* act. d'
Aider, *v.*, assister. [mère.
Aïeul, e, *s.* grand-père, grand'
Aïeux, *sm. pl.*, ancêtres.
Aigle, *sm.* oiseau, *f.* enseigne
Aigre, *a.*, acide, rude.
Aigrelet, *a.*, un peu aigre.
Aigrement, *adv.*
Aigrette, *sf.* oiseau, panache
Aigreur, *sf.*, goût aigre.
Aigrir, *v.*, rendre aigre.
Aigu, ë, *a.* terminé en pointe
Aiguière, *sf.*, vase à eau.
Aiguille, *sf.*, pointe d'acier.
Aiguillée, *sf.* longueur de fil
Aiguillette, *sf.* cordon ferré.
Aiguillon, *sm.*, bâton, dard.
Aiguillonner, *v.*, exciter.
Aiguisement, *sm.* (ui) act. d'
Aiguiser, *v.*, rendre aigu.
Ail, *pl.* aulx, *sm.*, oignon.
Aile, *sf.*, ce qui sert à voler
Ailé, *a.*, qui a des ailes.

Aileron, *sm.*, bout de l'aile.
Ailleurs, *ad.* en autre lieu.
Aimable *a.* digne d'être aimé
Aimant, *sm.* qui attire le fer.
Aimanter, *v.* frotter d'aimant
Aimer, *v.* avoir de l'affection
Aine, *sf.*, joint de la cuisse.
Aîné, *a.*, premier né.
Aînesse, *sf.*, priorité d'âge.
Ainsi, *ad.*, de cette façon.
Air, *sm.*, vent, apparence.
Airain, *sm.*, esp. de bronze.
Aire, *sf.* où l'on bat le blé, nid
Airelle, *sf.*, arbrisseau.
Ais, *sm.*, planche de bois.
Aisance, *sf.*, facilité.
Aise, *sf.*, état commode.
Aisé, *a.*, facile, riche.
Aisément, *ad.*, facilement.
Aisselle, *sf.* dessous du bras.
Ajournement, *sm.*, action d'
Ajourner, *v.*, différer.
Ajouter, *v.*, joindre à.
Ajustage, *sm.* act. d'ajuster.
Ajustement, *sm.*, parure.
Ajuster, *v.* arranger, parer.
Ajusteur, *sm.*, qui ajuste.
Alambic, *sm.* vase à distiller
Alambiquer, *v.*, raffiner.
Alarmant, *a.*, qui alarme.
Alarme, *sf.* signal du danger
Alarmer, *v.* donner l'alarme.
Alarmiste, *sm.*, qui alarme.
Albâtre, *sm.* sorte de marbre
Album, *sm.* (om), tablettes.
Albumine, *sf.*, blanc d'œuf.
Alcali, *sm.*, sel chimique.
Alcool, *sm.* esprit de vin pur.
Alcoolique, *a.*, de l'alcool.
Alcoran, *sm.* loi de Mahomet
Alcôve, *sf.*, place du lit.
Alène, *sf.*, poinçon.
Alentour, *ad.* aux environs.
Alerte, *a.*, vif, *sf.*, alarme.
Algèbre, *sf.*, science.
Algébrique, *a.*, de l'algèbre.
Algébriste *sm.* qui sait l'alg.
Alidade, *sf.*, règle mobile.
Aliénable, *a.*, vendable,
Aliénation, *sf.*, vente, folie.
Aliéner *v.* rendre fou, vendre
Alignement, *sm.*, act. d'
Aligner, *v.*, mettre en ligne.
Aliment, *sm.*, nourriture.
Alimentaire, *a.*, qui sert à l'
Alimentation, *sf.*, action d'
Alimenter, *v.*, nourrir.
Alinéa, *sm.*, à la ligne.
Aliquote, *a.* et *sf.*, partie.
Aliter, *v.*, garder le lit.
Allaitement, *sm.*, action d'
Allaiter *v.* nourrir de son lait
Allécher, *v.*, attirer.

Allée, sf., passage.
Allégation, sf.. citation.
Alléger, v., soulager.
Allégorie, sf., allusion.
Allégorique, a. de l'allégorie
Allègre, a., dispos, gai, vif.
Allégresse, sf. joie éclatante
Alléguer, v., citer un fait.
Alleluia, sm. chant d'église.
Aller, v., se transporter.
Alliage, sm., mélange.
Alliance, sf., union, bague.
Allié, sm., confédéré.
Allier, v. mêler, unir, liguer.
Allocation sf. action d'allouer
Allocution, sf., harangue.
Allonge, sf., qui allonge.
Allongement, sm. qui sert à
Allonger v. devenir plus long
Allouable, a., qu'on peut
Allouer, v., accorder.
Allumer, v., mettre le feu.
Allumette, sf., bois soufré.
Allumeur, sm., qui allume.
Allure, sf., démarche.
Allusion, sf., rapport.
Almanach, sm., calendrier.
Aloès, sm. (s), plante.
Aloi, sm., titre des métaux.
Alors, ad., en ce temps-là.
Alose, sf., poisson de mer.
Alouette, sf., oiseau.
Alourdir, v., rendre lourd.
Aloyau, sm., pièce de bœuf.
Alphabet, sm., les lettres.
Alphabétique, a. de l'alphab.
Altération, sf. act. d'altérer.
Altercation, sf., débat.
Altérer v. chang., causer soif
Alternatif, ve, a. tour à tour.
Alternative, sf., option.
Alternativement, ad.
Alterner, v., faire successiv.
Altesse, sf., titre d'honneur.
Altier, ère, a. fier, superbe.
Alto, sm., grand violon.
Alumine, sf., argile pure.
Alun sm. substance chimique
Amabilité sf. qualité aimable
Amadou, sm. mèche d'agaric
Amadouer, v., flatter.
Amaigrir, v. rendre maigre.
Amalgame, sm., action d'
Amalgamer, v., mélanger.
Amande, sf., fruit de l'
Amandier, sm., arbre.
Amant, e, s., qui aime.
Amarre sf. cordage, marine
Amarrer, v., attacher, lier.
Amas, sm., assemblage.
Amasser, v., faire un amas.
Amateur, s., qui aime.
Amaurose, sf., cécité.

Amazone, sf., écuyère.
Ambassade, sf., mission.
Ambassadeur, drice s. envoyé
Ambigu, ë, a., à double sens.
Ambitieux, se, a. qui a de l'
Ambition, sf. désir immodéré
Ambitionner, v. rechercher.
Ambre, sm. substance odorif.
Ambulance, sf. hôpital milit.
Ambulant, a., qui va et vient.
Ame, sf., principe de la vie.
Amélioration, sf., action d'
Améliorer, v. rendre meilleur
Amen (en), ainsi soit-il.
Amende, sf. peine pécuniaire
Amendement, sm., action d'
Amender, v. rendre meilleur.
Amener v. mener, faire venir
Aménité, sf., affabilité.
Amer, ère, a., âpre.
Amèrement, ad.
Amertume, sf., âpreté.
Ameublement, sm. meubles.
Ameuter, v., attrouper.
Ami, es. qui aime, a. propice
Amiable, a. doux, à l'amiable
 de gré à gré.
Amiablement, ad. à l'amiable
Amiante, sm., minéral.
Amical, a., d'ami.
Amicalement, ad.
Amict, sm. (mi) linge bénit.
Amidon, sm. pâte de farine.
Amidonnier, sm. fab. d'amid.
Amincir, v., rendre mince.
Amiral, sm. officier naval.
Amirauté, sf. charge d'amiral
Amitié, sf., affection.
Ammoniaque, sm. sel, alcali.
Amnistie, sf. pardon général
Amnistier, v., pardonner.
Amoindrir v. rendre moindre
Amoindrissement, sm. dimin.
Amollir, v., rendre mou.
Amonceler, v., entasser.
Amorce, sf., appât, capsule.
Amorcer, v. garnir d'amorce
Amortir, v., affaiblir.
Amortissement sm. affaibliss.
Amour, sm. vif attachement.
Amoureusement, ad.
Amoureux, se s. et a. qui aime
Amovible, a. sujet à changer
Amphibie, sm. qui vit sur la
 terre et dans l'eau.
Amphibologie sf. double sens
Amphibologique, a., obscur.
Amphibologiquement, ad.
Amphigouri, sm. disc. obscur
Amphigourique, a., obscur.
Amphithéâtre, sm. en gradins
Amphore, sf. vase à 2 anses.
Ample, a. étendu, large.

Amplement, ad.
Ampleur, sf., étendue.
Ampliatif, ve, a. augmentatif
Ampliation, sf. double acte.
Amplification sf. exagération
Amplifier, v., exagérer.
Amplitude sf. arc de l'horizon
Ampoule, sf., enflure.
Ampoulé, a., enflé.
Amputation, sf. act. d'
Amputer v. retrancher. chir.
Amulette, sm. fausse relique
Amusement, sm. récréation.
Amuser, v. divertir, tromper
Amusette, sf. petit amusem.
Amygdale, sf., glande.
An, sm., douze mois, année.
Anachorète, sm., ermite.
Anachronisme sm fausse date
Anagramme sf. transposition
Analogie, sf., ressemblance.
Analogique, a. qui a rapport
Analogiquement, ad.
Analogue a. qui a de l'analog.
Analyse, sf., décomposition.
Analyser, v., faire l'analyse.
Analytiquement, ad.
Ananas, sm., plante, fruit.
Anarchie, sf., désordre.
Anarchique, a. de l'anarchie
Anarchiste sm. perturbateur
Anathématiser, v. frapper d'
Anathème, sm. excommunic.
Anatomie, sf., dissection.
Anatomique, a., d'anatomie.
Anatomiser, v., disséquer.
Anatomiste, sm. qui dissèque
Ancêtres, sm. pl., aïeux.
Anche, sf. bec d'instrument.
Anchois, sm., petit poisson.
Ancien, ne, a. antérieur, vieux
Anciennement, ad.
Ancienneté, sf., antiquité.
Ancre sf. pièce de fer, mar.
Ancrer, v., jeter l'ancre.
Andouille, sf. boyau de porc
 rempli de chair.
Ane, sm., bête de somme.
Anéantir, v. réduire au néant
Anéantissement sm. destruct.
Anecdote, sf., historiette.
Anecdotique, a. d'anecdote.
Anerie, sf., ignorance.
Anévrisme, sm., tumeur.
Anfractuosité, sf., inégalité.
Ange, sm. créat. spirituelle.
Angélique, a., d'ange.
Angéliquement, ad.
Angelus, sm., prière.
Angine, sf., mal de gorge.
Angoisse, sf., anxiété.
Angora, a., à longs poils.
Anguille, sf., poisson.

Angulaire, *a.*, à angles.
Anguleux, se, *a.*, à angles.
Anicroche, *sf.*, difficulté.
Anier, ère, *s.* conduct. d'ânes.
Animadversion, *sf.*, blâme.
Animal, *sm.*, être organisé.
Animalcule, *sm.* petit animal.
Animation, *sf.*, action d'
Animer *v.* donner la vie, excit.
Animosité, *sf.*, haine.
Anis, *sm.*, graine, dragées.
Anisette, *sf.*, liqueur d'anis.
Ankylose, *sf.*, douleur.
Annales, *s. pl.* hist. par ans.
Anneau, *sm.* cercle, bague.
Année, *sf.*, an, douze mois.
Annexe, *sf.*, succursale.
Annexer, *v.*, joindre, réunir.
Annihiler, *v.*, anéantir.
Anniversaire, *a.*, mémoire.
Annonce, *sf.*, avis public.
Annoncer, *v.*, faire savoir.
Annonciation, *sf.*, fête.
Annuaire, *sm.*, calendrier.
Annuel, le, *a.*, d'un an.
Annuellement, *ad.*
Annuité, *sf.*, rente annuelle.
Annulaire, *a.*, d'anneau.
Annulation, *sf.*, action d'
Annuler, *v.*, rendre nul.
Anoblir, *v.*, rendre noble.
Anoblissement *sm* act. d'anob
Anodin, *a.*, calmant.
Anomal, *pl.* aux *a.* irrégulier
Anomalie, *sf.*, irrégularité.
Anon, *sm.* petit de l'ânesse.
Anonner, *v.*, hésiter.
Anonyme, *sm.* et *a.* sans nom
Anse, *sf.*, arc de vase, golfe.
Antagoniste, *sm.* adversaire.
Antarctique, *a.*, pôle.
Antécédent, *sm.*, précédent.
Antechrist, *sm.* imposteur.
Antédiluvien, ne, *a.* qui a pré-
  cédé le déluge.
Antérieur, *a.*, qui précède.
Antérieurement, *ad.*
Anthropophage, *sm.*, man-
  geur d'hommes.
Anti, *prép.* opposition, avant
Antichambre, *sf.* pièce avant
Anticipation, *sf.*, action d'
Anticiper, *v.* devancer.
Antidate, *sf.* date antérieure
Antidater, *v.*, dater plus tôt.
Antidote, *sm.* contre-poison.
Antienne, *sf.*, verset.
Antilope, *sf.*, gazelle.
Antimoine, *sm.*, métal.
Antipape, *sm.*, faux pape.
Antipathie, *sf.* (tie) aversion.
Antipathique, *a.*, contraire.
Antiphonaire, *sm.*, ou

Antiphonier, *sm.* livre d'an-
  tiennes.
Antiphrase, *sf.* contre-vérité
Antipodes, *sm. pl.* opposé.
Antiquaille, *sf.*, chose vieille.
Antiquaire, *sm.*, qui aime l'
Antique, *a.*, fort ancien.
Antiquité, *sf.*, ancienneté.
Antiscorbutique *a* c. le scorb.
Antithèse, *sf.*, opposition.
Antre, *sm.*, caverne.
Anus, *sm.* orifice du rectum.
Anxiété, *sf.*, inquiétude.
Aorte, *sf.*, artère.
Août, *sm.*, huitième mois.
Apaiser, *v.* calmer, adoucir.
Apanage, *sm.*, héritage.
Apathie, *sf.*, indolence.
Apathique, *a.*, indolent.
Apercevoir, *v.*, découvrir.
Aperçu, *sm.*, première vue.
Apéritif, ve, *a.*, qui ouvre.
Apetisser, *v.*, rapetisser.
Aphonie, *sf.*, mutisme.
Aphorisme, *sm.*, maxime.
Aphthe, *sm.*, petit ulcère.
Apitoyer, *v.* affecter de pitié.
Aplanir, *v.*, rendre uni.
Aplanissement *sm* act. d'apl.
Aplatir, *v.*, rendre plat.
Aplatissement *sm* act. d'aplat
Aplomb, *sm.*, assurance, li-
  gne perpendiculaire.
Apocalypse, *sf.*, révélation.
Apocryphe, *a.*, suspect.
Apogée, *sm.*, sommet.
Apologie, *sf.*, éloge.
Apologiste *sm.* qui fait l'apol.
Apologue, *sm.* fable morale.
Apophthegme, *sm.* maxime.
Apoplexie, *sf.*, maladie.
Apostasie, *sf.*, action d'
Apostasier *v.* quitter sa relig.
Apostat, *sm.* qui a apostasié.
Aposter, *v.*, mettre dans un
  poste.
Apostille, *sf.* note favorable.
Apostiller, *v.* recommander.
Apostolat, *sm.*, ministère
  d'apôtre.
Apostolique, *a.*, de l'apôtre.
Apostoliquement, *ad.*
Apostrophe, *sf.* signe, act. d'
Apostropher, *v.* réprimander
Apostume, *sm.*, abcès.
Apothéose, *sf.*, déification.
Apothicaire, *sm.* pharmacien
Apôtre, *sm.* disciple de J.-C.
Apparaître, *v.* devenir visible
Apparat, *sm.*, éclat.
Appareil *sm.* apprêt, machine
Appareiller, *v.*, assortir.
Appareilleur, *sm.*, ajusteur.

Apparemment, *ad.*
Apparence, *sf.*, extérieur.
Apparent, e, *a.*, visible.
Apparenter, *v.*, allier.
Apparier, *v.* unir par paires.
Apparition, *sf.* manifestation
Appartement, *sm.* logement.
Appartenir *v.* être à quelqu'un
Appas, *sm. pl.*, charmes.
Appât, *sm.*, ce qui attire.
Appâter, *v.* attir. avec l'appât
Appauvrir, *v.* rendre pauvre
Appauvrissement, *sm.* indig.
Appel, *sm.* recours, action d'
Appeler, *v.* nommer, crier.
Appellation *sf.* act. d'appeler
Appendice, *sm.* supplément.
Appentis, *sm.* toit contre un
  mur.
Appesantir, *v.* rendre pesant
Appesantissement, *sm.*, pe-
  santeur.
Appétit, *sm.* désir, faim.
Applaudir, *v.*, approuver.
Applaudissement, *sm.*, ap-
  probation.
Applicable, *v.* qui s'applique.
Application, *sf.*, action d'
Appliquer, *v.*, mettre sur.
Appoint, *sm.*, complément.
Appointement, *sm.* salaire.
Appointer, *v.* donner salaire
Apport, *sm.* ce qu'on apporte
Apporter, *v.*, porter à.
Apposer, *v.*, appliquer.
Apposition, *sf.* act. d'apposer
Appréciable, *a.* qu'on évalue
Appréciateur *sm.* qui appréc.
Appréciatif, ve, *a.* qui fait l'
Appréciation, *sf.* estimation.
Apprécier *v.* évaluer, estimer
Appréhender, *v.*, craindre.
Appréhensif, ve, *a.*, timide.
Appréhension, *sf.*, crainte.
Apprendre, *v.* s'instruire, en-
  seigner.
Apprenti, ie, *s.* qui apprend.
Apprentissage, *sm.* état d'ap.
Apprêt, *sm.*, action d'
Apprêter, *v.*, préparer.
Apprêteur, *sm.* qui apprête.
Apprivoisement, *sm.*, act. d'
Apprivoiser, *v.*, familiariser.
Approbateur, trice, *s.* qui ap-
  prouve.
Approbation, *sf.* assentiment
Approchant, *a.* qui a du rap-
  port; *pr.*, environ.
Approche, *sf.*, action d'
Approcher, *v.*, s'avancer.
Approfondir, *v.*, creuser.
Appropriation, *sf.*, act. de s'
Approprier, *v.*, s'emparer.

Approuver, *v.*, consentir.
Approvisionnement *sm* act. d'
Approvisionner, *v.*, fournir.
Approximatif, ve, *a.* approch.
Approximation *sf.* appréciat.
Approximativement, *ad.*
Appui, *sm.* soutien, support.
Appuyer, *v.* soutenir, aider.
Âpre, *a.* rude au goût, avide
Âprement, *ad.* avec âpreté.
Après, *ad.* et *pr.*, ensuite.
Âpreté, *sf.*, ce qui est âpre.
Apte, *a.*, propre à. [pacité.
Aptitude, *sf.* disposition, ca—
Apurement, *sm.*, action d'
Apurer, *v.* régler un compte.
Aquarelle, *sf.* dessin colorié.
Aquatique, *a.* marécageux.
Aqueduc, *sm.* espèce de canal
Aqueux, se, *a.*, de l'eau.
Aquilin, *a.*, en bec d'aigle.
Aquilon, *sm.* vent du nord.
Arabesque, *sm.*, ornement.
Arabique, *a.*, d'Arabie.
Arable, *a.*, labourable.
Araignée, *sf.*, insecte.
Arasement, *sm.*, act. d'
Araser, *v.*, mettre de niveau.
Aratoire, *a.*, d'agriculture.
Arbalète, *sm.* arme de trait.
Arbitrage, *sm.* jug. d'arbitre
Arbitraire, *a.* injuste.
Arbitrairement, *ad.*
Arbitral, *a.* d'arbitre.
Arbitre, *sm.*, juge choisi.
Arbitrer, *v.*, juger.
Arborer *v.* planter un drapeau
Arbre, *sm.*, végétal ligneux.
Arbrisseau, *sm.*, petit arbre.
Arbuste, *sm.* petit arbrisseau
Arc, *sm.*, courbe, arme.
Arcade, *sf.*, ouverture en arc.
Arc-boutant, *sm.*, pilier.
Arc-bouter, *v.*, appuyer.
Arceau, *sm.* arc d'une voûte.
Arc-en-ciel, *sm.*, météore.
Archange, *sm.* ange supér.
Arche *sf.* coffre, voûte de pont
Archéologie, *sf.* science de l'
Archéologue, *sm.* antiquaire
Archer, *sm.*, armé d'un arc.
Archet, *sm.* inst. de musique
Archevêché, *sm.*, dignité d'
Archevêque, *sm.*, prélat.
Archidiacre, *sm.* ecclésiastiq.
Archiduc, chesse, *s.*, titre.
Archiépiscopal, *a.* (ki), d'
Archiépiscopat, *sm.* (ki), di-
gnité d'archevêque.
Archipel *sm.* mer semée d'îles
Archiprêtre, *sm.* ecclésiastiq.
Architecte, *sm.* qui exerce l'
Architecture, *sf.* art de bâtir.

Archives, *sf. pl.* anc. titres.
Archiviste *sm.* gard. des arch.
Archivolte, *sf.*, t. d'archit.
Arçon, *sm.* partie de la selle.
Arctique, *a.*, pôle du nord.
Ardemment, *ad.* avec ardeur
Ardent, *a.*, en feu violent.
Ardeur, *sf.*, activité, courage
Ardillon, *sm.*, pointe.
Ardoise, *sf.* pierre feuilletée.
Ardu, *a.*, escarpé, difficile.
Are, *sm.*, mesure agraire.
Arène, *sf.* sable, amphithéât.
Aréomètre, *sm.* pèse-liqueur
Arête *sm.* os de poisson, angle
Argent, *sm.* métal, monnaie.
Argenter, *v.* couvrir d'argent
Argenterie *sf.* vaisselle d'arg.
Argentier *sm.* officier payeur
Argentin, *a.* qui tient de l'arg.
Argenture, *sf.* argent plaqué
Argile, *sf.*, terre glaise.
Argileux, se, *a.*, d'argile.
Argot, *sm.* jargon des filous.
Argousin *sm.* gard. de forçats
Arguer, *v.*, accuser.
Argument *sm.* raisonnement
Argumenter, *v.*, raisonner.
Argus, *sm.*, espion.
Argutie, *sf.*, subtilité.
Arianisme, *sm.* secte d'Arius
Aride, *a.*, sec, stérile.
Aridité, *sf.*, sécheresse.
Arien, *sm.* sectaire d'Arius.
Ariette, *sf.*, air léger.
Aristarque, *sm.*, critique.
Aristocrate *sm.* partisan de l'
Aristocratie, *sf.* gouvern. des
grands, la classe noble.
Aristocratique, *a.* d'aristocr.
Arithméticien, *sm.* qui sait l'
Arithmétique, *sf.*, calcul.
Arithmétiquement, *ad.*
Arlequin, *sm.*, bateleur.
Arlequinade, *sf.* bouffonnerie
Armateur, *sm.* prop. de nav.
Armature, *sf.* charpente.
Arme, *sf.*, instrument pour
attaquer ou se défendre.
Armée, *sf.* corps de troupes.
Armement, *sm.* act. d'armer.
Armer, *v.* pourvoir d'armes.
Armillaire, *a.*, sphère.
Armistice, *sm.* trève.
Armoire, *sf.* meuble, placard
Armoiries, *sf. pl.* armes (b.)
Armure, *sf.* armes défensives
Armurier, *sm.* fabr. d'armes
Aromate, *sm.* subst. odoriför.
Aromatique, *a.*, d'aromate.
Aromatiser, *v.*, parfumer.
Arpent *sm.* anc. mes. agraire
Arpentage, *sm.*, action d'

Arpenter, *sm.*, mesurer.
Arpenteur, *sm.* qui arpente.
Arquebuse *sf.* anc. arme à feu
Arquebusier, *sm.*, armurier.
Arquer, *v.*, courber en arc.
Arracher, *v.*, ôter de force.
Arracheur, *sm.* qui arrache.
Arrangement, *sm.*, ordre.
Arranger, *v.* mettre en ordre
Arrérages *sm. pl.* rente échue
Arrestation, *sf.* act. d'arrêter
Arrêt, *sm.* jugement, saisie.
Arrêté, *sm.* décision.
Arrêter, *v.*, retenir, fixer.
Arrhes, *sf. pl.* gages.
Arrière, *sm.*, derrière.
Arriéré, *sm.*, en retard.
Arriérer, *v.*, retarder.
Arrivage, *sf.* arrivée au port
Arrivée, *sf.*, action d'
Arriver, *v.*, survenir.
Arrogamment, *ad.*
Arrogance, *sf.*, fierté.
Arrogant, *a.* et *s.* hautain.
Arroger (s'), *v.*, s'attribuer.
Arrondir, *v.*, rendre rond.
Arrondissement, *sm.* portion
d'un pays.
Arrosement, *sm.*, action d'
Arroser, *v.*, humecter.
Arrosoir *sm.* vase pour arros.
Arsenal, *sm.*, mag. d'armes.
Arsenic, *sm.*, métal, poison.
Art, *sm.*, science, méthode.
Artère, *sf.*, canal du sang.
Artichaut, *sm.*, légume.
Article, *sm.* part. du discours,
objet.
Articulaire, *a.* des jointures.
Articulation *sf.* joint., act. d'
Articuler, *v.*, prononcer.
Artifice, *sm.*, action, ruse.
Artificiel, le, *a.*, par artifice.
Artificiellement, *ad.*
Artificier, *sm.*, qui fait des
feux d'artifice.
Artificieux, se, *a.* trompeur.
Artillerie, *sf.*, canons.
Artilleur, *sm.* soldat d'artill.
Artimon, *sm.* mât de poupe.
Artisan, *sm.*, ouvrier.
Artiste, *sm.* qui prof. un art.
Artistement, *ad.*, avec art.
Ascendant, *a.*, qui monte.
Ascension, *sf.* act. de monter
Ascétique, *a.* de la vie spirit.
Asile, *sm.* refuge, protection
Aspect, *sm.*, vue d'un objet.
Asperge, *sf.*, légume.
Asperger, *v.*, arroser.
Aspérité, *sf.*, rudesse.
Aspersion, *sf.* act. d'asperger
Aspersoir, *sm.*, goupillon.

Asphalte, sm., bitume.
Asphyxie, sf., étouffement.
Asphyxier, v., étouffer.
Aspic, sm., serpent, lavande.
Aspiration, sf., action d'
Aspirer, v. désirer, respirer.
Assaillant, sm., qui attaque.
Assaillir, v., attaquer.
Assainir, v., rendre sain.
Assaisonnement, sm., act. d'
Assaisonner, v., apprêter.
Assassin, sm. et a. meurtrier
Assassinat, sm., action d'
Assassiner v. t. de guet-apens
Assaut, sm., attaque.
Assemblage, sm., réunion.
Assemblée, sf., réunion.
Assembler, v., réunir.
Assembleur, sf. qui assemble
Asséner, v., porter un coup.
Assentiment sm. consentem.
Asseoir, v. mett. sur un siége.
Assermenter v. lier par serm.
Assertion, sf., affirmation.
Asservir, v., assujettir.
Asservissement, sm. sujétion
Assesseur, sm., adjoint.
Assez, ad., suffisamment.
Assidu, a., exact.
Assiduité, sf., exactitude.
Assidûment, ad.
Assiégeant, a., qui assiége.
Assiéger, v., faire un siége.
Assiette, sf., plat, situation.
Assiétée, sf. plein l'assiette.
Assignat sm papier-monnaie
Assignation, sf., action d'
Assigner, v., indiquer, appel.
Assimilation, sf., action d'
Assimiler, v. rend. semblable
Assise, sf., base, séance.
Assistance sf. présence, aide
Assistant, a. et s. qui assiste
Assister, v. aider, être prés.
Association, sf., société.
Associé, sm., en société.
Associer, v., unir, adjoindre.
Assolement, sm. action d'
Assoler, v. alterner les cult.
Assommer, v. tuer avec un
Assommoir, sm., massue.
Assomption, sf., fête.
Assortiment, sm. assemblage
Assortir, v., réunir, fournir.
Assortissant, a., qui assortit.
Assoupir, v., endormir.
Assoupissement sm. sommeil
Assouplir, v., rendre souple.
Assourdir, v., rendre sourd.
Assouvir, v., rassasier.
Assouvissement sm act. d'as.
Assujettir, v., soumettre.
Assujettissant, a qui astreint

Assujettissement sm sujétion
Assurance, sf., exactitude.
Assurément, ad. certainem.
Assurer, v., affermir, garan-
tir, affirmer.
Assureur, sm., qui garantit.
Astérisque sm étoile de renv.
Astragale, sm. moulure, os.
Astral, a., des astres.
Astre, sm., corps céleste.
Astreindre, v., assujettir.
Astringent a et s qui resserre
Astrologie sf. sci. des astres.
Astrologique a de l'astrologie
Astrologue sm qui prat. l'ast.
Astronome, sm., qui sait l'
Astronomie sf étude des astr.
Astronomique a d'astronom.
Astuce, sf. finesse, ruse.
Astucieusement ad par ruse.
Astucieux, se, a., fin, rusé.
Atelier, sm., lieu de travail.
Athée sm et a. qui nie Dieu.
Athéisme sm opinion d'athée
Athénée sm où l'on enseigne
Athlète, sm., lutteur.
Atlas sm recueil des cartes.
Atmosphère, sf., l'air.
Atome, sm., corpuscule.
Atonie, sf., faiblesse.
Atour, sm., parure.
Atre, sm. où se fait le feu.
Atrabilaire, v. et s. triste.
Atroce, a. féroce.
Atrocité, sf., férocité.
Attache, sf. lien.
Attachement, sm. affection.
Attacher, v. lier, joindre.
Attaque, sf. action d'
Attaquer, v. assaillir.
Atteindre, v. parvenir.
Atteinte, sf., coup, attaque.
Attelage, sm., bêtes attelées.
Atteler, v., attacher.
Attenant, a., tout proche.
Attendre, v. être d. l'attente
Attendrir, v., rendre tendre.
Attendrissement, sm., senti-
ment de compassion.
Attendu, conj., vu.
Attentat, sm., crime.
Attente, sf., act. d'attendre.
Attenter v. comm. un attentat
Attentif, ve, a., qui a de l'
Attention, sf., application.
Attentivement, ad.
Atténuation, sf. affaiblissem.
Atténuer, v. affaiblir.
Atterrer, v., abattre.
Attestation, sf., certificat.
Attester, v., certifier.
Attiédir, v., rendre tiède.
Attiédissement, sm., tiédeur

Attirail, pl. ails, sm. atour.
Attirer, v., tirer à soi.
Attiser, v. allumer, exciter.
Attitrer, v., donner un titre.
Attitude, sm. posture.
Attouchement, sm., action de
toucher.
Attractif, ve, a., qui attire.
Attraction, sf. act. d'attirer.
Attrait, sm., ce qui attire.
Attrape, sf., tromperie.
Attraper, v., tromper.
Attrayant, a., qui plaît.
Attribuer, v., imputer.
Attribut, sm., ce qui conv.
Attributif, a., qui attribue.
Attribution, sf., charge.
Attrister, v., affliger.
Attrition, sf., regret.
Attroupement, sm. rassemb.
Attrouper, v., rassembler.
Au, Aux, art. à le, à les.
Aubade, sf., sérénade.
Aubaine, sf., avantage.
Aube, sf., matin, vêtement
ecclésiastique.
Aubépine, sf., arbrisseau.
Auberge, sf. lieu où on loge.
Aubergiste, s. qui tient aub.
Aubier, sm., bois tendre.
Aucun, e, a., nul.
Aucunement, ad. nullement.
Audace sf. hardiesse extrême
Audacieusement, ad.
Audacieux, se, a. hardi.
Audience, sf. réception.
Auditeur, sm. qui écoute.
Audition, sf. act. d'entendre.
Auditoire, sm. auditeurs.
Auge, sf. pierre creusée.
Augmentatif, ve, a. qui augm.
Augmentation, sf. accroiss.
Augmenter, v. accroître.
Augure, sm. présage.
Augurer, v. présager.
Auguste, a. imposant.
Aujourd'hui, ad. ce jour.
Aumône, sf. don charitable.
Aumônier, a. chapelain.
Aumusse, sf. fourrure.
Aumage, sm. mesurage à l'
Aune, sf. mesure, m. arbre.
Auparavant, ad. avant tout.
Auprès, ad. tout contre.
Auréole, sf. cercle lumineux.
Auriculaire, a. de l'oreille.
Aurore, sf. lumière.
Auspice, sm. présage.
Aussi, ad. de même.
Aussitôt, ad.
Austère, a. rigoureux.
Austèrement, ad. avec
Austérité, sf. rigueur.

Anstral , *a.* du midi.
Autant , *ad.*
Autèl , *sm.* tablo sacrée.
Auteur , *s.* et *a.* inventeur.
Authenticité , *sf.* preuves.
Authentique , *a.* incontestab.
Authentiquement ; *ad.*
Automate , *sm.* machine.
Automatique , *a.* d'automate.
Automne , *sm.* saison.
Autorisation , *sf.* approbation
Autoriser , *v.* permettre.
Autorité , *sf.* puissance.
Autour , *ad.* aux environs.
Autre , *pr.* et *a.* différent.
Autrefois , *ad.* jadis.
Autrement , *ad.*
Autruche , *sf.* grand oiseau.
Autrui , *sm.* les autres.
Auvent , *sm.* toit en saillie.
Auxiliaire , *a.* qui aide.
Avalanche , *sm.* masse de neig
Avaler , *v.* introd. p^r le gosier.
Avaleur , *s.* glouton.
Avance , *sf.* anticipation.
Avancement , *sm.* progrès.
Avancer , *v.* aller en avant.
Avanie , *sf.* affront.
Avant , *ad.* et *prép.*
Avantage , *sm.* profit.

Avantager , *v.* favoriser.
Avantageusement , *ad.*
Avantageux, se, *a.* profitable.
Avant-bras , *sm.* partie du b.
Avant-coureur , *sm.* qui préc.
Avant-dernier , *a.* pénultième
Avant-garde , *sf.* garde qui
     possède un corps d'armée.
Avant-hier , *ad.*
Avant-propos , *sm.* préface.
Avant-quart *sm.* coup av. l'h.
Avare , *a.* et *s.* qui aime l'arg.
Avarice , *sf.* vice de l'avare.
Avaricieux, se, *a.* avare.
Avarie , *sf.* dommage.
Avarié , *a.* gâté par avarie.
Avec , *prép.* ensemble.
Avenant , *a.* qui plaît.
Avénement , *sm.* venue.
Avenir , *sm.* le temps à venir.
Avent , *sm.* temps avant Noël.
Aventure , *sf.* événement.
Aventurer , *v.*, hasarder.
Aventurier , *s.*, intrigant.
Avenue , *sf.*, allée d'arbres.
Avérer , *v.* vérifier.
Averse , *sf.* pluie.
Aversion , *sf.* haine.
Avertir , *v.* donner avis.
Avertissement , *sm.* avis.

Aveu , *sm.* action d'avouer.
Aveugle , *a.* et *s.* privé de la
     vue.
Aveuglement , *sm.* cécité.
Aveuglément , *ad.*
Aveugler , *v.* rendre aveug.
Aveuglette (à l'), à tâtons.
Avide , *a.* qui désire ard.
Avidement , *ad.* avec avidité.
Avidité , *sf.* désir ardent.
Avilir , *v.* rendre vil.
Avilissement , *sm.* état vil.
Avis , *sm.* opinion.
Aviron , *sm.* rame.
Avisé , *a.* prudent.   [avis.
Aviser , *v.* réfléchir, donner
Avocat , *s.* défens. en justice
Avoine , *sf.* grain.
Avoir , *v.* posséd., *sm.* bien.
Avoisiner , *v.*, être voisin.
Avoué , *sm.* offic. de justice.
Avouer , *v.* confesser.
Avril , *sm.* 4e mois de l'année
Axe *sm.* lig. pas. p. le cent.
Axiome , *sm.* maxime.
Axonge , *sf.* graisse molle.
Azote , *sm.* gaz.
Azur , *sm.* bleu.
Azurer , *v.* mettre de l'azur.
Azyme , *a.* sans levain.

B

B , *sm.* consonne.
Babel (la tour), *sf.* confusion.
Babil , *sm.* caquet.
Babillard , *a* et *s.* qui babille.
Babiller , *v.* bavarder.
Babine , *sf.* lèvre d'animaux.
Babiole , *sf.* bagatelle.
Bac , *sm.* grand bateau plat.
Baccalauréat , *sm.* gr. univ.
Bacchanale , *sf.* bruit.
Bâcler , *v.* expédier.
Bâche , *sf.* couverture.
Badaud , *a* et *s.* niais.
Badigeon , *sm.* peinture.
Badigeonner , *v.* peindre.
Badigeonneur *sm.* qui badig.
Badin , *a* et *s.* folâtre.
Badinage , *sm.* act. de badin.
Badine , *sf.* baguette mince.
Badiner , *v.*, plaisanter.
Bafouer , *v.* traiter avec mép.
Bâfrer , *v.* manger avidement
Bagage , *sm.* équipage de
     voyage.
Bagarre , *sf.* tumulte.
Bagatelle , *sf.* chose frivole.
Bagne , *sm.* prison de forçats
Bague , *sf.* anneau.
Baguette , *sf.* verge, moulure

Bah! *interj.* d'étonnement.
Bahut , *sm.*, espèce de coffre.
Bai , *a.* rouge brun.
Baie , *sf.* golfe, fruit.
Baigner , *v.* mettre dans l'eau
Baignoire , *sf.* cuve pour le
     bain.   [de louage.
Bail , *sm.* pl. baux , contrat
Bâillement , *sm.* act. de
Bâiller , *v.* ouvrir la bouche.
Bâillon , *sm.* instr. pour tenir
     la bouche ouverte.
Bâillonner , *v.* mettre un bâil-
     lon, imposer silence.
Bain , *sm.* immers. dans l'eau
Baïonnette , *sf.* arme.
Baiser , *sm.* embrassement.
Baisse , *sf.* diminution.
Baisser , *v.* dimin., s'affaiblir.
Bal , au *pl.* bals, *sm.* danse.
Baladin , *sm.* bouffon.
Balafre *sf.* cicatrice au visage
Balafrer , *v.* faire des balafres
Balai , *sm.* instr. p. nettoyer.
Balance , *sf.*, instr. p. peser.
Balancement , *sm.* act. de
Balancer , *v.* tenir en équi-
     libre.
Balancier , *sm.* pendule.

Balayage , *sm.* act. de
Balayer , *v.* nettoyer.
Balayeur, euse, *s.* qui balaie
Balayures , *sf. pl.* ordures.
Balbutiement , *sm.* act. de
Balbutier , *v.* mal prononcer.
Balcon , *sm.* saillie d'une fe-
Baldaquin , *sm.* dais. [nêtre.
Baleine , *sf.* cétacé, ses fa-
Baleinier , *a.* navire. [nons.
Baliveau , *sm.* arbre réservé.
Baliverne , *sf.* sornette. *fa.*
Ballade , *sf.* poésie.
Balle , *sf.* petite boule, caisse
Ballet , *sm.* danse.
Ballon , *sm.* tissu gonflé.
Ballonné , *a.* gonflé.
Ballot , *sm.* paquet.
Ballottage , *sm.* act. de
Ballotter , *v.* discuter, agiter.
Balourdise , *sf.* sottise.
Balsamine , *sf.* plante.
Balustrade , *sf.* rampe à jour
Balustre , *sm.* pilier façonné.
Bambin , *sm.* enfant. *fam.*
Bamboche , *sf.* débauche.
Bambou , *sm.* roseau.
Ban , *sm.* publication, exil.
Banal , *a.* trivial.

Banalité, *sf.* trivialité.
Banc, *sm.* siége allongé.
Bancal, *pl.* als, *s. et a.* boi-teux.
Bandage, *sm.* lien.
Bandagiste, *sm.* faiseur de bandages.
Bande, *sf.* lien, troupe.
Bandeau, *sf.* bande s. les yeux
Bandelette, *sf.* petite bande.
Bander, *v.* tendre, lier.
Banderolle, *sf.* étendard.
Bandit, *sm.* malfaiteur.
Bandoulière, *sf* bande de cuir
Banlieue, *sf.* environs.
Banne, *sf.* toile pour tendre.
Bannière, *sf.* étendard.
Bannir, *v.*, exiler, chasser.
Bannissement, *sm.* exil.
Banque, *sf.* commerce d'arg.
Banqueroute, *sf.* faillite.
Banqueroutier, ère, *s.* qui fait faillite.
Banquet, *sm.* festin.
Banquette, *sf.* banc garni.
Banquier, *sm* qui fait la banq.
Baptême, *sm.* sacrement.
Baptiser, *v.* donner le bapt.
Baptismal, *pl* aux *a* de bapt.
Baptistaire, *a.* de baptême.
Baptistère, *sm* où l'on bapt.
Baquet, *sm.* cuvier de bois.
Baragouin, *sm.* mauv. lang.
Baragouiner, *v.*, parler mal.
Baraque, *sf.* hutte.
Baratte, *sf.* où l'on bat le bourre.
Baratter, *v.* battre du lait.
Barbare, *s. et a.* cruel, sauv.
Barbarie, *sf.* cruauté.
Barbarisme *sm* faute de lang.
Barbe, *sf.* poil du visage.
Barbeau, *sm.* poisson.
Barbet, *sm.* chien.
Barbier, *sm* qui fait la barbe.
Barbifier, *v.* raser la barbe.
Barbotter, *v.* fouiller, mar-cher dans la boue.
Barbouillage, *sm.* mauvaise peinture.
Barbouiller, *v.* salir.
Barbouilleur, euse, *sm.* qui barbouille.
Barbu, *a.* qui a de la barbe.
Barbue, *sm.* poisson.
Barde, *sf.* tranche de lard.
Baril, *sm.* petit tonneau.
Bariolage, *sm.* action de
Barioler *v.* var. les couleurs.
Baromètre, *sm.* inst. à peser l'air.
Baron, ne *s.* titre de noblesse
Baronie, *sf.* terre d'un baron
Baroque, *a.* bizarre.

Barque, *sf.* bateau.
Barrage, *sm.* barrière.
Barre *sf.* pièce de bois, de fer.
Barreau, *sm.* sorte de barre.
Barrer, *v.* fermer, raturer.
Barrette, *sf.* bonnet de cardi.
Barricade, *sf.* retranchement.
Barricader, *v.* faire des barric.
Barrière, *sf.* clôture.
Barrique, *sf.* tonneau.
Baryton, *sm.* sorte de voix.
Bas, se, *a.* peu élevé.
Bas, *sm.* vêtement de pied.
Basane, *sf.* peau de mouton.
Basané, *a.* hâlé, noirâtre.
Bascule, *sf.* balance.
Base, *sf.* soutien, principe.
Baser, *v.* fonder.
Basilic, *sm.* plante, serpent.
Basilique, *sf.* grande église.
Basin, *sm.* toile de coton.
Basque, *sf.* pan de vêtement.
Bas-relief, *sm.* sculpture.
Basse, *sf.* voix, instrument.
Basse-cour *sf.* cour de volaille
Bassement, *ad.*
Bassesse, *sf.* action basse.
Basset, *sm.* sorte de chien.
Bassin, *sm.* plat creux.
Bassine, grand bassin.
Bassiner *v.* échauf. mouiller.
Bassinet, *sm.* partie de fusil.
Bassinoire, *sf.* inst. bassiner.
Basson, *sm.* instr. à vent.
Bastille, *sf.* château-fort.
Bastion, *sm.* fortification.
Bastonnade, *sf.* coups de bât.
Bastringue, *sm.* bal de guing.
Bas-ventre, *sm.* bas du vent.
Bât, *sm.* selle d'âne.
Bataille, *sf.* combat général.
Batailler, *v.* combattre.
Bataillon, *sm.* partie de régi.
Bâtard, *a. et s.* illégitime.
Bateau, *sm.* barque de rivière.
Batelet, *sm.* petit bateau.
Bateleur *sm.* faiseur de tours.
Batelier, ère, *s.* cond. de bât.
Bâter, *v.* mettre un bât.
Bâti, *sm.* cout. à longs points.
Bâtiment, *sm.* édifice, navire.
Bâtir, *v.* construire, établir.
Bâtisse, *sf.* maçonnerie.
Batiste, *sf.* toile très-fine.
Bâton, *sm.* bois long.
Bâtonner, *v.* donner des coups de bâton, rayer, biffer.
Bâtonnet, *sm.* petit bâton.
Battant, *sm.* mart. de cloche.
Batte, *sf.* sorte de maillet.
Battement *sm.* act. de battre.
Batterie *sf.* querel. av. coups.
Battoir, *sm.* palette p. battre

Battre, *v.* frapper.
Battue, *sf.* sorte de chasse
Baudet, *sm.* âne. *fig.* stupide
Baudrier, *sm.* bande de cuir
Baume, *sm.* plante, liqueur
Bavard, *a. et s.* causeur.
Bavardage, *sm.* action de
Bavarder, *v.* parler trop.
Bavaroise *sf.* boisson.
Bave, *sf.* salive, écume.
Baver, *v.* jeter de la bave.
Bavette, *sf.* linge d'enfant.
Baveux, se, *a.* qui bave
Bavure, *sf.* trace des joints
Bayadère, *sf.* danseuse.
Bazar, *sm.* marché public.
Béant, *a.* très ouvert.
Béat, *a. et s.* dévot.
Béatification *sf.* action de
Béatifier, *v.* canoniser.
Béatitude, *sf.* félicité céleste
Beau, belle, *a.* qui plaît.
Beaucoup, *ad.* en quantité
Beau-fils, *sm.* gendre.
Beau-frère, *sm.* frère p. all.
Beau-père, *sm.* père p. alli.
Beaupré, *sm.* mât penché.
Beauté, *sf.* qualité physique
Bec, *sm.* bouche d'oiseau.
Bécasse, *sf.* oiseau.
Bécasseau *sm.* petite bécasse
Bécassine, *sf.* oiseau.
Bec-de-lièvre, *sm.* lèv. fend
Bêche, *sf.* outil de jardinier
Bêcher, *v.* remuer la terre.
Becquée, *sf.* conten. du bec
Becqueter, *v.* à coups de bec
Bedaine, *sf.* gros ventre.
Bedeau, *sf.* officier d'église
Beffroi, *sm.* clocher, tour.
Bégaiement, *sm.* action de
Bégayer, *v.* prononcer mal
Bègue, *a.* qui bégaie.
Béguin, *sm.* coiffe de toile.
Béguine, *sf.* religieuse.
Beignet, *sm.* pâte frite. [ton
Bêlement, *sm.* cri du mou-
Bêler, *v.* faire un bêlement
Belette, *sf.* petit quadrupède
Bélier, *sm.* mâle de la brebis machine de guerre, signe
Belligérant *a.* qui est en guer
Belliqueux, euse, *a.* guerrier
Belvéder, *sm.* pavillon élevé
Bénédicité, *sm.* pr. av. le rep
Bénédiction, *sf.* act. de bénir
Bénéfice, *sm.* profit.
Bénéficiaire, *a.* par bénéfice
Bénéficier, *v.* tirer profit.
Benêt, *a. et sm.* niais.
Bénévole, *a.* indulgent.
Bénignement, *ad.* avec bonté
Bénignité, *sf.* douceur.

Bénin, igne, a. doux.
Bénir, v. consacrer. [nite.
Bénitier, sm. vase à eau bé-
Béquille, sf. bâton p. infirme
Bercail, sm. bergerie.
Berceau, sm. lit d'enf., treille
Bercer, v. agiter, endormir.
Berger, sm. garde de trou-
Bergère, sf. fauteuil. [peau.
Bergerie sf.étable à moutons
Berline, sf. carrosse.
Berner, v. railler, faire saut.
Besace, sf. sac à deux poches
Besaiguë, sf. outil de charp.
Besicles, sf. pl. lunettes.
Besogne, sf. travail.
Besoigneux, a. qui a besoin.
Besoin, sm. manque.
Bestial, a. de la bête.
Bestialement, ad.
Bestiaux, sm. pl. bétail.
Bêta, sm. très-bête. [a.
Bétail, sm. troupeau.
Bête, sf. animal, stupide.
Bêtement, ad. en bête.
Bêtise, sf. stupidité.
Botte, sf. plante potagère.
Betterave, sf. plante.
Beuglement, sm. act. de
Beugler, v. mugir. [lait.
Beurre, sm. partie grasse du
Bévue, sf. méprise.
Biais, sm. travers, oblique.
Biaisement, sm. act. de
Biaiser, v. aller de biais.
Biberon, sm. vase à boire.
Bible, sf. A. et N. Testament.
Bibliographe, sm. savant en
Bibliographie, sf. connaiss.
  des livres.
Bibliomane, sm. qui a la
Bibliomanie, sf. passion des
  livres.
Bibliothécaire, sm. gard. de
Bibliothèque, sf. réunion de
  livres.
Biche, sf. femelle du cerf.
Bicoque, sf. petite maison.
Bidet, sm. petit cheval.
Bidon, sm. broc, vase.
Bien, sm. bon, propriété.
Bien-être, sm. situation aisée
Bienfaisance, sf. humanité.
Bienfaisant, sm. qui fait du
  bien.
Bienfait, sm. bien qu'on fait.
Bienfaiteur, trice, s. bien-
  faisant.
Bienheureux, se, a. saint.
Bienséance, sf. convenance.
Bienséant, a. ce qui convient
Bientôt, ad. dans peu.
Bienveillance, sf. affection.

Bienveillant, a. qui veut du
  bien.
Bienvenu, a et s. bien reçu.
Bienvenue, sf. bonne arrivée
Bière, sf. cercueil, boisson.
Biffer, v. raturer l'écriture.
Bifteck, sm. bœuf grillé.
Bifurcation, sf. division en 2.
Bifurquer (se), v. divis. en 2.
Bigame, a et s. marié 2 fois.
Bigarreau, sm. cerise.
Bigarrer, v. var. les couleurs
Bigarrure, sf. mélange.
Bigorne, sf. enclume.
Bigot, a et s. dévôt outré.
Bigoterie, sf. dévotion outrée
Bijou, sm. chose précieuse.
Bijouterie, sf. com. de bijoux
Bijoutier, sm. fabr. de bijoux
Bilan, sm. état de marchand.
Bilboquet, sm. jouet.
Bile, sf. humeur. [bile.
Bilieux. se, a et s. qui a de la
Billard, sm. jeu de billes.
Bille, sf. boule.
Billet, sm. écrit, engagem.
Billion, sm. milliard.
Billon, sm. monn. de cuivre.
Billot, sm. bloc de bois.
Binage, sm. action de
Biner, v. sarcler.
Binette, sm. instr. p. biner.
Biographe, sm. auteur de
Biographie, sf. vie de quel-
  qu'un.
Bipède, a et s. à deux pieds.
Bique, sf. chèvre. [fa.
Bis, a. couleur brune.
Bis, ad. (s) encore une fois.
Bisaïeul, e, s. père, mère de
  l'aïeul.
Bisbille, sf. brouille.
Biscaïen, sm. grosse balle.
Biscornu, a. baroque.
Biscuit, sm. pâtisserie.
Bise, sf. vent du nord.
Biseau, sm. taillé en biais.
Bissac, sm. sorte de besace.
Bissextile, a. année de 366 j.
Bistouri, sm. instr. de chir.
Bistre, sm. couleur brune.
Bitume, sm. matière inflam.
Bitumineux, se, a. de bitume
Bivouac, sm. station de nuit.
Bivaquer, v. camper à l'air.
Bizarre, a. extraordinaire.
Bizarrement, ad. avec
Bizarrerie, sf. caprice.
Blafard, a. pâle, terne.
Blague, sf. sac à tabac.
Blaireau, sm. quadrupède.
Blâmable, a. digne de
Blâme, sm. réprimande.

Blâmer, v. désapprouver.
Blanc, che, a. couleur de lait.
Blanc-bec, sm jeune homme
Blanchâtre a tirant sur blanc
Blanchement, ad. en blanc.
Blancheur, sf couleur blanc.
Blanchiment, sm. action de
Blanchir, v. rendre blanc.
Blanchissage, sm act. de bl.
Blanchisseur, euse s. qui bl.
Blanchisserie, sf. lieu où l'on
  blanchit.
Blaser, v. émousser les sens.
Blason, sm. armoirie.
Blasphémateur, sm. jureur.
Blasphématoire a de blasph.
Blasphème, sm parole impie.
Blasphémer, v. jurer.
Blé, sm. plante graminée.
Blême, a. très-pâle.
Blesser, v. faire une plaie.
Blessure, sf. plaie.
Blette, sf. plante, a. molle.
Bleu, e, a. couleur d'azur.
Bleuâtre, a tirant sur le bleu.
Bloc, sm. amas.
Blocus, sm siège d'une place
Blond, a. châtain clair.
Blonde, sf. dentelle.
Blondin, a et s un peu blond.
Bloquer, v. faire le blocus.
Blottir (se), v. s'accroupir.
Blouse, sf. vêtement.
Blouser, v. se tromper.
Bluet, sm. fleur des champs.
Bluette, sf. étincelle.
Bluteau ou blutoir sm. tamis
Bluter, v passer par bluteau.
Bluterie, sf lieu où l'on blute
Bobèche sf part. de flambeau
Bobine, sf fuseau pour dévid.
Bobiner, v. dévider du fil.
Bobo, sm., léger mal.
Bocage, sm. bosquet.
Bocal, sm. bouteille large.
Bœuf, sm. quadrup. rumin.
Boire, v. avaler un liquide.
Boire, sm. ce qu'on boit.
Bois, sm substance végét.le.
Boiser, v. garnir de bois.
Boiserie, sf. menuiserie.
Boisseau, sm. mesure.
Boisson, sf. liquide à boire.
Boîte, sf. coffret.
Boiter v. ne pas march. droit
Boiteux, se, a. qui boite.
Bol, sm. tasse évasée.
Bombance, sf. bonne chère.
Bombarder, v jeter des bomb.
Bombardier, sm. qui bomb.
Bombe, sf. boulet creux.
Bombement, sm. convexité.
Bomber, v. rendre convexe.

Bon, ne, *a* indulgent, agréa.
Bonace, *sf.* calme sur mer.
Bonasse, *a.* simple.
Bonbon, *sm.* friandise.
Bonbonnière *sf* boîte à bonb.
Bond, *sm.* saut.
Bonde, *sf.* tampon de bois.
Bondir, *v.* faire un bond.
Bondon, *sm.* bonde.
Bonheur, *sm.* félicité.
Bonhomme, *sm.* vieillard.
Bonhomie, *sf.* simplicité.
Boni, *sm* bonification, profit.
Bonification, *sf* amélioration
Bonifier, *v.* améliorer.
Bonjour, *sm.* salut du matin.
Bonne, *sf.* domestique.
Bonnement, *ad.* de bonne foi
Bonnet, *sm.* coiffure.
Bonnetier, *sm* fab. de bonn.
Bonsoir, *sm.* salut du soir.
Bonté, *sf.* qualité de ce qui est bon.
Bord, *sm.* extrémité, navire.
Bordage, *sm.* planches.
Bordée, *sf.* déch. de canons.
Border, *v.* garnir le bord.
Bordereau, *sm.* mém., note.
Bordure, *sf.* ce qui borde.
Boréal, *a.* du côté nord.
Borgne, *a.* qui n'a qu'un œil.
Borne, *sf.* limiter.
Bosphore, *sm.* détroit.
Bosquet, *sm.* petit bois.
Bosse, *sf.* grosseur, saillie.
Bosseler, *v* travail. en bosse.
Bossu, *a* et *s* qui a une bosse
Bossuer, *v.* rendre bossu.
Botanique, *sf.* sciences du
Botaniste, *sm.* des plantes.
Botte, *sf* faisceau, chaussure
Botteler, *v.* lier en bottes.
Botter, *v.* mettre des bottes.
Bottier, *sm* qui fait des bottes
Bottine, *sf.* petite botte.
Bouc, *sm.* mâle de la chèvre.
Boucaner, *v* fumer la viande.
Bouche, *sf* cavité, ouverture.
Bouchée, *sf* morc. à manger.
Boucher, *v.* fermer.
Boucher, *s.* qui tient une
Boucherie, *sf* déb. de viande
Bouche-trou, *sm* remplaçant
Bouchon, *sm.* ce qui bouche.
Bouchonner, *v.* mett. le bou.
Boucle, *sf.* anneau.
Boucler, *v* mettre en boucles
Bouclier, *sm* arme défensive.
Bouder, *v.* faire mauv. mine.
Bouderie, *sf.* act. de bouder.
Boudeur, euse, *s.* qui boude.
Boudin, *sm.* boyau plein de sang, rouleau de cheveux.

Boudoir, *sm.* cabinet retiré.
Boue, *sf*, fange des rues.
Boueur, *sm* qui enl. la boue.
Boueux, se, *a* plein de boue.
Bouffée, *sf.* souffle.
Bouffer, *a.* souffler, enfler.
Bouffette, *sf.* petite houppe.
Bouffi, *a* enflé, orgueilleux.
Bouffir, *v.* enfler.
Bouffissure, *sf.* enflure.
Bouffon, *sm.* et *a.* enjoué.
Bouffonner. *v.* faire le bouff.
Bouffonnerie, *sf.* farce.
Bougeoir, *sm.* chandelier.
Bouger, *v.* se mouvoir.
Bougette, *sf.* sac en cuir.
Bougie, *sf.* chandelle de cire
Bougonner, *v.* gronder.
Bougran, *sm.* toile gommée.
Bouilli, *sm.* viande bouillie.
Bouillie, *sf.* aliment.
Bouillir, *v.* mettre en ébullit.
Bouilloir, *sf.* vase à bouillir.
Bouillon, *sm.* soupe, flots, gros plis, mauv. spéculat.
Bouillon blanc, *sm.* plante.
Bouillonnement, *sm.* act. de
Bouillonner, *v.* être en ébull.
Boulanger, *sm.* qui fait le pain.
Boulangerie, *sf.* art de faire le pain, lieu où on le fait.
Boule, *sf.* corps sphérique.
Boule-dogue, *sm.* gros chien
Bouleau, *sm.* arbre.
Boulet, *sm.* boule de fer.
Boulette, *sf.* boule de pâte.
Boulevart, ard, *sm.* rempart.
Bouleversement, *sm.* désor.
Bouleverser, *v.* ruiner, agit.
Boulingrin, *sm.* pièce de gazon.
Boulon, *sm.* cheville de fer.
Boulonner, *v.* mettre un boul.
Bouquet, *sm.* botte de fleurs.
Bouquetière, *sf.* marchande de fleurs.
Bouquin, *sm.* vieux livre.
Bouquiner, *v.* ach. de vieux livres. [livres.
Bouquiniste, *sm.* vendeur de
Bourbe, *sf.* fange, boue.
Bourbeux, se, *a.* pl. de boue.
Bourbier, *sm.* trou plein de boue.
Bourdon, *sm.* mouche, cloche
Bourdonnement, *sm.* act. de
Bourdonner, *v.* faire du bruit
Bourg, *sm.* gros village.
Bourgade, *sf.* petit bourg.
Bourgeois, *sm.* citoyen.
Bourgeoisement, *ad.*
Bourgeon, *sm.* bout. d'arbre.

Bourgeonner, *v.* pousser.
Bourlet, *sm.* coussin.
Bourrache, *sf.* plante.
Bourrade, *sf.* coup, repartie.
Bourrasque, *sf.* coup de vent.
Bourre, *sf.* amas de poils.
Bourreau, *sm.* exécuteur, [cruel.
Bourrée, *sf.* fagot.
Bourreler, *v.* tourmenter.
Bourrer, *v.* mettre de la bourre.
Bourriche, *sf.* panier long.
Bourrique, *sf.* âne.
Bourriquet, *sm.* ânon.
Bourru, *a.* brusque.
Bourse, *sf.* petit sac à argent.
Boursier, *sm.* qui a une bourse.
Boursoufler, *v.* enfler.
Bousculer, *v.* renverser.
Bouse, *sf.* fiente.
Bousillage, *sm.* action de
Bousiller, *v.* faire de mauvais ouvrage.
Bousilleur, euse, *s* qui bous.
Boussole, *sf.* aig. aimantée.
Bout, *sm.* extrémité, reste.
Boutade, *sf.* caprice.
Bout-en-train, *sm* qui égaie.
Boute-feu, *sm.* qui excite.
Bouteille, *sf.* vase à goulot.
Boutique, *sf* lieu où l'on vend
Boutiquier, *sm.* marchand.
Boutoir, *sm* groin de sanglier
Bouton, *sm.* bourgeon, tumeur, petit rond.
Boutonner, *v.* mett. des bout.
Boutonnière, *sf.* trou à bout.
Bouts-rimés, *sm. pl.* rimes données.
Bouture, *sf.* branche plantée
Bouvet *sm* rabeau à rainures
Bouvier, *s* qui gar. les bœufs
Boxer, *v.* donner des coups de poings.
Boxeur, *sm.* qui boxe.
Boyau, *sm.* intestin.
Bracelet, *sm.* anneau.
Brachial, *a.* du bras.
Braconner, *v.* chasser furtiv.
Braconnier, *sm* qui braconne
Braillard, *s.* et *a.* qui crie.
Brailler, *v.* crier.
Braire, *v.* crier.
Braise, *sf* bois demi-consumé
Braisier, *sm* huche à braise.
Brancard, *sm.* litière.
Branche, *sf.* excroissance.
Branchies, *sf. pl.* ouïes.
Branchu *a* qui a des branches
Brande, *sf.* bruyère.
Brandiller, *v.* balancer.
Brandir, *v.* agiter en l'air.

Brandon, *sm* torche de paille
Branle, *sm.* agitation.
Branlement, *sm* mouvement.
Branler, *v.* remuer.
Braque, *sm.* chien de chasse.
Braquer, *v* tourner d'un côté.
Bras, *sm.* membre, canal.
Braser, *v.* souder.
Brasier *sm* charbons ardents
Brasse, *sf.* mesure.
Brassée, *sf.* contenu des deux bras.
Brasser *v.* remuer *fig.* tramer
Brasserie, *sf.* où se fait la bière.
Brasseur, *sm.* qui fait la bière.
Brasure, *sf.* soudure de fer.
Bravade, *sf.* act. de braver.
Brave, *a.* et *s.* vaillant.
Bravement, *ad.* en brave.
Braver, *v.* affronter.
Bravo *ad.* et *sm.* terme d'appl.
Bravoure *sf.* valeur, courage.
Brebis, *sf.* femelle du bélier.
Brèche, *sf.* ouverture.
Bréchet, *s.* creux de l'estomac
Bredouille, *sf.* terme de jeu.
Bredouillement, *sm.* act. de
Bredouiller, *v.* articuler mal.
Bredouilleur, euse, *s.* qui bredouille.
Bref, ève, *a.* court.
Brelan, *sm.* jeu de cartes.
Breloque, *sf.* bijou.
Brème, *sf.* poisson.
Brésil, *sm.* bois de teinture.
Bretelle, *sf.* sangle, bande.
Bretteur, *sm.* duelliste.
Breuvage, *sm.* boisson.
Brevet, *sm.* titre, privilége.
Breveter, *v.* donner un brevet
Bréviaire, *sm.* livre d'office.
Bride, *sf.* fraction.
Brick, *sm.* petit navire armé.
Bricole, *sf.* partie du harnais.
Bricoler, *v.* jouer de bricole.
Bride, *sf.* rêne, frein.
Brider, *v.* mettre la bride.
Brief, ve, *a.* court, prompt.
Brièvement, *ad.* au court.
Brièveté, *sf.* courte durée.
Brigade, *sf.* troupe de soldats.
Brigadier, *sm.* chef de brig.
Brigand, *sm.* voleur.
Brigandage *sm.* vol sur les r.
Brigantin, *sm.* vaisseau.
Brigue, *sf.* poursuite, cabale.
Briguer, *v.* solliciter.
Brillamment, *adv.*
Brillant *a.* qui brille, diamant.
Brillanter, *v.* tailler à facettes
Briller, *v.* avoir de l'éclat.

Brimborion, *sm.* colifichet.
Brin, *sm.* petite partie.
Brindelle, *sf.* branche menue.
Brioche, *sf.* pâtisserie.
Brique, *sf.* terre cuite.
Briquet *sm.* pièce d'acier, sab.
Briqueter, *v.* imiter la brique.
Briquetier *sm.* qui f. la brique.
Bris, *sm.* rupture.
Brisans, *sm. pl.* écueils.
Brise, *sf.* vent frais.
Brisées, *sf. pl.* branch. rival.
Brisement, *sm.* choc.
Briser, *v.* rompre, fatiguer.
Briseur, *sm.* qui brise.
Brisoir, *sm.* instr. à briser.
Brisque, *sf.* jeu de cartes.
Brisure, *sf.* partie fracturée.
Broc, *sm.* vase.
Brocanter, *v.* troquer.
Brocanteur *sm.* qui brocante.
Brocard, *sm.* raillerie.
Brocarder, *v.* railler.
Broche, *sf.* verge de fer.
Brocher, *v.* coudre, broder.
Brocheur, euse, *s.* qui broche.
Brochure, *sf.* livre non relié.
Brocoli, *sm.* chou.
Brodequin, *sm.* chaussure.
Broder, *v.* orner, embellir.
Broderie, *sf.* chose brodée.
Brodeur, euse, *s.* qui brode.
Broiement *sm.* act. de broyer.
Broncher *v.* faire un faux-pas.
Bronche, *sf. pl.* trachée artère, conduits de l'air.
Bronze, *sm.* métal.
Bronzer, *v.* peindre en bronze
Broquette, *sf.* petit clou.
Brosse, *sf.* vergette, pinceau.
Brosser, *v.* frott. av. une br.
Brossier *sm.* fab. de brosses.
Brou *sm.* écale verte des noix.
Brouette *sf.* petit tombereau.
Brouetter, *v.* traîner en brou.
Brouetteur, *sm.* qui brouette.
Brouhaha, *sm.* bruit confus.
Brouillamini, *sm.* désordre fa
Brouillard, *sm.* vapeur.
Brouille, *sf.* brouillerie.
Brouillement, *sm.* mélange.
Brouiller, *v.* mêler, désunir.
Brouillerie, *sf.* désunion.
Brouillon, *a.* qui brouille.
Broussailles, *sf. pl.* ronces.
Brouter, *v.* paître.
Broyer, *v.* piler, pulvériser.
Broyeur, *sm.* qui broie.
Bru, *sf.* belle-fille.
Bruine, *sf.* pluie fine.
Bruiner, *v.* pleuvoir.
Bruire *v.* rend. un son confus.
Bruit, *sm.* son, nouvelle.

Brûlant, *a.* qui brûle, vif.
Brûlement, *sm.* act. de
Brûler, *v.* cons. par le feu.
Brûlot *sm.* navire incendiaire
Brûlure, *sf.* action du feu.
Brume, *sf.* brouillard épais
Brumeux, *a.* couv. de brume
Brun, *a.* presque noir.
Bruni, *sm.* poli.
Brunir, *v.* rendre brun, polir
Brunisseur, euse, *s.* qui bru.
Brunissoir *sm.* outil à brunir
Brunissure, *sf.* act. de brunir
Brusque, *a.* prompt et rude.
Brusquer, *v.* agir brusquem.
Brusquerie, *sf.* acte de brusq.
Brut, *a.* (t) qui n'est pas poli
Brutal, *a.* et *s.* grossier.
Brutalement, *ad.* en brutal.
Brutaliser, *v.* maltraiter.
Brutalité, *sf.* vice du brutal.
Brute, *sf.* sans raison.
Bruyamment, *ad.* avec bruit
Bruyant, *a.* qui fait du bruit
Bruyère, *sf.* arbuste, lande.
Buanderie, *sf.* où on lessive.
Buandier, *s.* qui blanchit.
Bube ou Bubon, *sf.* pustule.
Bûche, *sf.* gros bois.
Bûcher, *sm.* amas de bois.
Bûcheron *sm.* qui abat le bois
Bûchette, *sf.* menu bois.
Bucolique, *a.* et *sf.* pastoral
Budget, *sm.* état de recettes
Buée, *sf.* lessive. et dépens.
Buffet, *sm.* armoire.
Buffle, *sm.* quadrupède.
Buffleterie *sf.* bande de buffle
Buffletin, *sm.* jeune buffle.
Buis, *sm.* arbrisseau.
Buisson *sm.* touff. d'arb. sauv.
Buissonnier, *a.* de buisson.
Bulbe, *sf.* oignon de plante.
Bulbeux, se, *a.* de bulbe.
Bulle, *sf.* globule, lettre du Pape.
Bulletin, *sm.* petit écrit.
Buraliste, *sm.* qui t. un bur.
Burat, *sm.* bure grossière.
Bure, *sf.* étoffe de laine.
Bureau, *sm.* table, cabinet.
Bureaucratie, *sf.* influence des gens de bureau.
Burette, *sf.* petit vase.
Burin, *sm.* instr. pour graver
Buriner, *a.* graver.
Burlesque, *a.* et *sm.* bouffon
Burlesquement, *ad.*
Buse *sm.* lame dans un corset
Buse, *sf.* oiseau, stupide.
Buste, *sm.* la tête et la poitr.
But, *sm.* point où l'on vise.
Bute, *sf.* outil de maréchal.

Buter, v. viser, s'opiniâtrer.
Butin, sm. capture.
Butiner, v. faire du butin.

Butor, sm. oiseau, grossier.
Butte, sf. éminence.
Butter, v. broncher.

Buvable, a. potable.
Buvette, sf. cabaret.
Buveur, euse, s. qui boit

C

C, sm. 2e consonne.
Çà, ad. ici, int. pour exciter
Çà et là, ad. de côté et d'aut.
Cabale, sf. intrig., complot.
Cabaler, v. intriguer.
Cabaleur, sm. qui cabale.
Cabaliste, sm. sorcier.
Cabane, sf. maisonnette.
Cabaret, sm. débit de vin.
Cabaretier, s. qui tient cab.
Cabas, sm. panier.
Cabestan, sm. tourniquet.
Cabillaud, sm. poiss. de mer.
Cabine, sf. chamb. de navire.
Cabinet, sm. lieu de retraite.
Câble, sm. grosse corde.
Câbler, v. faire des câbles.
Caboche, sf. tête, fa. clou.
Cabotage, sm. action de
Caboter, v. naviguer en cô-
  toyant.
Caboteur, sm. qui cabote.
Cabrer (se), v. s'emporter.
Cabriole, sf. saut.
Cabrioler, v. faire des cabr.
Cabriolet, sm. voiture légère.
Caca, sm. excrément d'enfant
Cacao, sm. amande du
Cacaotier, sm. arbre d'Amér.
Cachemire, sm. châle de
  l'Inde.
Cacher, v. céler, dissimuler.
Cachet, sm. petit sceau.
Cacheter, v. mettre le cachet.
Cachotte, sf. lieu caché.
Cachot, sm. prison obscure.
Cacographie, sf. mauv. or-
  thographe.
Cacophonie, sf. discordance.
Cadastre, sm. état de biens-
  fonds.
Cadavéreux, se, a. de cadav.
Cadavre, sm. corps mort.
Cadeau, sm. présent, don.
Cadenas, sm. serrure mobile
Cadenasser, v. fermer au
  cadenas.
Cadence, sf. mesure.
Cadencer, v. mettre en cad.
Cadenette, sf. tresse.
Cadet, s. et a. le plus jeune.
Cadette, sf. pierre de taille.
Cadi, sm. juge turc.
Cadis, sm. serge commune.
Cadran, sm. où l'heure se
  marque.

Cadre, sm. bordure.
Cadrer, v. être en rapport.
Caduc, que, a. vieux, cassé.
Caducité, sf. état de caduc.
Cafard, sm. hypocrite.
Café, sm. fève, breuv., lieu
  où on le prend.
Cafetier, sm. qui tient café.
Cafetière, sf. vase à café.
Cage, sf. loge pr les oiseaux.
Cagnard, a. fainéant.
Cagnarder, v. fainéanter.
Cagnardise, sf. paresse.
Cagneux, se, a. les pieds en
  dedans.
Cagot, s. et a. faux dévot.
Cagoterie, sf. act. de cagot.
Cahier, sm. feuilles de pa-
  pier réunies.
Cahot, sm. saut d'une voit.
Cahotage, sm. secousse.
Cahoter, v. secouer.
Cahutte, sf. cabane.
Caille, sf. oiseau.
Caillé, sm. lait caillé.
Cailler, v. figer.
Caillot, sm. sang caillé.
Caillou, sm. pierre très-dure
Cailloutage, sm. amas de
  cailloux, ouvr. en cailloux.
Caïman, sm. crocodile.
Caisse, sf. coffre, tambour.
Caissier, sm. qui tient la
  caisse.
Caisson, sm. grande caisse.
Cajoler, v. flatter.
Cajolerie, sf. flatterie.
Cajoleur, euse, sm. qui cajole
Cal, sm. durillon.
Calamité, sf. gr. malheur.
Calamiteux, euse, a. mal-
  heureux.
Calcaire, a. de chaux.
Calcination, sf. act. de
Calciner, v. brûler.
Calcul, sm. supputation.
Calculateur, trice, s. qui cal-
Calculer, v. compter. |cule.
Cale, sf. fond d'un navire.
Calebasse, sf. courge.
Calèche, sf. carrosse découv.
Caleçon, sm. vêtement.
Calembour, s. jeu de mots.
Calendrier, sm. almanach.
Calepin, sm. portefeuille.
Caler, v. ajuster.

Calfater, v. boucher.
Calfeutrer, v. boucher.
Calibre, sm. diamètre.
Calibrer, v. donner le calibre
Calice, sm. vase sacré.
Calicot, sm. toile de coton.
Calife, sm. prince turc.
Califourchon (à), à cheval.
Câlin, s. cajoleur.
Câliner (se), v. rester dans
  l'inaction.
Câlinerie, sf. cajolerie.
Calleux, a. à durillons.
Calligraphe, sm. qui écrit
  bien.
Calligraphie, sf. belle écrit.
Calmant, a. qui calme.
Calme, a. tranquille.
Calmer, v. apaiser.
Calomniateur, trice, s. qui
  calomnie.
Calomnie, sf. fausse imputat.
Calomnier, v. imputer à faux
Calomnieusement, ad.
Calomnieux, se, a. qui ca-
  lomnie.
Calorifère, sm. poêle.
Calorique, sm. chaleur.
Calotte, sf. petit bonnet.
Calque, sm. copie.
Calquer, v. copier.
Calumet, sm. pipe de sauv.
Calus, sm. (s), durillon.
Calvaire, sm. mont avec une
  croix.
Calvinisme, sm. secte.
Calviniste, sm. sectateur.
Calvitie, sf. état du chauve.
Camail, sm. manteau d'abbé
Camarade, sm. compagnon.
Camard, e, a. et s. à nez plat.
Cambouis, sm. vieux oing.
Cambrer, v. courber en arc.
Camée, sm. pierre sculptée.
Caméléon, sm. reptile.
Camelot, sm. sorte d'étoffe.
Camion, sm. petite épingle,
  voiture.
Camisole, sf. chemisette.
Camomille, sf. plante. |mée.
Camp, sm. où se loge une ar-
Campagnard, a. paysan.
Campagne, sf. champs, voy.
Campêche, sm. bois rouge.
Campement, sm. action de
Camper, v. dresser un camp.

Camphre. *sm.* subst. arom.
Camus, *a.* et *s.* à nez court.
Canaille, *sf.* vile populace.
Canal, *sm.* conduit.
Canapé, *sm.* long siége.
Canard, *sm.* oiseau aquatiq.
Canarder, *v.* tirer à couvert.
Canari, *sm.* serin des Canar.
Cancan, *sm.* bavardage.
Cancer, *sm.* tumeur maligne.
Cancéreux, euse, *a.* de canc.
Cancre, *sm.* écrevis. de mer.
Candélabre, *sm.* chandelier.
Candeur, *sf.* pureté d'âme.
Candi, *sm.* (sucre) cristallis.
Candidat, *sm.* aspirant.
Candide, *a.* franc, sincère.
Candidement, *ad.* avec cand.
Cane, *sf.* femelle du canard.
Caneton, *sf.* petit canard.
Canette, *sf.* anc. mesure.
Canevas, *sm.* toile claire.
Caniche, *sm.* esp. de chien.
Caniculaire, *a.* de la canicule
Canicule, *sf.* constellation.
Canif, *sm.* instrum. à tailler
Canin, *a.* de chien. [les plum.
Canne, *sf.* roseau, bâton.
Canneler, *v.* mouler.
Cannelle, *sf.* robinet, écor. du
Cannellier, *sm.* arbre.
Cannelure, *sf.* creux, moul.
Cannibale, *sm.* anthropophag
Canon, *sm.* arme à feu, tuy.,
   partie de la messe, règle.
Canonial, *a.* de chanoine.
Canonicat, *sm.* dignité de
   chanoine.
Canonique *a.* selon les canons
Canonisation, act. de[des SS.
Canoniser, *a.* mettre au rang
Canoniste, *sm.* légiste.
Canonnade, *sf.* action de
Canonner, *v.* tirer le canon.
Canonnier, *sm.* qui tire le c.
Canot, *m.* petit bateau.
Cantaloup, *sm.* melon.
Cantate, *sf.* petit poëme.
Cantatrice, *sf.* chanteuse.
Cantharide, *sf.* mouche.
Cantine, *sf.* buvette militair.
Cantinier, *sm.* qui tient cant.
Cantique, *sm.* chant relig.
Canton, *sm.* étend. de pays.
Cantonnement, *sm.* act. de
Cantonner, *v.* log. des troup.
Canule, *sf.* tuyau.
Cap, *sm.* promontoire, tête.
Capable, *sm.* propre à.
Capacité, *sf.* habileté.
Caparaçon, *sf.* couv. de chev.
Caparaçonner, *v.* mettre un
   caparaçon.

Cape, *sf.* manteau.
Capillaire, *a.* et *sm.* délié.
Capitaine, *sm.* chef militair.
Capital, *sm.* somme d'arg. ;
   a. principal.
Capitale, *sf.* ville principale.
Capitaliser, *v.* faire un cap.
Capitaliste, qui a des capit.
Capitation, *sf.* taxe par tête.
Capiteux, se, *a.* qui porte à
   la tête.
Capitulaire, *a.* de chapitre.
Capitulation, *sf.* action de
Capituler, *v.* se rendre.
Capon, *sm.* hypocrite, lâche.
Caporal, *sm.* grade militair.
Capote, *sf.* espèce de mant.
Câpre, *sf.* fruit.
Caprice, *sm.* fantaisie.
Capricieusement, *ad.*
Capricieux, se, *a.* fantasque.
Capricorne, *sm.* signe du zo-
Câprier, *sm.* arbre. [diaque.
Captation, *sf.* action de
Capter, *v.* tromper adroitem.
Captieux, se, *a.* trompeur.
Captif, ve, *a.* prisonnier.
Captiver, *v.* rendre captif.
Captivité, *sf.* esclavage.
Capture, *sf.* prise.
Capturer, *v.* faire capture.
Capuchon, *sm.* vêt. de tête.
Capucin, *sm.* religieux.
Capucine, *sf.* fleur.
Caque, *sf.* baril.
Caquet, *sm.* babil.
Caquetage, *sm.* action de
Caqueter, *v.* babiller.
Car, *conj.*
Carabin, *sm.* étud. en chir.
Carabine, *sf.* arme à feu.
Carabinier, *sm.* cav. milit.
Caracole, *sf.* mouv. en rond.
Caracoler, *v.* faire des carac
Caractère, *sm.* empreinte,
   lettres, naturel. [ractère.
Caractériser, *v.* marq. le ca-
Caractéristique, *a.* qui carac
Carafe, *sf.* vase de verre.
Caramel, *sm.* sucre fondu.
Carat, *sm.* titre de l'or, poids
Caravane, *sf.* troupe.
Carbone, *sm.* charbon pur.
Carbonique, *a.* tiré du charb.
Carboniser, *v.* réduire en
   charbon.
Carcan, *sm.* collier de fer.
Carcasse, *sf.* ossements.
Carde, *sf.* peigne pour
Carder, *v.* peigner la laine.
Cardeur, se, *s.* qui carde.
Cardinal, *sm.* prélat. [dinal.
Cardinalat *sm.* dignité de car-

Carême, *sm.* jeûne avant l'â-
   ques.
Carène, *sf.* quille de navire.
Caréner, *v.* radouber.
Caresse, *sf.* témoig. d'affect.
Caresser, *v.* faire des cares.
Cargaison, *sf.* charge de nav.
Carguer, *v.* trous. les voiles.
Caricature, *sf.* peint. ridicule
Carie, *sf.* pourriture.
Carillon, *sm.* grand bruit.
Carillonner, *v.* sonner le ca-
   rillon.
Carillonneur, *sm.* qui carill.
Carmin, *sm.* beau rouge.
Carnage, *sm.* massacre.
Carnassier, *a.* qui vit de chair
Carnassière, *sf.* sac.
Carnation, *sf.* couleur des
   chairs.   [vertissement.
Carnaval, *sm.* temps de di-
Carnet, *sm.* petit livre.
Carnivore, *s.* qui vit de chair
Carotte, *sf.* racine, légume.
Carpe, *sf.* poisson.
Carquois, *sm.* étui à flèche.
Carré, *sm.* à 4 angles droits.
Carreau, *sm.* pavé, vitre.
Carrefour, *sm.* croisement
   de rues.
Carrelage, *sm.* action de
Carreler, *v.* poser des carr.
Carreleur, *sm.* poseur de
   carreaux.
Carrelure, *sf.* semelle neuve
Carrément, *ad.*   [carrée.
Carrer, *v.* donner une figure
Carrière, *sf.* lice, lieu d'où
   l'on tire la pierre, cours de
   la vie.
Carriole, *sf.* petite charrette
Carrosse, *sm.* voiture susp.
Carrossier, *sm.* fabr. de voit.
Carrousel, *sm.* tournoi.
Carrure, *sf.* largeur du dos.
Carte, *sf.* carton, liste, plan
Cartel, *sm.* défi de combat.
Cartilage, *sm.* extrém. des os
Cartilagineux, se, *a.* de car-
   tilage.
Carton, *sm.* grosse carte.
Cartonner, *v.* relier en cart.
Cartonnier, *sm.* fab. de cart.
Cartouche, *sf.* charge de fus.
Cas, *sm.* fait, conjoncture.
Casaque, *sf.* vêtement.
Cascade, *sf.* chute d'eau.
Case, *sf.* maison, cabane.
Caser, *v.* établir.
Caserne, *sf.* log. de soldats.
Casernement, *sm.* act. de
Caserner, *v.* mett. en caserne
Casier, *sm.* à cases.

Casque, *sm*. armure de tête.
Cassation, *sf*. acte qui casse.
Casse, *sf*. plante, caisse à compartiment.
Casse-cou, *sm*. lieu glissant
Casse-noix, *sm*. instr. p' les
Casser, *v*. briser, rompre.
Casserole, *sf*. inst. de cuisine
Casse-tête, *sm*. massue.
Casselin, *sm*. cellule de casse
Cassette, *sf*. coffre léger.
Cassis, *sm*. arbris., liqueur.
Cassonade, *sf*. sucre brut.
Cassure, *sf*. fracture.
Caste, *sf*. tribu, classe.
Castor, *sm*. quadrupède.
Casuel, le, *a*. et *sm*. fortuit.
Casuellement, *ad*.
Casuiste, *sm*. théologien.
Catacombes, *sf*. souterrains.
Catafalque, *sm*. décor. funèb.
Catalogue, *sm*. liste.
Cataplasme, *sm*. médicam.
Cataracte, *sf*. malad. de l'œil, saut.
Catarrhe, *sm*. fluxion.
Catastrophe, *sf*. év. funeste.
Catéchiser, *v*. instruire.
Catéchisme, *sm*. instruction religieuse.
Catéchiste, *sm*. qui catéchise
Catéchumène, *s*. (*cu*.) qu'on catéchise.
Catégorie, *sf*. classe, nature.
Catégorique, *a*. précis, clair.
Catégoriquement, *ad*.
Cathédrale, *sf*. église principale.   [tholique.
Catholicisme, *sf*. religion ca-
Catholicité, *sf*. ensemble des Catholiques.
Catholique, *a*. universel.
Catholiquement, *ad*.
Cati, *sf*. apprêt d'étoffe.
Caton, *sm*. homme sage.
Cauchemar, *sm*. oppression.
Cause, *sf*. principe, sujet.
Causer, *v*. être cause.
Causerie, *sf*. babil.
Causeur, euse, *s*. qui cause.
Causticité, *sf*. malignité.
Caustique, *a*. et *sm*. corrosif
Cautère, *sm*. ulcère artificiel
Cautérétique, *a*. de cautère.
Cautérisation, *sf*. act. de
Cautériser, *v*. brûler.
Caution, *sf*. répondant.
Cautionnement, *sm*. act. de
Cautionner, *v*. se rendre caution.
Cavalcade, *sf*. marche à che-
Cavale, *sf*. jument.   [val.
Cavalerie, *sf*. troupe à chev.

Cavalier, *sm*. homme à chev.
Cavalièrement, *ad*.
Cave, *sf*. souterrain.
Caveau, *sm*. petite cave.
Caver, *v*. creuser, miner.
Caverne, *sf*. antre.
Caverneux, se, *a*. de caverne
Cavité, *sf*. creux, vide.
Ce, Cet, Cette, *pl*. Ces, *a*. d.
Ceci, *pronom démonstr*.
Cécité, *sf*. état d'un aveugle
Céder, *v*. laisser, se rendre.
Cédille, *sf*. virgule sous le ç.
Cèdre, *sm*. grand arbre.
Cédule, *sf*. acte, écrit.
Ceindre, *v*. entourer.
Ceinture, *sf*. ruban.
Ceinturon, *sm*. ceinture mi-
Cela, *pr*. *dém*.   [litaire.
Célébration, *sf*. act. de cél.
Célèbre, *a*. fameux.
Célébrer, *v*. exalter, fêter.
Célébrité, *sf*. renommée.
Céler, *v*. cacher.
Céléri, *sm*. plante potagère.
Célérité, *sf*. vitesse.
Céleste, *a*. du ciel, excellent
Célibat, *sm*. état de
Célibataire, *sm*. non marié.
Cellier, *sm*. réserve.
Cellule, *sf*. loge, alvéole.
Celui, Celle, *pron*. *dém*.
Celui-ci, Celle-ci, *pron*.
Celui-là, Celle-là, *pron*.
Cénacle, *sm*. salle à manger.
Cendre, *sf*. résidu de matières brûlées.
Cendré, *a*. coul. de cendre.
Cendrée, *sf*. menu plomb.
Cendrier, *sm*. où tombe la cendre.
Cène, *sf*. dern. soup. de J.-C.
Cénobite, *sm*. moine.
Cénotaphe, *sm*. tombe vide.
Cens, *sf*. (*s*) redev. en arg.
Censé, *a*. réputé.
Censeur, *sm*. critique.
Censure, *sf*. blâme.
Censurer, *v*. blâmer.
Cent, *a*. *num*.   fois dix.
Centaine, *sf*. cent unités.
Centaurée, *sf*. plante.
Centenaire, *sm*. qui a 100 ans
Centenier, *sm*. centurion.
Centiare, *sm*. 100e partie de l'are.
Centième, *a*. la 100e partie.
Centigramme, *sm*. 100e du gramme.
Centilitre, *sm*. 100e de litre.
Centimètre, *sm*. 100e de mèt.
Central, *a*. du centre.
Centralisation, *sf*. act. de

Centraliser *v*. réun. au centre
Centre, *sm*. milieu.
Centrifuge, *a*. qui éloigne du centre.   [centre.
Centripète, *a*. qui tend au
Centuple, *a*. cent fois autant
Centupler, *v*. répéter 100 fois
Centurion, *sm*. chef de cent soldats.
Cep, *sm*. pied de vigne.
Cependant, *ad*. pendant cela
Cérat, *sm*. sorte d'onguent.
Cerceau, *sm*. cercle de tonne
Cercle, *sm*. circonférence.
Cercler, *v*. mettre des cercl.
Cercueil, *sm*. bière.
Céréale, *sf*. graine farineuse
Cérébral, e, *a*. du cerveau.
Cérémonial, *sm*. usage.
Cérémonie, *sf*. forme extér.
Cerf, *sm*. (cer) quadrupède.
Cerfeuil, *sm*. plante potag.
Cerf-volant, *sm*. insecte, jouet.
Cerise, *sf*. fruit du cerisier.
Cerisier, *sm*. arbre.
Cerneau, *sm*. noix verte.
Cerner, *v*. entourer.
Certain, *a*. sûr, quelque.
Certainement, *ad*.
Certes, *ad*. certainement.
Certificat, *sm*. écrit fais. foi.
Certifier, *v*. assurer.
Certitude, *sf*. assurance.
Cérumen, *sm*. (*n*), humeur des oreilles.
Céruse, *sf*. blanc de plomb.
Cerveau, *sm*. moelle du crân.
Cervelas, *sm*. petit sauciss.
Cervelle, *sf*. cerveau.
Cessation, *sf*. intermission.
Cesse (sans), *loc*. *ad*. touj.
Cesser, *v*. discontinuer.
Cession, *sf*. abandon.
Cessionnaire, *s*. à qui l'on cède.
Césure, *sf*. coupe du vers.
Cétacé, *a*. et *s*. grand poiss.
Chacun, *pron*. distributif.
Chagrin, *sm*. affliction.
Chagriner, *v*. attrister.
Chaîne, *sf*. anneaux entrelac.
Chaînette, *sf*. petite chaîne.
Chaînon, *sm*. ann. de chaîne.
Chair, *sf*. substance des musc
Chaire, *sf*. tribune.
Chaise, *sf*. siége à dos.
Châle, *sm*. grand fichu.
Chaland, *s*. acheteur.
Chaleur, *sf*. état chaud.
Chaloupe, *sf*. petit navire.
Chalumeau, *sm*. tuyau, flûte.
Chamailler, *v*. disputer.

Chambranle, sm. ornement d'architecture.
Chambre, sf. pièce de mais.
Chambrette, sf. pet. chamb.
Chameau, sm. quadrupède.
Chamois, sm. quadrupède.
Champ, sm. pièce de terre.
Champêtre, a. des champs.
Champignon, sm. plante.
Champion, sm. combattant.
Chance, sf. hasard.
Chanceler, v. n'être pas ferme
Chancelier, sm. dignité.
Chancelière, sf. fourrur. pour les pieds. [chancelier.
Chancellerie, sf. hôtel du
Chanceux, se, a. heureux.
Chancre, sm. ulcère malin.
Chandelier, sm. ustensile.
Chandelle, sf. flamb. de suif.
Chanfrin, sm. plan oblique.
Change, sm. troc.
Changement, sm. action de
Changer, v. troquer, se dép.
Changeur, sm. qui change.
Chanoine, sm. ecclésiastiq.
Chanson, sf. vers qu'on cha.
Chansonner, v. faire des ch.
Chansonnette, sf. p. chanson
Chansonnier, ère, s. qui fait des chansons.
Chant, sm. inflexion de voix.
Chanter, v. former des sons.
Chanteur, se, s. qui chante.
Chantier, sm. magas. de bois
Chantourner, v. couper sur un dessin.
Chantre, sm. qui chante à l'ég
Chanvre, sm. plante, filasse.
Chaos, sm. (ka), confusion.
Chape, sf. vêtement d'églis.
Chapeau, sm. coiffure.
Chapelain, sm. prêtre.
Chapelet, sm. grains enfilés
Chapelier, sm. fais. de chap.
Chapelle, sf. petite église.
Chapellerie, sf. comm. de ch.
Chaperon, sm. ornem., toit.
Chapiteau, sm. sommet, cor.
Chapitre, sm. division.
Chapitrer, v. réprimander.
Chaque, a. distributif.
Char, sm. voiture à 2 roues.
Char-à-banc, sm. v. à bancs
Charbon, sm. bois embrâsé.
Charbonner, v. noircir. [ch.
Charbonnier, ère, a. m. de
Charcuter, v. hâc. la viande.
Charcuterie, sf. état de
Charcutier, ère, s. qui vend
Chardon, sm. plante. [du porc
Chardonner, v. card. la laine
Chardonneret, sm. oiseau.

Charge, sf. faix, office.
Chargement, sm. cargaison.
Charger, v. mettre une charg
Chargeur, sm. qui charge.
Chariot, sm. voit. à 4 roues.
Charitable, a. qui fait du bien
Charitablement, ad.
Charité, sf. amour de Dieu.
Charivari, sm. grand bruit.
Charlatan, sm. imposteur.
Charlatanerie, sf. hâblerie.
Charlatanisme, sm. tromper.
Charmant, a. qui plaît.
Charme, sm. plaisir, sortilèg
Charmer, v. enchanter.
Charmille, sf. haie.
Charnel, le, a. de la chair.
Charnellement, ad.
Charnier, sm. cimetière.
Charnu, a. qui a de la chair.
Charnure, sf. la chair.
Charogne, sf. cadav. de bête
Charpente, sf. bois équarri.
Charpenter, v. équarr. du b.
Charpentier, sm. qui charp.
Charpie, sf. filaments de ling
Charretée, sf. plein une char.
Charretier, ère, s. voiturier.
Charrette, sf. char à 2 roues.
Charriage, sm. act. de
Charrier, v. voitur., entraîn.
Charroi, sm. charriage.
Charron, sm. fab. de voit.
Charronnage, sm. art du ch.
Charroyer, v. charrier.
Charrue, sf. machine à labour
Charte, sf. constitution.
Chas, sm. trou d'une aiguil.
Chasse, sf. act. de chasser.
Châsse, sf. coffre à reliques.
Chasselas, sm. raisin.
Chasser, v. renvoyer, pours.
Chasseur, euse, s. qui chasse
Chassie, sf. humeur des yeux
Chassieux, se, a. de chassie.
Châssis, sm. cadre.
Chaste, a. pur.
Chasteté, sf. état chaste.
Chasuble, sf. orn. de prêtre.
Chat, te, s. quadrupède.
Châtaigne, sf. fruit.
Châtaignier, sm. gr. arbre,
Châtain, sm. brun clair.
Château, sm. beau bâtiment.
Chat-huant, sm. oiseau.
Châtier, v. corriger.
Chatière, sf. trou p. les chats
Châtiment, sm. punition.
Chaton, sm. petit chat, partie de bague.
Chatouillement, sm. act. de
Chatouiller, v. toucher légèrement.

Chatouilleux, se, a. sensible au chatouillement.
Chaud, a. et s. qui a de la ch.
Chaudement, ad.
Chaudière, sf. grand vase.
Chaudron, sm. pet. chaudièr.
Chaudronnerie, sf. métier du
Chaudronnier, s. fais. de chau-
Chauffage, sm. act. de [dron.
Chauffer, v. donner de la chaleur. [chauffer.
Chaufferette, sf. ustens. pour
Chauffoir, sm. où on se chauf.
Chaumage, sm. action de
Chaume, sm. tige qui reste après la moisson.
Chaumière, sf. maisonnette.
Chausse, sm. chaperon, bas.
Chaussée, sf. chemin élevé.
Chausser, v. mettre les bas.
Chaussette, sf. bas court.
Chausson, sm. chaussure.
Chaussure, sf. ce qui chausse
Chauve, a. sans cheveux.
Chauve-souris, sf. oiseau.
Chaux, sf. pierre.
Chavirer, v. renverser.
Chef, sm. tête, supérieur.
Chef-d'œuvre, sm. bel ouv.
Chef-lieu, sm. lieu princip.
Chemin, sm. route.
Cheminée, sf. foyer, tuyau.
Cheminer, v. marcher.
Chemise, sf. vêtem. de toile.
Chemisette, sf. petite chem.
Chenal, sm. conduit d'eau.
Chenapan, sm. vaurien.
Chêne, sm. arbre.
Chêneau, sm. conduit d'eau.
Chenet, sm. ustensile de cheminée. [vre.
Chènevis, sm. grain de chan-
Chènevotte, sf. tuyau, dépouille du chanvre.
Chenil, sm. loge des chiens.
Chenille, sf. insecte rampant
Cher, ère, a. chéri.
Cher, ad. à haut prix.
Chercher, v. tâcher de trouver
Chère, sf. repas, régal.
Chèrement, ad. à haut prix.
Chérir, v. aimer tendrement
Chérissable, a. qu'on doit chérir.
Cherté, sf. prix excessif.
Chérubin, sm. ange.
Chétif, ve, a. vil, mauvais.
Chétivement, ad.
Cheval, sm. quadrupède.
Chevalet, sm. supplice, ustensile.
Chevalier, sm. dignité.
Chevau-léger, sm. cavalier.

Chevelu, *a.* à longs cheveux.
Chevelure, *sf.* les cheveux.
Chevet, *sm.* traversin.
Cheveu, *sm.* poil de la tête.
Cheville, *sf.* morceau de bois long.
Cheviller, *v.* mett. des chev.
Chèvre, *sf.* femelle du bouc.
Chevreau, *sm.* petit de la chèvre.
Chevron, *sm.* bois équarri.
Chevroter, *v.* chanter en tremblant.
Chez, *prép.* au logis.
Chicane, *sf.* procès.
Chicaner, *v.* user de chicane.
Chicanerie, *sf.* tromperie.
Chicaneur, euse, *s.* qui chic.
Chiche, *a.* avare.
Chichement, *ad.*
Chicorée, *sf.* plante potag.
Chicot, *sm.* reste.
Chien, ne, *s.* quadrupède.
Chiendent, *sm.* plante.
Chiffe, *sf.* étoffe faible.
Chiffon, *sm.* vieux morceau.
Chiffonner, *v.* froisser.
Chiffonnier, ère, *s.* qui ramasse les chiffons, meuble.
Chiffre, *sm.* caractère de nombre. [chiffre.
Chiffrer, *v.* marquer par
Chignon, *sm.* derrière du cou
Chimère, *sf.* idée vaine.
Chimérique, *a.* de chimère.
Chimie, *sf.* science.
Chimiste, *sm.* qui sait la ch.
Chipoter, *v.* vétiller. *fa.*
Chipotier, *s.* qui chipote.
Chique, *sf.* tabac à mâcher.
Chiquenaude, *sf.* coup de doigt.
Chiquer, *v.* mâcher du tabac.
Chirurgical, *a.* de la
Chirurgie, *sf.* art du
Chirurgien, *sm.* qui opère sur le corps, panse les plaies.
Chirurgique, *a.* de la chirurg.
Chlore, *sm.* corps simple.
Choc, *sm.* coup de 2 corps.
Chocolat, *sm.* pâte de cacao.
Chœur, *sm.* musiciens chant. ensemble, partie d'église.
Choisir, *v.* élire, préférer.
Choix, *sm.* action de choisir.
Choléra-morbus, *sm.* malad.
Chômable, *a.* fête qu'on cél.
Chômage, *sm* t. d'inaction.
Chômer, *v.* ne rien faire.
Chopine, *sf.* demi-pinte.
Chopiner, *v.* boire souvent.
Choquer, *v.* heurter, offens.
Choriste, *sm.* (*ko*), chanteur

Chorus, *sm.* (*korus*), répétit.
Chose, *sf.* ce qui est.
Chou, *sm.* plante potagère.
Chouette, *sf.* oiseau noct.
Choyer, *v.* soigner.
Chrême, *sm.* (*kré*), huile sacrée.
Chrétien, ne, *s.* (*kré*), qui adore Jésus-Christ.
Chrétiennement, *ad.* (*kré*).
Chrétienté, *sf.* (*kré*), pays chrétien.
Christ *ou* Jésus-Christ, *sm.* le Messie.
Christianisme, *sm.* (*kri*), religion de Jésus-Christ.
Chronique, *sf.* histoire, *a.* long, ancien.
Chronologie, *sm.* science des époques. [chronologie.
Chronologique, *a.* de la
Chuchoter, *v.* parler bas.
Chuchoterie, *sf.* act. de chuc.
Chuchoteur, euse, *a.* qui chuchote.
Chut, *int.* (*t*), silence.
Chute, *sf.* action de tomber.
Chyle, *sm.* suc formé des aliments.
Cible, *sf.* but.
Ciboire, *sf.* vase sacré.
Ciboule, *sf.* petit oignon.
Ciboulette *sf.* petite ciboule.
Cicatrice, *sf.* marque de plaie.
Cicatriser, *a.* refermer.
Cid, *sm.* chef, commandant.
Cidre, *sm.* boisson.
Ciel, *sm.* le firmament.
Cierge, *sm.* bougie d'église.
Cigale, *sf.* insecte.
Cigare, *sm.* feuilles de tabac
Cigogne, *sf.* oiseau de pass.
Ciguë, *sf.* plante vénéneuse.
Cil, *sm.* poil des paupières.
Cilice, *sm.* tissu de crin.
Cime, *sf.* sommet.
Ciment, *sm.* mortier. [mir.
Cimenter, *v.* joindre, affer-
Cimeterre, *sm.* sabre recourbé.
Cimetière, *sm.* où on enterre
Cingler, *v.* voguer, frapper.
Cinq, *a.* nombre.
Cinquantaine, *sf. n.* de 50.
Cinquante, *a.* numéro, 5 diz.
Cinquantième, *a.*
Cinquième, nombre ordinal.
Cinquièmement, *ad.*
Cintre, *sm.* arcade.
Cintrer, *v.* faire un cintre.
Cirage, *sm.* action de cirer. substance.
Circoncire, *v.* retrancher.

Circoncis, *sm.* qui a reçu la
Circoncision, *sf.* act. de circ.
Circonférence, *sf.* cercle.
Circonflexe, *a.* (accent).
Circonlocution, *sf.* périphr.
Circonscription, *sf.* limite.
Circonscrire, *v.* limiter.
Circonspect, *a.* prudent.
Circonspection, *sf.* prudence.
Circonstance, *sf.* particular.
Circonstancier, *v.* détailler.
Circonstanciel, elle, *a.* de cir.
Circonvallation, *sf.* tranchée
Circonvenir, *v.* tromper.
Circuit, *sm.* enceinte, tour.
Circulaire, *a.* rond, et *sf.* lettre.
Circulairement, *ad.* en rond.
Circulation, *sf.* act. de
Circuler, *v.* se mouvoir.
Cire, *sf.* produit des abeilles
Cirer, *v.* enduire de cire.
Ciron, *sm.* insecte très-petit
Cirque, *sm.* théâtre.
Cisailler, *v.* couper avec des
Cisailles, *sf. pl.* gros ciseaux
Ciseau, *sm.* outil tranchant.
Ciseler, *v.* buriner.
Ciseleur, *sm.* qui cisèle.
Ciselure, *sf.* art du ciseleur.
Citadelle, *sf.* forteresse.
Citadin, *s.* habitant de ville.
Citation, *sf.* allégation.
Cité, *sf.* ville.
Citer, *v.* ajourner, alléguer.
Citerne, *sf.* réservoir d'eau.
Citoyen, *s.* habit. d'une cité.
Citron, *sm.* fruit.
Citronné, *a.* qui sent le citr.
Citronelle, *sf.* plante.
Citronner, *v.* imbiber de citr.
Citronier, *sm.* arbre à citr.
Citrouille, *sf.* plante, son fruit. [odeu'.
Civette, *sf.* quadrupède,
Civière, *sf.* brancard.
Civil, *a.* de citoyen, poli.
Civilement, *ad.*
Civilisation, *sf.* action de
Civiliser, *v.* rendre civil.
Civilité, *sf.* courtoisie.
Civique, *a.* de citoyen.
Civisme, *sm.* zèle de citoyen.
Clabaudage, *sm.* criaillerie.
Clabauder, *v.* aboyer, crier.
Clabauderie, *sf.* criaillerie.
Clabaudeur, euse, *s.* criaill.
Claie, *sf.* tissu d'osier.
Clair, *a.* éclatant, lumineux.
Clairement, *ad.* avec clarté.
Claire-voie, *sf.* ouverture.
Clairon, *sm.* trompette.
Clairsemé, *a.* de loin à loin.

Clairvoyance, sf. sagacité.
Clairvoyant, a. pénétrant.
Clameur, sf. grand cri.
Clandestin, a. secret.
Clandestinement, ad. [nière
Clapet, sm. soupape à char-
Clapir v. crier, se dit du lapin
Claque, sf. coup du plat de
  la main, chapeau aplati.
Claquement, sm. bruit.
Claquemurer, v. renfermer.
Claquer, v. faire un bruit,
  souffleter.
Clarification, sf. act. de
Clarifier, a. rendre clair.
Clarine, sf. sonnette.
Clarinette sf. inst. de musiq.
Clarté, sf. lumière.
Classe, sf. ordre, leçon.
Classement sm. classification
Classer v. ranger par classe
Classique, a. livre de classe.
Clause, sf. condition.
Claustral a. du cloître pl. aux
Clavecin sm. inst. de musiq.
Clavette, sf. clou plat.
Clavicule, sf. os de l'épaule.
Clavier, sm. anneau, touches
Clef, sf. (clé), inst. p. ouvrir
Clémence, sf. bonté.
Clément a. doué de clémence
Clerc, sm. ecclés., praticien
Clergé sm. l'ord. ecclésiast.
Clérical, a. de clerc.
Cléricalement, ad. en clerc.
Cléricature, sf. état de clerc
Clichage, sm. action de
Clicher, v. faire empreinte.
Client, s. pratique.
Clientèle, sf. les clients.
Cligner v. fermer l'œil à demi
Clignoter, v. cligner souvent
Climat, sm. pays, températ.
Clin sm. (d'œil), mouvement
  rapide.
Clinquant sm. pet. lame d'or
Clique, sf. gens qui cabalent
Cliquetis, sm. bruit d'armes.
Cloaque, sm. égoût, voirie.
Cloche, sf. instr. de métal.
  vase, ampoule.
Clochement sm. act. de boîter
Clocher sm. pour les cloches
Clocher, v. boîter.
Clochette, sf. petite cloche.
Cloison, sf. séparat. en bois
Cloître, sm. monastère.
Cloîtrer, v. renfermer.
Clopin clopant ad. en boîtant
Clopiner, v. boîter un peu.
Cloporte, sm. insecte.
Clore, v. fermer, achever.
Clos, sm. terre enclose.

Clôture, sf. enceinte.
Clou, sm. cheville de fer.
Clouer v. fixer avec des clous
Clouter, v. orner de clous.
Clouterie, sf. métier du
Cloutier sm. faiseur de clous
Club, sm. société politique.
Clystère, sm. lavement.
Coadjuteur, sm. adjoint.
Coagulation, sf. action de
Coaguler, v. cailler, figer.
Coaliser (se), v. se réunir.
Coalition, sf. union, ligue.
Cocarde sf. nœud de rubans
Cocasse, a. plaisant, fam.
Coche, sm. chariot, bateau.
Cochenille, sf. insecte, coul.
Cocher sm. cond. de carrosse
Cochléaria, sm. (klé) plante
Cochon, sm. porc.
Cochonner, v. faire salement
Cochonnerie sf. malpropreté
Coco, sm. fruit du cocotier.
Cocon sm. coque du ver à soie
Cocotier, sm. arbre.
Coction sf. cuisson, digestion
Code, sm. recueil de lois.
Codicille, sm. addition à un
  testament.
Cœcum, sm. (om), intestin.
Coefficient, sm. t. d'algèbre.
Coercitif, ve, a. qui contraint
Coéternel, a. éternel avec
  un autre.
Cœur, sm. organe, courage.
Coexistence, sf. simultanéité
Coexister v. exister ensemble
Coffre, sm. boîte, caisse.
Coffrer, v. emprisonner.
Coffret, sm. petit coffre.
Cognassier, sm. arbre fruit.
Cognée, sf. sorte de hache.
Cogner, v. frapper.
Cohabitation, sf. action de
Cohabiter, v. vivre ensemble
Cohérence, sf. liaison, union
Cohérent, a. en cohérence.
Cohéritier, sm. héritier avec
  un autre.
Cohorte, sf. troupe armée.
Cohue, sf. foule.
Coi, Coîte, a. calme, tranq.
Coiffe, sf. couverture de tête
Coiffer, v. couvrir la tête.
Coiffeur, euse, s. qui coiffe.
Coiffure, sf. couvert. de tête
Coin, sm. angle, outil.
Coing, sm. fruit.
Coïncident, a. qui coïncide.
Coïncider, v. s'ajuster.
Col sm. coll. de chemise, cou
Colère, sf. irritation morale.
Colère, colérique a. irritable

Colibri, sm. très-petit oiseau
Colifichet sm. babiole, futilité
Colimaçon [V. Limaçon].
Colin-maillard, sm. jeu.
Colique, sf. mal de ventre.
Colisée, sm. amphithéâtre.
Collaborateur, s. qui travaille
  avec un autre.
Collage, sm. act. de coller.
Collatéral, a. ligne indirecte
Collation sf. repas, confront.
Collationner, v. conférer.
Colle, sf. matière gluante.
Collecte, sf. quête.
Collecteur, sm. receveur.
Collectif, ve, a. qui réunit.
Collection, sf. recueil.
Collectivement, ad.
Collége sm. assemblée, école
Collégial, a. de collége.
Collègue, sm. confrère.
Coller, v. joindre.
Collerette, sf. collet de linge
Collet, sm. vêtement de cou.
Colleter, v. prendre au collet
Colleur, euse, s. qui colle.
Collier sm. ornement du cou
Colline, sf. petite montagne.
Collision, sf. choc.
Colloque, sm. dialogue.
Colloquer, v. placer, ranger.
Collusion sf. entente secrète
Collyre, sm. remède.
Colombe, sf. pigeon.
Colombier, sm. pigeonnier.
Colon, sm. hab. des colonies
Colonel sm. chef d'un régim.
Colonial, a. des colonies.
Colonie, sf. peuplade.
Colonnade sf. rang de colonn.
Colonne, sf. pilier, appui.
Colorer v. don. de la couleur
Colorier, v. peindre.
Coloris, sm. teinte.
Coloriste, sm. qui colorie.
Colossal, a. de colosse.
Colosse sm. statue gigantesq.
Colporter, v. faire le
Colporteur sm. march. forain
Colure, sm. cercles.
Combat, sm. action de
Combattre, v. se battre.
Combien ad. quelle quantité
Combinaison, sf. action de
Combiner, v. arranger.
Comble, sm. excès, faîte.
Comblement, sm. action de
Combler, v. remplir.
Combustible a. et s. qui peut
  brûler.
Combustion, sf. (ti), action
  de brûler.
Comédie sf. pièce de théâtre

Comédien, ne, *sm.* acteur.
Comestible, *s.* et *a.* bon à m.
Comète, *sf.* astre à queue.
Comice, *sm.* assemblée.
Comique, *a.* de la comédie.
Comité, *sm.* petite assembl.
Commande, *sf.* ordre.
Comme, *ad.* et *conj.*
Commémoration, *sf.* souven.
Commencement, *sm.* princ.
Commencer, *v.* entreprend.
Commensal, *s.* hôte.
Commensurable, *a.* en rapp.
Comment, *ad.* de quelle sor.
Commentaire, *sm.* interprét.
Commentateur, *sm.* interpr.
Commenter, *v.* interpréter.
Commerce, *sm.* société.
Commercer, *v.* trafiquer.
Commercial, *a.* du commerc.
Commère, *sf.* marraine, ba-
Commettre, *v.* faire [varde.
Commis, *sm.* employé.
Commisération, *sf.* pitié.
Commissaire, *sm.* officier
   commis.
Commission, *sf.* charge.
Commissionnaire, *sm.* chargé
   de commissions.
Commode, *a.* aisé, utile.
Commodément, *ad.*
Commodité, *sf.* état aisé.
Commotion, *sf.* secousse.
Commuer, *v.* changer.
Commun, *a.* bas, abondant,
   général.
Communal, *a.* de commune.
Communauté, *sf.* société.
Commune, *sf.* arrondissem.
Communément, *ad.*
Communicable, *a.* et
Communicatif, ive, *a.* qui se
   communique. [charistie.
Communier, *v.* recevoir l'eu-
Communion, *sf.* union.
Communiquer, *v.* rendre com-
   mun, faire participer.
Compacité, *sf.* état compacte.
Compacte, *a.* dense, serré.
Compagne, *sf.* qui accompa-
Compagnie, *sf.* société. [gne.
Compagnon, *sm.* camarade.
Comparable, *a.* que l'on peut
   comparer. [comparer.
Comparaison, *sf.* action de
Comparaître, *v.* paraître.
Comparatif, ve, *a.* qui comp.
Comparer, *v.* examiner, con-
   fronter.
Compartiment, *sm.* case.
Comparution, *sf.* act. de com-
   paraître [mathématiques.
Compas, *sm.* instrument de

Compassement, *sm.* act. de
Compasser, *v.* mesurer au
   compas.
Compassion, *sf.* pitié.
Compatibilité, *sf.* état d'être
Compatible, *a.* non opposé.
Compatir, *v.* avoir pitié.
Compatriote, *s.* du même p.
Compensation, *sf.* action de
Compenser, *v.* dédommager.
Compère, *sm.* parrain.
Compétence, *sf.* droit.
Compétent, *a.* qui a droit.
Compéter, *v.* appartenir.
Compétiteur, *sm.* concurr.
Compilateur, *sm.* qui compile.
Compilation, *sf.* recueil.
Compiler, *v.* faire un recueil.
Complainte, *sf.* chanson po-
Complaire, *v.* plaire. [pulaire
Complaisamment, *ad.* avec
Complaisance, *sf.* facilité à
   se conformer aux goûts
   d'autrui.
Complaisant, *a.* obligeant.
Complet, ète, *a.* entier. [plète
Complément, *sm.* ce qui com-
Compléter, *v.* rendre compl.
Complexe, *a.* opposé à simp.
Complexion, *sf.* tempéram.
Complication, *sf.* concours.
Complice, *a.* et *s.* qui a par-
   ticipé à un crime. [plice.
Complicité, *sf.* état de com-
Complies, *sf. pl.* office divin.
Compliment, *sm.* parole civ.
Complimenter, *v.* faire comp.
Compliquer, *v.* mêler.
Complot, *sm.* mauvais des.
Comploter, *v.* faire un compl.
Componction, *sf.* douleur.
Comporter (se), *v.* se cond.
Composer, *v.* former un tout.
Composite, *a.* (ordre mixte.)
Compositeur, *sm.* qui comp.
Composition, *sf.* act. de comp.
Composteur, *sm.* outil d'imp.
Compote, *sf.* fruits cuits, etc.
Compotier, *sm.* vase.
Compréhensible, *a.* concev.
Compréhension, *sf.* intellig.
Comprendre, *v.* contenir, sai.
Compresse, *sf.* linge sur une
   plaie. [comprimer.
Compressible, *a.* qu'on peut
Compression, *sf.* action de
Comprimer, *v.* resserrer.
Compromettre, *v.* exposer.
Compromis, *sm.* convention.
Comptabilité, *sf.* état du
Comptable, *a.* qui rend comp.
Compte, *sm.* calcul, salaire.
Compter, calculer, croire.

Comptoir, *sm.* table, bureau.
Compulser, *v.* parcourir.
Comte, esse, *s.* dignitaire.
Comté, *sm.* titre de terre.
Concasser, *v.* briser.
Concave, *a.* creux.
Concavité, *sf.* état concave.
Concéder, *v.* accorder. [tro.
Concentrer, *v.* réunir au cen-
Concentrique, *a.* qui a le
   même centre. [cevoir.
Conception, *sf.* act. de con-
Concerner, *v.* avoir rapport à
Concert, *sm.* musique.
Concerter, *v.* faire un proj.
Concession, *sf.* chose cédée.
Concevable, *a.* qui se conç.
Concevoir, *v.* engendrer,
   comprendre, imaginer.
Concierge, *sm.* portier.
Conciergerie, *sf.* charg. pris.
Concile, *sm.* assem. de prél.
Conciliable, *a.* qu'on peut
   concilier. [secrète, illég.
Conciliabule, *sm.* assemblée
Conciliation, *sf.* action de
Concilier, *v.* accorder.
Concis, *a.* court, bref.
Concision, *sf.* brièveté.
Concitoyen, *s.* d'une mêm. vil.
Conclave, *sm.* assemblée de
   cardinaux.
Conclure, *v.* achev., inférer.
Conclusion, *sf.* fin. [fruit.
Concombre, *sm.* plante, son
Concomitance, *sf.* accompa-
   gnement. [pagne.
Concomitant, *a.* qui accom-
Concordance, *sf.* accord.
Concordat, *sm.* convention.
Concorde, *sf.* union.
Concorder, *v.* être d'accord.
Concourir, *v.* coopérer.
Concours, *sm.* act. de concou-
   rir, affluence. [abstrait.
Concret, ète, *a.* opposé à
Concupiscence, *sf.* dés. dér.
Concurremment, *ad.*
Concurrence, *sf.* prétention.
Concurrent, *sm.* compétit.
Concussion, *sf.* exaction.
Condamnable, *a.* qui doit être
   condamné [qui condamne.
Condamnation, *sf.* jugement
Condamner, *v.* rendre un ju-
   gement contre quelqu'un.
Condensation, *sf.* action de
Condenser, *v.* rend. pl. dense.
Condescendance, *sf.* égard.
Condescendre, *v.* accorder.
Condisciple, *sm.* compagnon.
Condition, *sf.* qualité, clause.
Conditionnel, le, *a.* à condit.

Conditionnellement, ad.
Conditionner v. met. en état
Condoléance, sf. regrets.
Conducteur, trice, s. qui c.
Conduire, v. mener, diriger.
Conduit, sm. canal, tuyau.
Conduite, sf. act. de conduire.
Cône, sm. pyramide ronde.
Confection, sf. action de
Confectionner, v. faire.
Confédératif, tive, a. d'une
Confédération, sf. alliance.
Confédérer (se), v. se liguer.
Conférence, sf. act. de [ner.
Conférer, v. compar., raison-
Confesse, sf. aveu.
Confesser, v. avouer.
Confesseur, sm. prêtre.
Confession, sf. aveu. |conf.
Confessionnal, sm. siége du
Confiance, sf. espérance.
Confiant, a. qui a confiance.
Confidemment, ad. en
Confidence, sf. communicat.
Confident, s. à qui on se conf.
Confidentiel, le, a. secret.
Confidentiellement, ad.
Confier, v. commet. au soin.
Configuration, sf. forme.
Configurer, v. figurer l'en-
Confiner, v. reléguer. [semb.
Confins, sm. pl. limites.
Confire, v. assaisonner, séch.
Confirmation, sf. assurance.
Confirmer, v. fortifier. |sacr.
Confiscation, sf. action de
Confisquer, v. adjug. au fisc.
Confiteor, sm. prière.
Confiture, sf. fruits confits.
Confiturier, s. fais. de conf.
Conflagration, sf. embrasem.
Conflit, sm. choc, débat.
Confluent, sm. jonction de
Confondre, v. mêler. [riviér.
Conformation, sf. forme.
Conforme, a. semblable.
Conformément, ad.
Conformer, v. rend. conform
Conformité, sf. rapport.
Confort, sm. secours.
Confortation, sf. action de
Conforter, v. fortifier.
Confrère, sm. collègue, de
Confrérie, sf. association.
Confrontation, sf. action de
Confronter, v. comparer.
Confus, a. confondu, hont.
Confusément, ad. avec
Confusion, sf. désordre.
Congé, sm. permission.
Congédier, v. renvoyer.
Congélation, sf. action de
Congeler, v. geler.

Conglutiner, v. rendre gluant
Congratulation, sf. félicitat.
Congratuler, v. féliciter.
Congréganiste s. mem. d'une
Congrégation, sf. société.
Congrès, sm. assemblée.
Congru, a. convenable.
Congruité, sf. convenance.
Conique, a. en forme de cône
Conjectural, a. fondé sur une
Conjecture, sf. jug. probab.
Conjecturer, v. présumer.
Conjoindre, v. unir.
Conjoint, v. époux.
Conjonctif, tive, a. qui unit.
Conjonction, sf. union.
Conjoncture, sf. occasion.
Conjouir (se), v. se réjouir.
Conjugaison, sf. manière de
Conjuguer, v. marquer les
  inflexions des verbes.
Conjuration, sf. action de
Conjurer, v. prier, conspirer
Connaissance, sf. notion.
Connaisseur, euse, a. qui se
  connaît à
Connaître, a. avoir notion de
Connexion, sm. rapport.
Connivence, sf. complicité.
Conniver, v. être complice.
Conque, sf. coquille.
Conquérant, sm. qui a conq.
Conquérir, v. acquérir.
Conquête, sm. act. de conq.
Consacrer, v. dédier.
Consanguinité, sf. (ui) par.
Conscience, sf. lumièr. intér
Consciencieusement, ad.
Consciencieux, se, a. juste.
Conscription, sf. enrôl. mil.
Conscrit, sm. jeune militair
Consécration, sf. act. de cons
Consécutif, tive, a. de suite.
Consécutivement, ad.
Conseil, sm. avis, assemblée.
Conseiller, v. donner conseil
Consentant, a. qui consent.
Consentement, sm. act. de
Consentir, v. trouver bon.
Conséquemment, ad. en
Conséquence, sf. suite.
Conséquent, a. qui agit con-
  séquemment. [server.
Conservation, sf. act. de con-
Conservatoire, a. qui cons.
Conserve, sf. confit., lunett.
Conserver, v. gard. av. soin.
Considérable, a. important.
Considérablement, ad.
Considération, sf. act. do
Considérer, v. examiner.
Consignation, sf. dépôt.
Consigne, sf. ordre.

Consigner, v. faire une cons.
Consistance, sf. fermeté.
Consister, v. manière d'être
Consolateur, trice, a. et s.
  qui console. [sole.
Consolation, sf. ce qui con-
Console, sf. saillie ornée.
Consoler, v. adouc. le chagr.
Consolider, v. affermir.
Consommateur, sm. qui fait
Consommation, sf. act. de
Consommer, v. achev., user.
Consomptif, ve a qui consume
Consomption, sf. maladie.
Consonne, sf. lettre.
Conspirateur, sm. qui consp.
Conspiration, sf. complot.
Conspirer, v. comploter, con-
Constamment, ad. [courir.
Constance, sf. persévérance.
Constant, a. persévérant.
Constater, v. prouver.
Constellation, sf. amas d'ét.
Consternation, sf. désolation
Consterner, v. étonner, dés.
Constipation, sf. rétention
  des mat. dans les intestins
Constiper, v. causer la cons.
Constituer, v. composer.
Constitutif, ve, a. qui constit.
Constitution, sf. format., loi.
Constitutionnel, le, a. selon
  la loi. [truit.
Constructeur, sm. qui cons-
Construction, sf. action de
Construire, v. bâtir, édifier.
Consubstantialité, sf. état du
Consubstantiel, a. de même
Consul, sm. magist. [substan.
Consulaire, a. de consul.
Consulat, sm. dign. de cons.
Consultation, sf. action de
Consulter, v. prendre avis.
Consumer, v. détruire, user.
Contact, sm. (ct) attouchem.
Contagieux, se a. communiq.
Contagion, sf. comm. du mal
Conte, sm. récit fabuleux.
Contemplation, sf. act. de
Contempler, v. considérer.
Contemporain a. du même t.
Contempteur, sm. qui mépr.
Contenance, sf. capacité.
Contenir, v. renfermer.
Content, a. satisfait.
Contentement, sm. satisfact.
Contenter, v. satisfaire.
Contentieux, a. (ci) sujet à
Contention, sf. débat.
Conter, v. narrer.
Contestation, sf. dispute.
Contester, v. disputer.
Contigu, ë, a. qui touche.

Contiguïté, *sf.* (uï), proxim.
Continence, *sf.* chasteté.
Continent, *a.* chaste.
Contingent, *a.* éventuel.
Continuateur, *sm.* aut. d'une
Continuation, *sm.* suite.
Continuel, le, *a.* qui ne cesse
Continuer, *v.* persévérer.
Continuité, *sf.* suite.
Contondant, *a.* qui meurtrit.
Contorsion, *sf.* grimace.
Contour, *sm.* circuit.
Contourner, *v.* tourn. autour
Contracter *v.* s'obliger, ress.
Contraction, *sf.* resserrem.
Contradicteur, *sm.* qui fait
Contradiction, *sf.* opposit.
Contradictoire, *a.* opposé.
Contraindre, *v.* forcer.
Contrainte, *sf.* violence.
Contraire, *a.* opposé.
Contrarier, *v.* contredire.
Contrariété, *sf.* opposition.
Contraste, *sm.* différence.
Contraster, *v.* être opposé.
Contrat, *sm.* convention.
Contravention, *sf.* infraction
Contre, *sm. prép.* q. m. l'opp
Contrebande, *sf.* fraude.
Contrebandier, *s.* fraudeur.
Contre-basse *sf.* grosse basse
Contrecarrer, *v.* s'opposer.
Contre-cœur, *sm.* (à) regret.
Contre-coup, *sm.* répercuss.
Contredanse, *sf.* danse.
Contredire, *v.* contrarier.
Contredit (sans), *loc adv.*
Contrée, *sf.* région.
Contrefaçon, *sf.* ch., contref.
Contrefacteur, *sm.* q. contref
Contrefaire, *v.* imiter.
Contrefait, *a.* difforme.
Contre-fort, *sm.* arc boutant.
Contre-jour, *sm.* faux jour.
Contre-lettre, lettre secrète.
Contre-maître, *sm* chef d'ouv
Contremander, *v.* révoquer.
Contre-marche, *sf* marche op
Contre-marque, *sf* mar. bill.
Contre-mur, *sm.* 2e mur.
Contre-ordre, *sm.* révocat.
Contre-partie, *sf.* partie opp.
Contre-poids, *sm.* poids opp.
Contre-poil, *sm.* poil opposé.
Contre-point, *sm.* musique.
Contre-poison, *sm.* antidote.
Contre-seing, 2e signature.
Contre-sens, *sm.* sens opp.
Contre-signer *v.* signer en 2e
Contre-temps, *sm.* obstacle.
Contrevenir, *v.* agir contre.
Contrevent, *sm.* volet.
Contribuer, *v.* aider, payer.

Contribution, *sf.* impôt.
Contrister, *v.* affliger.
Contrition, *sf.* douleur.
Contrit, *a.* très-affligé.
Contrôle, *sm.* registre.
Contrôler, *v.* enregistrer.
Contrôleur, *sm.* qui contrôle.
Controuver, *v.* inventer.
Controverse, *sf.* dispute.
Contumace, *sf.* absence.
Contusion, *sf.* meurtrissure.
Convaincre, *v.* persuader.
Convalescence, *sf.* état de
Convalescent, *a.* qui relève
 de maladie.
Convenable, *a.* qui convient.
Convenablement, *ad.* avec
Convenance, *sf.* bienséance.
Convenir, *v.* être d'accord.
Convention, *sf.* condition.
Conventionnel, *a.* de conv.
Convergence, *sf.* état d'être
Convergent, *a.* qui converge
Converger, *v.* se réunir.
Conversation, *sf.* entretien.
Converser, *v.* causer.
Conversion, *sf.* changement.
Convertir, *v.* changer.
Convexe, *a.* bombé.
Convexité, *sf.* courbure extér
Conviction, *sf.* certitude.
Convier, *v.* inviter.
Convive, *s.* invité.
Convocation. *sf.* act. de conv.
Convoi, *sm.* cortége d'un
 mort, transport.
Convoiter, *v.* désirer.
Convoitise, *sf.* cupidité.
Convoquer, *v.* assembler.
Convulsif, ve. *a.* attaqué de
Convulsion, *sf.* efforts viol.
Coopérateur, trice, *s.* qui a
Coopération, *sf.* action de
Coopérer, *v.* opérer avec.
Coordonner, *v.* ordonner avec
Copeau, *sm.* éclat de bois.
Copie *sf* écrit d'après un autre
Copier, *v.* faire une copie.
Copieusement, *ad.*
Copieux, se, *a.* abondant.
Copiste, *sm.* qui copie.
Copulation, *sf.* union.
Coq *sm.* (cok) oiseau domest.
Coque, *sf.* enveloppe.
Coqueluche, *sf.* sort de rhume
Coquet, te, *a.* qui a de la
Coquetterie, *sf.* afféterie.
Coquillage, *sm.* testacé.
Coquille, *sf.* coque.
Coquin, *s.* fripon.
Coquinerie, *sf.* act. de coq.
Cor, *sm.* durillon, instrum.
Corail, pl. aux, *sm.* polypier.

Corbeau, *sm.* oiseau carnass.
Corbeille, *sf.* panier.
Corbillard, *sm.* char funèbre.
Cordage, *sm.* corde.
Corde, *sf.* tortis.
Cordeau, *sm.* petite corde.
Cordeler, *v.* tresser en corde
Cordelette, *sf.* petite corde.
Corder, *v.* faire de la corde.
Corderie, *sf.* où se fait la cord
Cordial, *a.* qui conforte.
Cordialement, *ad.* avec
Cordialité, *sf.* affection.
Cordon, *sm.* cordelette, rub.
Cordonnet, *sm.* petit cordon.
Cordonnier, *s.* fais. de soul.
Coriace, *a.* dur.
Cormier *ou* Sorbier, *sm.* arb.
Cormoran, *sm.* oiseau.
Corne, *sf.* excroissance.
Corner, *v.* sonner d'un cor.
Cornet *sm.* petit cor, p. roulé
Cornette, *sf.* coiffe, étendard.
Corniche, *sf.* ornement.
Cornu, *a.* qui a des cornes.
Cornue, *sf.* vase pour distiller
Corollaire, *sm.* conséquence.
Corporal, *sm.* linge du calice
Corporation, *sf.* association.
Corporel, le, *a.* qui a un corps
Corporellement, *ad.*
Corps, *sm.* substance, troupe
Corps-de-garde, *sm.* poste
 militaire. [maison
Corps-de-logis, *sm.* partie de
Corpulence *sf* gross. du corps
Corpuscule, *sm.* petit corps.
Correct, *a.* (rct) sans faute.
Correctement, *ad.*
Correcteur, *sm.* qui corrige.
Correctionnel, le, *a* de corr.
Correspondance, *sf.* act. de
Correspondre, *v.* répondre.
Corridor, *sm.* galerie.
Corriger, *v.* punir, réparer.
Corrigible *a.* qu'on peut corr.
Corroborer, *v.* fortifier.
Corrompre, *v.* gâter, déprav.
Corrosif, ve, *s,* et *a.* q. ronge
Corroyer, *v.* apprêter le cuir
Corroyeur, *sm.* qui corroie.
Corrupteur, trice, *s.* qui cor.
Corruptible *a.* qui peut se cor.
Corruption, *sf.* altération.
Corsage, *sm.* taille du corps.
Corsaire, *sm.* vaisseau.
Corselet, *sm.* cuirasse,
Corset, *sm.* vêtement.
Cortége, *sm.* suite.
Coruscation, *sf.* éclat de lum.
Corvée, *sf.* trav. sans profit.
Coryphée, *sm.* qui se dist.
Cosmétique, *sm.* pommade.

Cosmographie , *sf.* description-tion du monde.
Cosmopolite, *a.* de tout pays.
Cosse, *sf.* gousse, fruit.
Cossu, *a.* à cosse, riche.
Costume, *sm.* habillement.
Costumer, *v.* habiller.
Cote, *sf.* marque.
Côte, *sf.* os, pente, rive.
Côté, *sm.* partie latérale.
Coteau, *sm.* colline.
Côtelette, *sf.* petite côte.
Coter, *v.* numéroter.
Coterie, *sf.* société.
Cotisation, *sf.* action de
Cotiser, *v.* taxe par cote.
Coton, *sm.* sorte de laine.
Cotonneux, se, *a.* laineux.
Cotonnier, *sm.* arbre.
Côtoyer, *v.* aller côte à côte.
Cotret, *sm.* petit fagot.
Cotte, *sf.* jupe, casaque.
Cou, *sm.* partie du corps.
Coucher, *v.* mettre au lit.
Couchette, *sf.* petit lit.
Coucou, *sm.* oiseau, horloge
Coude, *sm.* partie du bras.
Coudée, *sf.* mesure.
Couder, *v.* plier en coude.
Coudoyer, *v.* heurter le coud.
Coudre, *v.* joindre av. du fil.
Couenne, *sf.* peau de porc.
Couette, *sf.* lit de plum. vi.
Coulage, *sm.* perte de liquide
Coulamment , *ad.*
Coulant, *a.* qui coule bien.
Couler , *v.* glisser, passer.
Couleur, *sf.* matière color.
Couleuvre , *sf.* reptile.
Coulevrine, *sf.* long canon.
Coulis, *sm.* suc cuit.
Coulisse, *sf.* rainure , décor.
Couloir, *sm.* passage.
Coup, *sm.* choc, impression.
Coupable, *a.* qui fait une faut.
Coupe, *sf.* tasse, act. de coup.
Coupe-gorge, *sm.* lieu dang.
Coupe-jarret, *sm.* brigand.
Couper, *v.* trancher.
Couperet, *sm.* couteau.
Couperose, *sf.* sulfate de fer.
Coupeur, euse, *a.* qui coupe.
Couple, *sf.* paire.
Coupler, *v.* met. par couples.
Couplet, *sm.* chanson.
Coupoir, *sm.* outil.
Coupole, *sf.* dôme.
Coupon, *sm.* reste d'étoffe.
Coupure, *sf.* séparation.
Cour, *sf.* espace découvert.
Courage, *sm.* hardiesse, aud.
Courageusement, *ad.*
Courageux, se, *a.* brave.

Couramment, *ad.* vite.
Courant, *a.* qui court.
Courbature, *sf.* lassitude.
Courbe, *a.* en arc.
Courber, *v.* rendre courbe.
Courbette, *sf.* basse polites.
Courbure, *sf.* chose courbe.
Coureur, se, *a.* qui court.
Courge, *sf.* plante.
Courir, *v.* aller vite.   [tête.
Couronne, *sf.* ornement de
Couronnement, *sm.* act. de
Couronner, *v.* met. une cour.
Courrier, *sm.* qui court. ,
Courroie, *sf.* lien de cuir.
Courroucer, *v.* fâcher.
Courroux, *sm.* colère.
Cours *sm.* flux ; durée, leç.
Course, *sf.* act. de courir.
Coursier, *sm.* beau cheval.
Court, *a.* opposé à long.
Courtage, *sm.* entremise.
Courtaud, *sm.* de taille cour.
Courte-pointe, *sf.* couvertur.
Courtier, *sm.* entremetteur.
Courtisan, *sm.* flatteur.
Courtois, *a.* civil.
Courtoisie, *sf.* civilité.
Cousin, *sm.* parent, insecte.
Coussin, *sm.* sac rembourré.
Coussinet, *sm.* petit coussin.
Couteau, *sm.* instr. tranch.
Coutelas, *sm.* épée, poign.
Coutelier, *sm.* qui exerce la
Coutellerie, *sf.* fabr. de cout.
Coûter, *v.* causer des soins,
     des dépenses.
Coûteux, se, *a.* cher.
Coutil, *sm.* (il), toile forte.
Coutume, *sf.* habitude.
Coutumier, ière, *a.* qui a c.
Couture, *sf.* act. de coudre.
Couturé, *a.* cicatrisé.
Couvée, *sf.* petits oiseaux.
Couvent, *sm.* monastère.
Couver, *v.* échauf., combin.
Couvercle, *sm.* ce qui couvre.
Couvert, *sm.* toit, serv. de t.
Couverture, *sf.* ce qui couvre.
Couvre-pied, *sm.* pet. couv.
Couvreur, *sm.* qui couvre.
Couvrir, *v.* mettre dessus.
Crabe, *sm.* crustacé.
Crachat, *sm.* salive, décorat.
Crachement, *sm.* action de
Cracher, *v.* rejeter la salive.
Crachoir, *sm.* vase à cracher.
Crachoter, *v.* cracher souv.
Craie, *sf.* pierre tendre, bl.
Craindre, *v.* avoir peur.
Crainte, *sf.* peur, respect.
Craintif, ve, *a.* timide.
Crampe, *sf.* contraction.

Crampon, *sm.* pièce de fer.
Cramponner, *v.* attacher.
Cran, *sm.* entaille.
Crâne, *sm.* os du cerveau.
Crapaud, *sm.* reptile.
Craquer, *v.* rendre un son.
Crasse, *sf.* ordure.
Crasseux, se, *a.* sale, avare.
Cratère, *sm.* bouche de volc.
Cravache, *sf.* sorte de fouet.
Cravate, *sf.* mouchoir de cou.
Crayon, *sm.* mine p*. dessin.
Crayonner, *v.* ébaucher.
Crayonneur, *sm.* qui crayon.
Crayonneux, se, *a.* de cray.
Créance, *sf.* mission, crédit.
Créancier, ière, *s.* à qui on d.
Créateur, trice, *s.* et *a.* qui
     crée.
Création, *sf.* action de créer.
Créature, *sf.* être créé.
Crécelle, *sf.* moulinet bruy.
Crèche, *sf.* mangeoire.
Crédence, *sf.* buffet.
Crédibilité, *sf.* motif de croir.
Crédit, *sm.* ce qu'on doit.
Créditer, *v.* rendre créanc.
Credo, *sm.* (é), symbole des
     apôtres.
Crédule, *a.* qui croit facilem.
Crédulité, *sf.* facilité à croire.
Créer, *v.* inventer, établir.
Crémaillère, *sf.* inst. de cuis.
Crème, *sf.* part. gras. du lait.
Créneau, *sm.* haut d'un mur.
Créneler, *v.* faire des crén.
Crénelure, *sf.* dentelure.
Créole, *s.* Amér. d'or. europ.
Crêpe, *sm.* étoffe, *f.* pâte frit.
Crêper, *v.* friser les cheveux.
Crépi, *sm.* enduit sur un mur.
Crépir, *v.* enduire de mortier
Crêpon, *sm.* étoffe de laine.
Crépu, *a.* très-frisé.
Crépuscule, *sm.* clarté.
Cresson, *sm.* plante.
Crête, *sf.* cime, huppe.
Crétin, *sm.* idiot.
Crétonne, *sf.* toile blanche.
Creuser, *v.* rendre creux.
Creuset, *sm.* vase à fondre.
Creux, se, *a.* vide, profond.
Crevasse, *sf.* fente.
Crevasser, *v.* faire des fentes.
Crève-cœur, *sm.* déplaisir.
Crever, *v.* rompre, éclater.
Cri, *sm.* voix haute.
Criailler, *v.* crier, gronder.
Criaillerie, *sf.* act. de criail.
Criard, *a.* qui crie souvent.
Crible, *sm.* passoire.
Cribler, *v.* percer.
Cribleur, *sm.* qui crible.

Criblure, *sf.* ordures.
Cric, *sm.* (cri), machine.
Criée, *sf.* publication.
Crier, *v.* jeter des cris.
Crierie, *sf.* bruit en criant.
Crieur, euse, *s.* qui crie.
Crime, *sm.* mauvaise action.
Criminel, le, *a.* coupable.
Criminellement, *ad.*
Crin, *sm.* poil du cheval.
Crinière, *sf.* crins du cou.
Crise, *sf.* effort violent.
Crispation, *sf.* contraction.
Crisper, *v.* cont. les nerfs.
Cristal, *sm. pl.* taux, pierre transparente, verre fin.
Cristallin, *a.* transparent.
Cristallisation, *sf.* action de
Cristalliser, *v.* met. en crist.
Critérium, *sm.* vérité.
Critique, *a.* censure, *s.* cen-
Critiquer, *v.* censurer, |seur.
Croc, *sm.* (cro), inst. de fer.
Crochet, *sm.* petit croc.
Crocheter, *v.* ouvrir, prendre avec un crochet.
Crocheteur, *sm.* porte-faix.
Crochu, *a.* recourbé.
Crocodile, *sm.* reptile.
Croire, *v.* ajouter foi.
Croisade, *sf.* ligue catholique
Croiser, *v.* mettre en croix.
Croisillon, *sm.* trav. de croix.
Croissance, *sf.* action de
Croître, *v.* devenir grand.
Croix, *sf.* lign. form. 4 angl.
Croquer, *v.* manger avec
Croquis, *sm.* esquisse. |bruit.
Crosse, *sf.* bâton d'évêque, partie de fusil.
Crosser, *v.* pousser avec une crosse, malmener.
Crotte, *sf.* boue, fiente.
Crotter, *v.* salir avec la crot.
Crottin, *sm.* excrément.
Croulement, *sm.* éboulem.
Crouler, *v.* tomber, s'affais.

Croupe, *sf.* derrière, cime.
Croupion, *sm.* bas de l'échin.
Croupir, *v.* se corrompre.
Croustilleux, *a.* difficile, *fa.*
Croûte, *sf.* part. ext. du pain.
Croûton, *sm.* grosse croûte.
Croyable, *a.* qui peut êt. cru.
Croyance, *sf.* ce qu'on croit.
Croyant, *s.* qui croit.
Cru, *sm. a.* non cuit. terroir.
Cruauté, *sf.* férocité.
Cruche, *sf.* vase de terre.
Cruchon, *sm.* petite cruche.
Crucifère, *a.* fleur en croix.
Crucifiement, *sm.* action de
Crucifier, *v.* mettre en croix
Crucifix *sm.*(fi)J.-C. en croix
Crudité, *sf.* ce qui est cru.
Crue, *sf.* augmentation.
Cruel, le, *a.* inhumain.
Cruellement, *ad.*
Crûment, *ad.*
Crustacé, *a.* et *s.* à écailles.
Cube, *a.* et *sm.* solide, à six faces.
Cuber, *v.* évaluer en cube.
Cubique, *a.* du cube.
Cueillette, *sf.* récolte.
Cueillir, *v.* détach. de la tige
Cuiller (èr) ou cuillère, *sf.* ustensile de table.
Cuillerée, *sf* plein une cuiller
Cuir, *sm.* peau corroyée.
Cuirasse, *sf.* armure de fer.
Cuirasser, *v.* armer de cuir.
Cuirassier, *sm.* cavalier.
Cuire, *v.* préparer au feu.
Cuisant, *a.* âpre, aigu.
Cuisine, *sf.* où l'on cuit, l'art de
Cuisiner, *v.* faire la cuisine.
Cuisinier, ère, *s.* qui cuisine
Cuisse, *sf.* partie du corps.
Cuisson, *sf.* action de cuire.
Cuistre, *sm.* pédant grossier
Cuivre, *sm.* métal.
Cuivrer, *v.* imiter le cuivre.

Cuivreux, se, *a.* du cuivre.
Cul, *sm.* (cu), le derrière.
Culasse, *sf.* partie d'arme à feu.
Culbute, *sf.* sorte de saut.
Culbuter, *v.* renverser.
Culée, *sf.* appui d'un pont.
Culotte, *sf.* pantalon.
Culte, *sm.* honneur rendu à Dieu. |liver.
Cultivable. *a.* qu'on peut cul-
Cultivateur, *sm.* qui cultive.
Cultiver, *v.* travailler.
Culture, *sf.* act. de cultiver.
Cumuler, *v.* réunir.
Cupidité, *sf.* convoitise.
Curable, *a.* qu'on peut guér.
Curateur, trice, *s.* administr.
Curatif, ve, *a.* pour guérir.
Cure, *sf.* guérison, logement d'un curé.
Curé, *sm.* prêtre, pasteur.
Cure-dent—oreille, *sm.* inst.
Curée, *sf.* pâture, *chass.*
Curer, *v.* nettoyer.
Cureur, *sm.* qui cure.
Curieusement, *ad.*
Curieux, se, *s.* qui a de la
Curiosité, *sf.* rareté.
Curviligne, *a.* courbe.
Cutané, *a.* de la peau.
Cuve, *sf.* vaiss. à faire le vin
Cuveau, *sm.* petite cuve.
Cuvée, *sf.* contenu d'une cuve
Cuver, *v.* fermenter.
Cuvette, *sf.* vase à laver.
Cuvier, *sm.* grande cuve.
Cycle, *sm.* cercle, période.
Cyclope, *sm.* qui n'a qu'un
Cygne, *sm.* oiseau aq. |œil.
Cylindre, *sm.* rouleau.
Cylindrique, *a.* en cylindre.
Cymbale, *sf.* instr. d'airain.
Cynique, *s.* obscène.
Cynisme, *sm.* impudence.
Cyprès, *sm.* arbre.
Czar, *sm.* souver. de Russie.

D

D, *sm.* (dé ou de), 4ᵉ lettre.
Dadais, *sm.* niais, *fam.*
Dahlia, *sm.* plante.
Daigner, *v.* vouloir.
Daim, *sm.* (ain), bête fauve
Dais, *sm.* poêle en ciel de lit.
Dalle, *sf.* tablette de pierre.
Dalmatique, *sf.* tunique.
Damas, *sm.* étoffe, prune.
Damasquiner, *v.* incruster.
Damasser, *v.* façonner.
Dame, *sf.* femme, jeu.

Dame-jeanne, *sf.* bouteille.
Dameret, *sm.* qui fait le beau
Damier, *sm.* échiquier.
Damnable, *a.* (ana), qui encourt |damnés.
Damnation, *sf.* peine des
Damner, *v.* punir de l'enfer.
Dandinement, *sm.* act. de se
Dandiner, *v.* se balancer.
Danger, *sm.* péril.
Dangereusement, *ad.*
Dangereux, se, *a.* périlleux.

Dans, *prép.* de temps et de |lieu.
Danse, *sf.* act. de
Danser, *v.* se mouv. en cad.
Danseur, se, *s.* qui danse.
Dard, *sm.* pointe aiguë.
Darder, *v.* lancer, *fig.* bless.
Dariole, *sf.* sorte de pâtisser.
Dartre, *sf.* malad. de la peau
Dartreux, se, *a.* de dartre.
Date, *sf.* époque.
Dater, *v.* mettre la date.
Datte, *sf.* fruit du palmier.

Dattier, *sm.* sorte de palmier
Daube, *sf.* sorte de ragoût.
Dauphin, *sm.* cétacé.
Davantage, *ad.* plus.
De, *prép.* [pour jouer.
Dé, *sm.* outil pour coudre ou
Débâcle, *sf.* rupt. des glaces
Débâclement, *sm.* action de
Débâcler, *v.* débarrasser.
Déballage, *sm.* action de
Déballer, *v.* défaire un ballot
Débandement, *sm.* act. de
Débander, *v.* disperser.
Débaptiser *v.* changer de nom
Débarbouiller, *v.* nettoyer.
Débarcadère, *sm.* où l'on déb.
Débardage, *sm.* action de
Débarder, *v.* décharger.
Débarquement, *sm.* act. de
Débarquer, *v.* sortir du vais-
seau. [barras.
Débarras, *sm.* cessat. d'em-
Débarrassement, *sm.* act. de
Débarrasser, *v.* tirer d'emb.
Débat, *sm.* contestation.
Débâter, *v.* ôter le bât.
Débattre, *v.* contester.
Débauche, *sf.* dérèglement.
Débaucher, *v.* mettre en dé-
bauche. [bauche.
Débaucheur, euse, *s.* qui dé-
Débile, *a.* faible.
Débilement, *ad.*
Débilitation, *sf.* affaiblissem.
Débilité, *sf.* faiblesse.
Débiliter, *v.* affaiblir.
Débit, *sm.* vente, trafic.
Débitant, *sm.* marchand.
Débiter, *v.* vendre.
Débiteur, trice, *s.* qui doit.
Déblai, *sm.* débarras de terre
Déblayer, *v.* débarrasser.
Déboire, *sm.* dégoût.
Déboitement, *sm.* dislocation
Déboiter, *v.* disloquer.
Débonder, *v.* ôter la bonde.
Débonnaire, *a.* doux.
Déborder, *v.* répandre.
Débotter, *v.* ôter les bottes.
Déboucher, *v.* ôter ce qui
bouche. [cles.
Déboucler, *v.* ôter les bou-
Débourber, *v.* ôter la bourbe.
Débourrer, *v.* ôter la bourre
Déboursé, Débours, *sm.* ar-
gent donné.
Déboursement, *sm.* act. de
Débourser, *v.* tirer de la
bourse.
Debout, *ad.* sur pied.
Débouter, *v.* déclarer déchu.
Déboutonner, *v.* ôter des
boutons.

Débrider, *v.* ôter la bride.
Débris, *sm.* restes.
Débrouillement, *sm.* act. de
Débrouiller, *v.* démêler.
Débrutir, *v.* dégrossir.
Débusquement, *sm.* act. de
Débusquer, *v.* chass. d'un p.
Début, *sm.* commencement.
Débuter, *v.* commencer.
Deçà, *prép.* de ce côté-ci.
Décacheter, *v.* ôter le cachet
Décade, *sf.* dizaine.
Décadence, *sf.* ruine, déclin.
Décagone *a* et *sm.* à 10 angl.
Décagramme, *sm.* 10 gramm
Décaisser *v.* ôter d'une caisse
Décalitre, *sm.* dix litres.
Décalogue, *sm.* loi de Moïse.
Décalquer, *v.* reporter.
Décamètre, *sm.* 10 mètres.
Décampement, *sm.* act. de
Décamper, *v.* lever le camp.
Décanter, *v.* tirer à clair.
Décapitation, *sf.* action de
Décapiter, *v.* couper la tête.
Décarreler, *v.* ôter les carr.
Décatir, *v.* ôter l'apprêt.
Décatissage, *sm.* act. de déc.
Décéder, *v.* mourir.
Décèlement, *sm.* act. de
Décéler, *v.* découvrir.
Décembre, *sm.* 12e mois.
Décemment, *ad.*
Décence, *sf.* bienséance.
Décennal, *a.* de dix ans.
Décent, *a.* selon la décence.
Déception, *sf.* tromperie.
Décerner, *v.* ordonner.
Décès, *sm.* mort naturelle.
Décevoir, *s.* tromper.
Déchaînement, *sm.* act. de
Déchaîner, *v* s'emport. ôter.
Déchanter, *v.* chanter faux.
Décharge, *sf.* coups de feu.
Déchargement, *sm.* act. de
Décharger, *v.* ôter la charge
Déchargeur *sm* qui décharge.
Décharné, *a.* maigre, sec.
Décharner, *v.* ôter la chair.
Déchaussement, *sm.* labour.
Déchausser *v.* ôter la chauss.
Déchéance, *sf.* perte d'un
droit.
Déchet, *sm.* diminution.
Décheveler, *v.* mêler la chev.
Déchiffrement, *sm.* act. de
Déchiffrer, *v.* lire ce qui est
mal écrit.
Déchiqueter, *v.* découper.
Déchiqueture, *sf.* taillade.
Déchirement, *sm.* acte de
Déchirer, *v.* mettre en pièces
Déchirure, *sf.* rupture.

Déchoir, *v.* devenir moindre.
Déciare, *sm.* un 10e de l'are
Décidé, *a.* résolu.
Décidément. *ad.* résolûment
Décider, *v.* déterminer.
Décigramme, *sm.* 10e de gr.
Décilitre, *sm.* 10e du litre.
Décimal, *a.* divisible par 10.
Décimale, *sf* fract. décimal.
Décimation, *sf.* act. de décim
Décime, *sm.* 10 centimes.
Décimer, *v.* un sur dix.
Décimètre, 10e du mètre.
Décintrement, *sm.* act. de
Décintrer, *v.* ôter le cintre.
Décisif, ve, *a.* qui décide.
Décision, *sf.* résolution.
Décisivement, *ad.*
Décistère, *sm.* 10e du stère.
Déclamateur, *sm.* q. déclame
Déclamation, *sf.* act. de
Déclamer, *v.* réciter.
Déclaration, *sf.* action de
Déclarer, *v.* manifester.
Déclin, *sm.* décadence.
Déclinable, *a.* qu'on décline.
Déclinaison, *sf.* act. de
Décliner, *v.* déchoir.
Déclouer, *v.* ôter les clous.
Décochement, *sm.* act. de
Décocher, *v.* tirer une flèche
Décoction, *sf.* drog. bouillies
Décoiffer, *v.* ôter la coiffe.
Décollation, *sf.* action de
Décoller, *v.* couper.
Décolleter *v.* découv. le cou.
Décolorer, *v.* ôter la couleur
Décombrer, *v.* ôter les
Décombres, *sm. pl.* plâtras.
Décomposer, *v.* séparer.
Décomposition, *sf.* réduct.
Décompte, *sm.* déduction.
Décompter, *v.* rabattre.
Déconcerter, *v.* troubler.
Déconfiture, *sf.* déroute.
Déconforter, décourager.
Déconsidérer, *v.* diffamer.
Décontenancer *v.* déconcert.
Décor, *sm.* ornement.
Décoration, *sf.* ornement.
Décorer, *v.* orner. [séance.
Décorum, *sm.* (om) bien-
Découcher, *v.* coucher deh.
Découdre, *v.* déf. une cout.
Découlant, *a.* qui découle.
Découlement, *sm.* flux.
Découler, *v.* couler, émaner
Découper, *v.* couper en mor-
ceaux.
Découpure, *sf.* taillade.
Découragement, *sm.* act. de
Décourager, *v.* ôt. le courage
Décousure, *sf.* qui est déc.

Découvrir, v. ôter le couver.
Décrasser, v. ôter la crasse.
Décréditement, sm. act. de
Décréditer, v. ôter le crédit.
Décrépit, a. vieux et cassé.
Décrépitation, sf. action de
Décrépiter, v. calciner.
Décrépitude, sf. vieillesse.
Décret, sm. loi, ordonnance.
Décréter, v. faire un décret.
Décri, sm. action de
Décrier, v. décréditer.
Décrire, v. peindre, exposer
Décrocher, v. ôter du croch.
Décroire, v. ne pas croire.
Décroître, v. diminuer.
Décrotter, v. ôter la crotte.
Décrotteur, sm. qui décrotte.
Décuple, sm. et a. 10 fois.
Décupler, v. rendre décuple.
Décurie, sf. 10 hommes.
Décurion, sm. chef de décurie
Dédaigner, v. mépriser.
Dédaigneusement, ad.
Dédaigneux, se, a. qui déd.
Dédain, sm. sorte de mépris.
Dédale, sm. labyrinthe.
Dedans, ad. de lieu.
Dédicace, sf. act. de dédier.
Dédicatoire, a. qui dédie.
Dédier, v. consacrer.
Dédire, v. désavouer.
Dédit, sm. révocation.
Dédommagement, sm. act. de
Dédommager, v. indemniser.
Dédorer, v. ôter la dorure.
Dédoubler, v. ôter la doubl.
Déduction, sf. rabais.
Déduire, v. rabattre, narrer.
Déesse, sf. divinité du sexe
  féminin.
Défaillance, sf. faiblesse.
Défaillir, v. manquer.
Défaire, v. détruire, délivrer
Défait, a. amaigri.
Défaite, sf. déroute, débit.
Défalcation, sf. déduction.
Défalquer, v. déduire.
Défaut, sm. imperfection.
Défaveur, sf. perte de faveur
Défavorable, a. non favor.
Défectif, ve, a. incomplet.
Défection, sf. désertion.
Défectueusement, ad.
Défectueux, se, a. imparfait.
Défectuosité, sf. défaut.
Défendable v. qu'on peut
Défendre, v. protéger.
Défense, sf. protection.
Défenseur, sm. qui défend.
Défensif, ve, a. qui défend.
Déférence, sf. complaisance
Déférer, v. dénoncer, céder.

Déferrer, v. ôter les fers.
Défi, sm. provocation.
Défiance, sf. manque de conf.
Défiant, a. soupçonneux.
Déficit, sm. (t), manque.
Défier, v. provoquer.
Défigurer, v. rendre difforme
Défilé, sm. passage étroit.
Défiler, v. ôter le fil, avancer
Définir, v. expliquer.
Définitif, ve, a. qui termine.
Définition, sf. explication.
Définitivement, ad.
Défleurir, v. ôter la fleur.
Défoncement, sm. action de
Défoncer, v. ôter le fond.
Déformer, v. gâter la forme.
Défourner, v. tirer du four.
Défrayer, v. payer la dépense
Défrichement, sm. action de
Défricher, v. mettre en cult.
Défricheur, sm. qui défriche
Défriser, v. défaire la frisure
Défroncer, v. déplisser.
Défroque, sf. dépouille.
Défroquer, v. ôter le froc.
Défunt, a. qui est mort.
Dégagement, sm. issue, ac-
  tion de
Dégager, v. retirer un gage.
Dégainer, v. tirer l'épée.
Déganter, v. ôter les gants.
Dégarnir, v. ôter la garniture
Dégât, sm. dommage.
Dégauchir, v. dresser.
Dégel, sm. action de
Dégeler, v. fondre la glace.
Dégénération, sf. état de
Dégénérer, v. s'abâtardir.
Dégluer, v. ôter la glu.
Déglutition, sf. act. d'avaler
Dégorgement, sm. action de
Dégorger, v. déboucher.
Dégoter, v. déplacer. fam.
Dégourdir, v. réchauffer.
Dégourdissement, sm. cessa-
  tion de l'engourdissement.
Dégoût, sm. manque de goût
Dégoûtant, a. qui dégoûte.
Dégoûté, a. et s. difficile.
Dégoûter, v. donner du dég.
Dégouttement, sm. act. de
Dégoutter, v. coul. par goutte
Dégradation, sf. action de
Dégrader, v. destituer, avilir
Dégrafer, v. détacher une
  agrafe.
Dégraissage, sm. action de
Dégraisser, v. ôter les taches
Dégraisseur, sm. qui dégr.
Degré, sm. escalier, marche
Dégringoler, v. descendre.
Dégrossir, v. ôter le plus gros

Déguenillé, a. en guenilles.
Déguerpir, v. s'en aller.
Déguisement, sm. action de
Déguiser, v. travestir.
Dégustation, sf. action de
Déguster, v. goûter.
Déharnacher, v. ôter les
  harnais.
Dehors, ad. hors de.
Déicide, sm. crime des Juifs.
Déification, sf. action de
Déifier, v. diviniser.
Déiste, a. qui reconnaît Dieu
Déjà, ad. dès cette heure.
Déjeter, (se) v. se courber.
Déjeuner, v. manger le
Déjeuner, sm. repas du mat
Déjoindre, v. séparer.
Déjouer, v. empêcher l'effet.
Délabrement, sm. action de
Délabrer, v. détériorer.
Délacer, v. défaire le lacet.
Délai, sm. retardement.
Délaissement, sm. abandon.
Délaisser, v. abandonner.
Délassement, sm. repos.
Délasser, a. ôter la lassitude
Délateur, trice, s. dénonciat.
Délation, sf. dénonciation.
Délayer, v. détremper.
Délectable, a. agréable.
Délectation, sf. plaisir vif.
Délecter, v. réjouir.
Délégation, sm. commission
Délégué, sm. mandataire.
Déléguer, v. députer.
Délétère, a. malsain.
Délibératif, ve, a. de
Délibération, sf. act. de dél.
Délibérément, ad. hardiment
Délibérer, v. discuter.
Délicat, a. scrupul., friand.
Délicatement, ad.
Délicatesse, sf. mollesse,
  probité.
Délices, sf. pl. plaisirs.
Délicieusement, ad.
Délicieux, se, a. très-bon.
Délier, v. détacher.
Délinquant, sm. coupable.
Déliquescent, a. liquéfié.
Délire, sm. égarem. d'esprit.
Délit, sm. contravention.
Délivrance, sf. action de
Délivrer, v. mettre en lib.
Délogement, sm. action de
Déloger, v. décamper.
Déloyal, sm. sans loyauté.
Déloyauté, sf. manque de foi
Déluge, sm. inondation.
Démagogie, sf. faction pop.
Démagogue, sm. chef de f.
Démaillotter, v. ôter du mail.

Demain, *ad*. le jour d'après.
Démanchement, *sm*. act. de
Démancher, *v*. ôter le manc.
Demande, *sf*. act. de [roger.
Demander, *v*. sollicit., inter-
Démangeaison, *sf*. picotem.
Démanger, *v*. picoter.
Démantèlement, *sm*. act. de
Démanteler, *v*. détruire.
Démantibuler, *v*. rompre.
Démarcation, *sf*. limite.
Démarche, *sf*. allure.
Démarquer, *v*. ôter la marq.
Démarrer, *v*. détacher.
Démasquer, *v*. ôter le masq.
Démâter, *v*. ôter les mâts.
Démêlé, *sm*. querelle.
Démêler, *v*. débrouiller.
Démembrement, *sm*. act. de
Démembrer, *v*. séparer.
Déménagement, *sm*. act. de
Déménager, *v*. changer.
Démence, *sf*. folie.
Démener (se), *v*. se débattre.
Démenti, *sm*. action de
Démentir, *v*. contredire.
Démérite, *sm*. action de
Démériter, *v*. perdre l'estime
Démesuré, *a*. excessif.
Démesurément *ad*. avec exc.
Démettre, *v*. disloquer.
Démeublement, *sm*. act. de
Démeubler *v*. ôter les meubl.
Demeure, *sf*. domicile.
Demeurer, *v*. habiter.
Demi, *a*. moitié.
Demi-lune, *sf*. fortification.
Démission, *sf*. acte pour se
　démettre. [démet.
Démissionnaire, *a*. qui se
Démocrate *sm*. partisan de la
Démocratie, *sf*. (cie) gouver-
　nement populaire.
Démocratique, *a* populaire.
Demoiselle, *sf*. fille.
Démolir *v*. détruire.
Démolition *sf*. act. de démol.
Démon *sm*. diable, mal. esp.
Démonétiser, *v*. ôter cours.
Démoniaque, *a*. possédé.
Démonstratif, *a*. qui démont.
Démonstration, *sf*. preuve.
Démonter, *v*. ôter la monture
Démontrer, *v*. prouver.
Démoralisation, *sf*. act. de
Démoraliser, *v*. pervertir.
Démordre, *v*. se départir.
Dénaturer, *v*. changer la nat.
Dénégation, *sf*. act. de dénier
Déni, *sm*. refus.
Déniaiser, *v*. rendre plus fin.
Dénicher, *v*. ôter du nid.
Dénicheur, *sm*. qui déniche.

Denier, *sm*. monnaie.
Dénier, *v*. nier, refuser.
Dénigrement, *sm*. action de
Dénigrer, *v*. ternir la réput.
Dénombrement, *sm*. act. de
Dénombrer, *v*. faire le comp.
Dénominateur, *sm*. fraction.
Dénominatif, *v*. qui dénom.
Dénommer, *v*. nommer.
Dénoncer, *v*. déclarer.
Dénonciateur, *sm*. qui dénon.
Dénonciation, *sf*. accusation.
Dénoter, *v*. désigner.
Dénouer, *v*. défaire un nœud
Dénoûment *sm*. fin d'une act.
Denrée, *sf*. marchandise.
Dense, *a*. compacte.
Densité, *sf*. épaisseur.
Dent, *sf*. os de la mâchoire.
Denteler, *v*. entaill. en dent
Dentelle, *sf*. ouvrage de fil.
Dentelure, *sf*. qui est dent.
Dentition, *sf*. les dents.
Dentifrice, *sm*. remède.
Dentiste *sf*. qui soig. les dents
Denture, *sf*. ordre des dents.
Dénuer, *v*. priver totalement
Dénûment, *sm*. privat. tot.
Dépaqueter, *v*. défaire un p.
Dépareiller, *v*. séparer.
Déparer, *v*. ôter ce qui pare.
Départ, *sm*. act. de partir.
Département, *sm*. divis. de
　pays.
Départemental, *a*. de dépar.
Départir, *v*. partager.
Dépasser, *v*. devancer.
Dépayer, *v*. ôter le payé.
Dépayser, *v*. chang. de pays.
Dépècement, *sm*. action de
Dépécer, *v*. mettre en morc.
Dépêche, *sf*. lettre d'affaires
Dépêcher, *v*. hâter.
Dépeindre, *v*. décrire.
Dépendamment, *ad*. avec
Dépendance, *sf*. sujétion.
Dépendant, *a*. qui dépend.
Dépendre, *v*. décrocher, déri-
　ver.
Dépens, *sm*. pl. frais. *jur*.
Dépense, *sf*. action de
Dépenser, *v*. employ. de l'ar.
Dépensier, ère, *a*. prodigue.
Dépérir, *v*. déchoir.
Dépérissement, *sm*. décad.
Dépêtrer, *v*. débarrasser.
Dépeuplement, *sm*. act. de
Dépeupler, *v*. dégarn. d'hab.
Dépister, *v*. trouver la trace.
Dépit, *sm*. fâcherie, colère.
Dépiter, *v*. avoir dépit.
Déplacement, *sm*. action de
Déplacer, *v*. ôter de sa place

Déplaire, *v*. être désagréable.
Déplaisant, *a*. désagréable.
Déplaisir, *sm*. chagrin.
Déplanter, *v*. ôter une plante
　de terre. [plié.
Déplier, *v*. étendre ce qui est
Déplisser, *v*. défaire les plis.
Déplorable, *a*. digne de pit.
Déplorablement, *ad*.
Déplorer, *v*. plaindre.
Déploiement, *sm*. action de
Déployer, *v*. étendre.
Dépolir, *v*. ôter le poli.
Dépopulariser, *v*. ôter la pop.
Déportation, *sf*. bannissem.
Déportement, *sm*. conduite
　mauvaise.
Déporter, *v*. bannir.
Déposant, *a*. et *s*. qui dépose
Déposer, *v*. destituer, poser
Dépositaire, *s*. qui a en dép.
Déposition, *sf*. destitution.
Déposséder, *v*. ôter la poss.
Déposter, *v*. chas. d'un poste
Dépôt, *sm*. act. de déposer.
Dépoter, *v*. a. ôter d'un vase
Dépouille, *sf*. peau, butin.
Dépouillement, *sm*. dénûm.
Dépouiller, *v*. ôter, priver.
Dépourvu, *a*. privé.
Dépravation, *sf*. corruption.
Dépraver, *v*. pervertir.
Dépréciation, *sf*. action de
Déprécier, *v*. rabaisser.
Déprédateur, *sm* qui déprède
Déprédation, *sf*. vol, pillage.
Dépréder, *v*. piller avec dégât
Déprimer, *v*. affaisser.
Dépriser, *v*. priser moins.
Depuis, *prép*.
Dépuratif, ve, *a*. qui dépure.
Dépuration, *sf*. action de
Dépurer, *v*. rendre plus pur.
Députation, *sf*. env. de dép.
Député, *sm*. envoyé, délégué
Députer, *v*. déléguer. [cine.
Déraciner, *v*. arracher la ra-
Déraidir, *v*. ôter la raideur.
Déraison, *sf*. déf. de raison.
Déraisonnable, *a*. sans raison
Déraisonnablement, *ad*.
Déraisonner, *v*. raison. faux.
Dérangement, *sm*. désordre.
Déranger, *v*. dépl., troubler.
Déréglement, *sm*. désordre.
Déréglément, *ad*. sans règle.
Dérégler, *v*. mettre en dés.
Dérider, *v*. ôter les rides,
　égayer.
Dérision, *sf*. moquerie.
Dérisoire, *a*. avec dérision.
Dérivatif, ve, *a*. qui détourne
Dérivation, *sf*. origine.

Dérive, *sf.* action de
Dériver, *v.* tirer sa source.
Dernier, *a.* et *s.* après les
Dernièrement, *ad.* [autres,
Dérobée, *loc. ad.* (à la), en cachette.
Dérober, *v.* voler.
Dérogation, *sf.* action de
Déroger, *v.* faire une disposition contraire.
Dérouiller, *v.* ôter la rouille.
Dérouler, *v.* étendre ce qui est roulé, raconter.
Déroute, *sf.* fuite de troupes
Dérouter, *v.* égarer.
Derrière, *prép. ad. sm.* partie postérieure.
Des, *art. contr.* pour *de les*, *quelques.*
Dès, *prép.* depuis.
Désabusement, *sm.* act. de
Désabuser, *v.* détromper.
Désaccord, *sm.* désunion.
Désaccoutumer, *v.* déshabit.
Désachalander, *v.* ôter les chalands.
Désagréable, *a.* qui déplaît.
Désagrément, *sm.* déplaisir.
Désajuster, *v.* déranger.
Désaltérer, *v.* ôter la soif.
Désancrer, *v.* lever l'ancre.
Désappointer, *v.* tromper.
Désapprendre, *v.* oublier.
Désapproprier, (se), *v.* renoncer à une propriété.
Désapprouver, *v.* blâmer.
Désargenter, *v.* ôter l'argent
Désarmement, *sm.* action de
Désarmer, *v.* ôter les armes.
Désassembler, *v.* déjoindre.
Désastre, *sm.* grand malheur
Désastreux, se, *a.* funeste.
Désavantage, *sm.* malheur.
Désavantageusement, *ad.*
Désavantageux, se, *a.* qui cause du désavantage.
Désaveu, *sm.* action de
Désavouer, *v.* nier.
Desceller *v.* ôter le scellé.
Descendance, *sf.* extraction.
Descendre, *v.* aller en bas.
Descente, *sf.* pente, hernie.
Descriptif, *a.* qui décrit.
Description, *sf.* act. de décr.
Désemballer, *v.* déballer.
Désembourber, *v.* tirer de la boue.
Désemparer, *v.* quitter.
Désempeser, *v.* ôter l'empois
Désemplir, *v.* vider.
Désemprisonner *v.* ôter de p.
Désenchantement, *sm.* act. de
Désenchanter, *v.* détromper.

Désenclouer, *v.* tirer un clou
Désenfler, *v.* ôter l'enflure.
Désenivrer, *v.* ôter l'ivresse.
Désennuyer, *v.* dissiper l'ennui. [rayure.
Désenrayer, *v.* ôter l'en-
Désenrouer, *v.* ôter l'enrou-
Désert, *a.* inhabité. [ment.
Déserter, *v.* abandonner.
Déserteur, *sm.* qui déserte.
Désertion, *sf.* act. de déserter
Désespérément, *ad.*
Désespérer, *v.* perdre espoir
Déshabiller, *v.* ôter dos hab.
Déshabituer, *v.* ôter l'habitude. [dité.
Déshériter, *v.* priver d'héré-
Déshonnête, *a.* indécent.
Déshonnêtement, *ad.*
Déshonnêteté, *sf.* indécence.
Déshonneur, *sm.* honte.
Déshonorable, *a.* déshonor.
Déshonorer, *v.* perdre l'hon.
Désignation, *sf.* action de
Désigner, *v.* indiquer.
Désinfecter, *v.* ôter l'infect.
Désinfection, *sf.* action de désinfecter. [rosité.
Désintéressement, *sm.* géné-
Désintéresser, *v.* dédommag.
Désir, *sm.* souhait.
Désirable, *a.* qu'on doit dés.
Désirer, *v.* souhaiter.
Désireux, se, *a.* qui désire.
Désistement, *sm.* act. de se
Désister (se), *v.* renoncer.
Dès-lors, *ad.* dès ce temps-là
Désobéir, *v.* refuser d'obéir.
Désobéissance, *sf.* refus d'ob.
Désobéissant, *a.* qui désob.
Désobligeamment, *ad.* avec
Désobligeance, *sf.* action de
Désobliger, *v.* déplaire.
Désobstruer, *v.* débarrasser.
Désœuvré, *a.* qui ne fait rien.
Désœuvrement, *sm.* inaction
Désolant, *a.* qui désole.
Désolateur, *sm.* qui ravage.
Désolation, *sf.* affliction.
Désoler, *v.* affliger.
Désordonné, *a.* déréglé.
Désordonnément, *ad.* avec
Désordre, *sm.* trouble.
Désorganisateur *sm.* qui dés.
Désorganisation, *sf.* act. de
Désorganiser, *v.* détruire.
Désorienter, *v.* déconcerter.
Désormais, *ad.* à l'avenir.
Désosser, *v.* ôter les os.
Despote, *sm.* tyran.
Despotique, *a.* arbitraire.
Despotiquement, *ad.* avec
Despotisme, *sm.* tyrannie.

Dessaisir (se), *v.* abandonn.
Dessaisissement, *sm.* aband.
Dessaler, *v.* ôter le sel.
Dessangler, *v.* ôter les sangl.
Desséchement, *sm.* action de
Dessécher, *v.* rendre sec.
Dessein, *sm.* intention, proj.
Desseller, *v.* ôter la selle.
Desserrer, *v.* relâcher.
Dessert, *sm.* ce qu'on sert.
Desservant, *sm.* qui dessert.
Desservir, *v.* ôter les mets, nuire.
Dessiller, *v.* ouvrir les yeux.
Dessin, *sm.* représentation.
Dessinateur, *sm.* qui dessine.
Dessiner, *v.* faire un dessin.
Dessouder, *v.* défaire la sou-
Dessous, *ad.* sous. [dure.
Dessus, *ad.* sur.
Destin, *sm.* fatalité.
Destination, *sf.* emploi dét.
Destinée, *sf.* destin, vie.
Destiner, *v.* fixer.
Destituer, *v.* ôter l'emploi.
Destitution, *sf.* priv. d'empl.
Destructeur, trice, *s.* qui dét.
Destructif, ve, *a.* qui détruit
Destruction, *sf.* ruine totale.
Désuétude, *sf.* (su) vieillesse
Désunion, *sf.* défaut d'union.
Désunir, *v.* disjoindre.
Détachement, *sm.* péloton, action de.
Détacher, *v.* dégager.
Détail, *sm.* circonstance, menu.
Détailler, *v.* narrer, débiter.
Détalage, *sm.* action de
Détaler, *v.* ôter l'étalage.
Déteindre, *v.* ôter la couleur
Dételer, *v.* détacher les chevaux.
Détendre, *v.* relâcher.
Détenir, *v.* retenir.
Détente, *sf.* ressort de fusil.
Détenteur, trice, *s.* qui ret.
Détention, *sf.* saisie, empris.
Détenu, *sm.* prisonnier.
Détérioration, *sf.* action de
Détériorer, *v.* dégrader.
Déterminatif, ve, *a.* qui dét.
Détermination, *sf.* résolution
Déterminément, *a.* hardim.
Déterminer, *v.* décider.
Déterrer, *v.* exhumer.
Détestable, *a.* exécrable.
Détestablement, *ad.*
Détestation, *sf.* haine.
Détester, *v.* avoir en horr.
Détonation, *sf.* action de
Détoner, *v.* éclater avec bruit
Détonner, *v.* sortir du ton.

Détordre, v. défaire.
Détors, a. détordu.
Détortiller, v. détordre.
Détour, sm. sinuosité.
Détourner, v. écarter.
Détracter, v. médire.
Détracteur, sm. médisant.
Détraction, sf. médisance.
Détraquer, v. dérégler.
Détrempe, sf. couleur délay.
Détremper, v. délayer.
Détresse, sf. danger.
Détriment, sm. préjudice.
Détroit, sm. bras de mer.
Détromper, v. tirer d'erreur
Détrôner, v. déposséder.
Détrousser, v. voler.
Détruire, v. anéantir.
Dette, sf. ce qu'on doit.
Deuil, sm. affliction.
Deutéronome, sm. liv. saint
Deux, a. double unité.
Deuxième, a. second.
Deuxièmement, ad.
Dévaliser, v. voler.
Devancer, v. gagner le dev.
Devancier, ière, a. précéd.
Devant, prép. de lieu.
Devanture, sf. face antér.
Dévastateur, trice, a. qui dév.
Dévastation, sf. ruine, act. de
Dévaster, v. ravager.
Développement, sm. act. de
Développer, v. étendre.
Devenir, v. être.
Dévergondé, a. licencieux.
Devers, prép. de lieu, vers.
Déverser, v. pencher.
Déviation, sf. écart.
Dévider, v. mett. en peloton
Dévidoir, sm. instr. p. dév.
Dévier, v. se détourner.
Devin, — eresse, qui prédit.
Deviner, v. prédire.
Devis, sm. propos., évaluat.
Dévisager, v. défigurer.
Devise, sf. allégorie.
Dévoiement, sm. flux de vent.
Dévoiler, v. ôter le voile.
Devoir, v. avoir des obligat.
Devoir, sm. obligation.
Dévolu, a. échu par droit.
Dévorer, v. déchirer av. les
Dévôt, a. et s. pieux. |dents.
Dévotement, ad. avec dév.
Dévotion, sf. piété.
Dévouement, sm. soumission
Dévouer, v. consacrer, s'ex-
Dévoyer, v. dévier. |poser.
Dextérité, sf. adresse.
Dey, sm. anc. souv. d'Alger.
Dia, ad. à gauche.
Diable, sm. démon.

Diabolique, a. du diable.
Diaboliquement, ad.
Diaconat, sm. ordre sacré.
Diacre, sm. ecclésiastique.
Diadème, sm. bandeau roy.
Diagonal, a. d'un ang. à l'aut.
Diagonalement, ad.
Dialecte, sm. langage.
Dialectique, sf. logique.
Dialogue, sm. conversation.
Dialoguer, v. converser.
Diamant, sm. pierre préc.
Diamétral, a. du diamètre.
Diamétralement, ad. direct.
Diamètre, sm. ligne.
Diapason, sm. instrument.
Diaphane, a. transparent.
Diaphanéité, sf. transparenc.
Diaprer, v. varier les coul.
Diarrhée, sf. flux de ventre.
Diatribe, sf. critique amère.
Dictateur, sm. magist., souv.
Dictature, sf. dignité.
Dictée, sf. ce qu'on dicte.
Dicter, v. faire écrire.
Diction, sf. élocution.
Dictionnaire, sm. vocabulair.
Didactique, a. de l'instruct.
Dièse, sm. marque de mus.
Diète, sf. régime.
Dieu, sm. être suprême.
Diffamateur, sm. calomniat.
Diffamation, sf. calomnie.
Diffamatoire, a. qui diffame.
Diffamer, v. décrier.
Différemment, ad. autrem.
Différence, sf. dissemblance.
Différencier, v. distinguer.
Différend, sm. débat.
Différent, a. divers.
Différer, v. retarder.
Difficile, a. mal-aisé.
Difficilement, ad. avec
Difficulté, sf. obstacle.
Difficultueux, se, a. difficile.
Difforme, a. laid, mal fait.
Difformer, v. ôter la forme.
Difformité, sf. état difforme.
Diffus, a. prolixe.
Diffusément, ad. avec
Diffusion, sf. confusion.
Digérer, v. faire la digestion
Digeste, sm. recueil de lois.
Digestif, ve, a. qui fait dig.
Digestion, sf. (ti) coction des
  aliments dans l'estomac.
Digne, a. qui mérite.
Dignement, ad.
Dignitaire, sm. qui a une
Dignité, sf. mérite, titre,
  charge.
Digression, sf. hors du suj.
Digue, sf. rempart, obstacl.

Dilacération, sf. action de
Dilacérer, v. déchirer.
Dilapidation, sf. dépen. folle.
Dilapider, v. dépens. follem.
Dilatabilité, sf. qualité.
Dilatable, a. qui peut être di.
Dilatation, sf. act. de dilater.
Dilater, v. étendre, élarg.
Dilatoire, a. qui tend à dilat.
Dilection, sf. amour, charité.
Dilemme, sm. argum. doubl.
Diligemment, ad.
Diligence, sf. célérité, pour-
  suite, voiture publique.
Diligent, a. prompt, labor.
Diligenter, v. hâter.
Diluvien, ne, a. du déluge.
Dimanche, sm. jour du repos
Dîme, sf. tribut du dixième
  des produits de la terre.
Dimension, sf. étendue.
Dîmer, v. lever la dîme.
Diminuer, v. amoindrir.
Diminutif, ve, a. et sm. qui
  diminue. |moindrissement.
Diminution, sf. rabais, a-
Dimissoire, sm. pouvoir d'un
  évêque.
Dimissorial, a. de dimissoire
Dinde, sf. poule-d'Inde.
Dindon, sm. coq-d'Inde.
Dindonneau, sm. pet. dindon.
Dindonnier s. gardeur de din-
  dons.
Dînée, sf. le dîner en voyag.
Dîner, v. manger au milieu
  du jour.
Dînette, sf. petit dîner. enf.
Dîneur, sm. qui dîne.
Diocésain, a. du diocèse.
Diocèse, sm. étendue d'un
  évêché. [réfraction.
Dioptrique, sf. traité de la
Diphthongue, sf. deux sons
  réunis en une seule syllab.
Diplomate, sm. qui sait la
Diplomatie, sf. (cie) science
  des intérêts des états.
Diplôme, sm. charte, brevet.
Direct, a. (èc) qui va droit.
Directement, ad. en lig. dir.
Directeur, trice, s. qui dirige
Direction, sf. conduite, ten-
  dance. [ner vers
Diriger, v. conduire, tour-
Dirimant, a. qui rend nul.
Discernement, sm. acte de
Discerner, v. distinguer.
Disciple, sm. écolier, sectat.
Disciplinable, a. docile.
Discipline, sf. règlem.; fouet
Discipliné, a. tenu dans l'or-
  dre.

Discipliner, v. régler.
Discontinuation, sf. hâte de
Discontinuer, v. cesser.
Disconvenance, sf. dispro-
  portion. [ber d'accord,
Disconvenir, v. ne pas tom-
Discord, a. discordant.
Discordance, sf. état discord.
Discordant, a. non d'accord.
Discorde, sf. dissension, déos.
Discoureur, se, s. prolixe.
Discourir, v. parler longuem
Discours, sm. harangue.
Discourtois, sm. impoli.
Discourtoisie, sf. impolitess
Discrédit, sm. perte de créd.
Discrédité, a. en discrédit.
Discréditer, v. nuire au créd.
Discret, ète, a. prudent, rete-
  nu dans ses paroles.
Discrètement, ad. avec
Discrétion, sf. circonspect.
Disculpation, sf. action de
Disculper, v. justifier.
Discussion, sf. examen,
Disert, a. qui parle facilem.
Disette, sf. famine.
Diseur, euse, s. qui dit.
Disgrâce, sf. défaveur.
Disgracier, v. priver de ses
  grâces.
Disgracieux, euse, a. désag.
Disjoindre, v. séparer.
Disjonctif, ve, a. qui sépare.
Disjonction, sf. séparation.
Dislocation, sf. déboîtement.
Disloquer, v. démettre.
Disparaître, v. cesser de par.
Disparate, sf. contraire.
Disparité, sf. différence.
Disparition, sf. act. de dispar
Dispendieux, se, a. coûteux.
Dispensateur, trice, s. qui
  distribue.
Dispensation, sf. distribution
Dispense, sf. exemption.
Dispenser, v. exempter.
Disperser, v. répandre.
Dispersion, sf. act. de disp.
Disponible, a. dont on peut
Disposer, v. préparer.
Dispositif, ve, a. qui dispose.
Disposition, sf. arrangemen.
Disproportion, sf. inégalité.
Disproportionné, a. inégal.
Dispute, sf. débat.
Disputer, v. contester.
Disputeur, sm. qui dispute.
Disque, sm. palet, rond.
Dissection, sf. act. de disséq.
Dissemblable, a. différent.
Dissemblance, sf. différence.
Disséminer, v. répandre.

Dissension, sf. discorde.
Disséquer, v. faire l'anatomie
Dissertation, sf. examen.
Disserter, v. discourir.
Dissidence, sf. scission.
Dissident, sm. sectaire.
Dissimulation, sf. act. de
Dissimuler, v. cacher sa pen.
Dissipateur, trice, s. qui dis-
  sipe.
Dissipation, sf. action de
Dissiper, v. disperser.
Dissolu, a. débauché. [soudre
Dissoluble, a. qui peut se dis-
Dissolutif, ive, a. dissolvant.
Dissolution, sf. dérèglement.
Dissolvant, a. qui dissout.
Dissonnance, sm. faux accord
Dissonnant, a. discordant.
Dissoudre, v. décomposer.
Dissuader, v. détourner.
Dissuasion, sf. act. de dissua.
Distance, sf. intervalle.
Distant, a. éloigné.
Distillateur, sm. (l) qui dist.
Distillation, sf. act. de distil.
Distillatoire, a. de la distillat.
Distiller, v. extraire l'esprit.
Distillerie, sf. lieu où l'on
  distille.
Distinct, a. (inkt) différent,
  clair.
Distinctement, ad. clairem.
Distinctif, ve, a. qui disting.
Distinction, sf. égard, mérite
Distinguer, v. discerner.
Distique, sm. en 2 vers.
Distorsion, sf. contorsion.
Distraction, sf. inapplication
Distraire, v. séparer, rendre
Distrait, a. inattentif. [distr.
Distribuer, v. partager.
Distributeur, trice, a. qui dist.
Distributif, ve, a. qui distr.
Distribution, sf. acte de dist.
Distributivement, ad.
District, sm. (tk) juridiction
Diurétique, a. et sm. apéritif
Diurnal, sm. office du jour.
Diurne, a. d'un jour.
Divaguer, v. errer, s'écarter.
Divan, sm. cons. turc, sofa.
Divergence, sf. état diverg.
Divergent, a. qui s'écarte.
Diverger, v. s'écarter.
Divers, e, a. différent, pl.
  plusieurs.
Diversement, ad.
Diversifiable, a. qui peut se
Diversifier, v. varier. [ner.
Diversion, sf. acte de détour-
Diversité, sf. variété.
Divertir, v. distraire, récréer

Divertissant, a. qui réjouit.
Divertissement, sm. act. de
  divertir.
Dividende, sm. nomb. à div.
Divin, a. de Dieu.
Divination, sf. act. de devin.
Divinatoire, a. de la divinat.
Divinement, ad.
Diviniser, v. recon. pour div.
Divinité, sf. essence divine;
  Dieu.
Diviser, v. partager, désun.
Diviseur, sm. qui divise.
Divisibilité, sf. qual. divisibl.
Divisible, a. qu'on peut div.
Division, sf. partage, discor.
Divorce, sm. rupture de ma-
Divulgation, sf. acte de [riage
Divulguer, v. publier.
Dix, a. num. 2 fois cinq.
Dix-huit (in-), sm. 18 feuill.
Dixième, a. 10° partie.
Dizain, sm. pièce de 10 vers
Dizaine, sf. total de dix.
Docile, a. facile à gouverner
Docilement, ad.
Docilité, sf. disposit. à obéir.
Docte, a. et sm. savant.
Doctement, ad.
Docteur, sm. promu au doc-
  torat.
Doctoral, a. de docteur.
Doctorat, sm. grade de doct.
Doctorerie, sf. act. en théol.
Doctrine, sf. enseignement.
Document, sm. renseignem.
Dodécaèdre, sm. à 12 faces.
Dodécagone, sm. figure à 12
  côtés.
Dodu, a. gras, potelé, fa.
Doge, sm. dignité.
Dogmatique, a. du dogme.
Dogmatiquement, ad.
Dogmatiser, v. endoctriner.
Dogmatiseur, sm. qui dogm.
Dogme, sm. point de doctr.
Dogue, sm. gros chien.
Doigt, sm. (dot) partie de
  la main.
Doigtier, sm. ce qui couvre le
Dol, sm. fraude. [doigt.
Doléance, sf. plainte. fa.
Dolemment, ad. (la) d'une
  manière dolente.
Dolent, a. triste. fa.
Doliman, sm. habit turc.
Dollar, sm. monnaie des
  États-Unis.
Dolman, sm. veste.
Doloire, sf. inst. de tonnelier
Dom ou Don, sm. tit. d'honn.
Domaine, sm. bien-fonds.
Dôme, sm. voûte demi-sphér.

Domesticité, sf. état domest.
Domestique, a. de la maison
Domestiquement, ad.
Domicile, sm. demeure; log.
Domicilier (se), v. fixer sa demeure.
Dominant, a. qui domine.
Dominateur, trice, s. qui domine.
Domination, sf. puissance.
Dominer, v. commander.
Dominicain, sm. religieux.
Dominical, a. du Seigneur.
Domino, sm. hab. de bal; jeu
Dommage, sm. perte; préj.
Dommageable, a. préjudic.
Domptable, a. qu'on peut
Dompter, v. assujétir, vainc.
Dompteur, sm. qui dompte.
Don, sm. présent; talent.
Donataire, s. à qui on fait don
Donateur, trice, s. qui fait don.
Donation, sf. don par acte public.
Donc, conj. (donk).
Donjon, sm. tour de château.
Donjonné, a. avec tourelles, blas.
Donnant, a. qui aime à donn.
Donnée, sf. notion.
Donner, v. faire don.
Donneur, euse, s. qui donne.
Dont, pron. conj. de qui, duquel.
Dorade, sf. poisson, constel.
Dorénavant, ad. à l'avenir.
Dorer, v. enduire, couvrir d'or.
Doreur, euse, s. qui dore.
Dorien, a. dialecte.
Dorique, a. ordre d'architect. dialecte.
Dorloter, v. traiter délicat.
Dormant, a. qui dort; fixe.
Dormeur, euse, s. qui dort.
Dormir, v. être dans le som.
Dormitif, ve, a. qui fait dor.
Dorsal, a. du dos. [cher.
Dortoir, sm. lieu pour cou-
Dorure, sf. act. de dorer.
Dos, sm. partie postérieure du corps.
Dose, sf. quantité prescrite.
Doser, v. régl. la dose, méd.
Dossier, sm. dos du fauteuil.
Dot sf. (t), bien en mariage.
Dotal, a. de la dot pl. aux.
Dotation, sf. acte de doter.
Doter, v. donner une dot.
Douaire, sm. don du mari à sa veuve. [du douaire.
Douairier, ère, s. qui jouit

Douane, s. droit sur les mar-chandises; lieu où il se paye.
Douanier, sm. commis de la douane. [dage, mar.
Doublage, sm. second bor-
Double, a. 2 fois autant.
Doubleau (arc), sm. voûte.
Doublement, ad.
Doubler, v. mettre le double.
Doublet, sm. pierre fausse.
Doublette, sf. jeu d'orgue.
Doublon, sm. monnaie.
Doublure, sf. ce qui double.
Douceâtre, a. fade.
Doucement, ad.
Doucereux, se, a. et sm. fade
Douceur, sf. qui est doux.
Douche, sf. effus. d'eau, méd.
Doucher, v. donner la douc.
Douer, v. assigner un douaire, avantager, orner.
Douille, sf. manche creux en fer. [délicat; robe ouatée.
Douillet, te, a. et s. tendre et
Douillettement, ad.
Douleur, sf. souffrance.
Douloureusement, ad.
Douloureux, se, a. qui cause
Doute, sm. incertitude.[doul.
Douter, v. être en doute.
Douteusement, ad.
Douve, sf. planche d'un ton-neau.
Doux, ce, a. bon, agréable.
Douzaine, sf. nomb. de douze
Douze, a. et sm. 10 plus 2; in-12, sm. 12 feuillets.
Douzièmement, ad. [corps.
Doyen, sm. plus ancien d'un
Doyenné, sm. dignité du doy.; poire. [poids.
Drachme, sf. (ag) mon. anc.;
Dragée, sf. amande couverte de sucre; plomb de chasse
Drageoir, sm. boîte à drag.
Drageon, sm. bouture.
Dragon, sm. monstre fabul.; tache de la prunelle; cav.
Dragonne, sf. nœud d'épée.
Drague, sf. pelle pour tirer le sable des rivières.
Draguer, v. curer, pêcher.
Dramatique, a. du théâtre, émouvant.
Drame, sm. pièce de théâtre.
Drap, sm. étoffe de laine; toile de lit.
Drapé, a. épais; duveteux.
Drapeau, sm. étendard.
Draper, v. couvrir de deuil; habiller; pein. railler.
Draperie, sf. fabriq de drap, tenture.

Drapier, sm. fabric. de drap.
Drastique, a. (rem.) violent.
Drêche, sf. marc d'orge.
Dresser, v. lever, ériger.
Drogman, sm. interprète.
Drogue, sf. médicament.
Droguer, v. médicamenter.
Droguerie, sf. commerce.
Droguet, sm. étoffe de laine.
Droguiste, sm. march. de d.
Droit, a. non courbé; debout; opposé à gauche.
Droitement, ad.
Droitier, s. qui emploie la main droite.
Droiture, sf. équité.
Drôle a. plaisant, sm. poliss.
Drôlement, ad.
Drôlerie, sf. chose drôle. fa.
Dromadaire, sm. sorte de ch.
Dru, a. fort épais.
Druide, desse, s. prêt. celte.
Dryade, sf. nymphe des bois.
Du, art. contr. pour de le.
Dû, sm. ce qui est dû, devoir.
Dubitatif, ve, a. douteux.
Dubitation, sf. fig. de rhétor.
Duc, Duchesse, s. dignité.
Ducal, a. de duc.
Ducat, sm. monnaie.
Duché, sm. seigneurie ducale.
Ductile, a. qui s'étend.
Ductilité, sf. propr. ductile.
Duègne, sf. vieille gouvern.
Duel, sm. combat singulier.
Duelliste, sm. bretteur.
Dulcification, sf. acte de
Dulcifier, v. adoucir.
Dulie, sf. (culte de) rendu aux saints.
Dûment, ad. convenablem.
Dune, sf. colline sablonneus.
Dunette, sf. haut de la poupe
Duo, sm. morceau de musi-que exécuté à deux.
Duodénum, sm. (om) intest.
Dupe, sf. qui est trompé, jeu.
Duper, v. tromper.
Duperie, sf. tromperie.
Dupeur, sm. trompeur.
Duplicata, sm. doubl. d. act.
Duplication, sf. action de doubler.
Duplicature, sf. part. doubl.
Duplicité, sf. état de ce qui est double, mauvaise foi.
Dur, a. ferme, rude; pénibl.
Durable, a. qui doit durer.
Durant, prép. pendant.
Durcir, v. rendre, devenir dur
Durcissement, sm. action de durcir. [dure.
Durée, sf. temps qu'une chose

Durement, ad.
Dure-mère, sm. membr. du cerveau.
Durer, v. continuer d'être.
Duret, a. un peu dur.
Dureté, sf. qualité dure.
Durillon, sm. petit calus.
Duriuscule, a. un peu dur.

Duumvir, sm. (om) magistr. romaine. [duumvir.
Duumvirat, sm. charge du
Duvet, sm. menue plume.
Duveteux, se, a. qui a du duvet.
Dynamique, sf. science du mouvement.

Dynaste, sm. petit souverain
Dynastie sf. success. de rois.
Dyspepsie, sf. diff. de digér.
Dyspnée, sf. diffi. de respirer
Dyssenterie, sf. sorte de diarrhée. [senterie.
Dyssentérique, a. de la dys-
Dysurie, sf. diffic. d'uriner.

E

E, sm. 5e let. (eu ou é) voy.
Eau, sf. élément liq., pluie.
Eaux et forêts, sf. pl. juridiction des bois et des rivièr.
Ebahir (s') v. s'étonner.
Ebahissement, sm. étonnem.
Ebarber, v. égaliser.
Ebarboir, sm. outil p. ébar.
Ebat, sm. divertissement.
Ebattre (s'), v. se divertir.
Ebaubi, a. étonné, fam.
Ebauche, sf. esquisse.
Ebaucher, v. commencer.
Ebauchoir, sm. outil de scul.
Ebaudir (s'), v. se réjouir.
Ebène, sm. bois de l'ébénier.
Ebénier, sm. arb. à bois n.
Ebéniste, sm. qui travaille en bois précieux.
Ebénisterie, sf. mét. d'ébén.
Eblouir, v. aveugler par trop d'éclat, séduire.
Eblouissant, a. qui éblouit.
Eblouissement, sm. état de l'œil ébloui.
Eborgner, v. rendre borgne.
Eboulement, sm. act. d'
Ebouler, v. tomber en s'affaissant.
Eboulis, sm. chose éboulée.
Ebourgeonnement sm act. d'
Ebourgeonner, v. ôter les bourgeons.
Ebouriffé, a. échevelé.
Ebranchement, sm. act. d'
Ebrancher, v. ôter les branc.
Ebranlement, sm. secousse.
Ebranler, v. secouer.
Ebraser, v. élargir une baie.
Ebrécher, v. faire une brèch.
Ebrouement, sm. act. d'
Ebrouer, v. laver, ronfler, se dit du cheval.
Ebruiter, v. divulguer.
Ebullition, sf. act. de bouillir.
Ecacher, v. écraser.
Ecaille, sf. ce qui couvre les poissons, testacés, etc.
Ecaillé, a. privé, couvert d'écailles. [d'huîtres.
Ecailler, ère, s. marchand

Ecailler, v. ôter l'écaille; tomber par écailles.
Ecailleur, se, a. qui se lève par écailles. [fruits.
Ecale, sf. coque de quelques
Ecaler, v. ôter l'écale.
Ecarbouiller, v. écraser. fa.
Ecarlate, sf. coul. étof. roug.
Ecarquillement, sm. act. d'
Ecarquiller, v. écarter, ouv.
Ecart, sm. act. d'écarter.
Ecarteler, v. mettre en 4 quartiers.
Ecartement, sm. disjonction.
Ecarter, v. éloigner, séparer
Ecce homo, sm. (cé) tabl. de Jésus-Christ.
Ecchymose, sf. (ki) contus.
Ecclésiaste, sm liv. de la Bib.
Ecclésiastique, sm. liv. de la Bible : a. hom. d'église.
Ecclésiastiquement, ad.
Eccoprotique, a. purg. doux.
Ecervelé, a. esprit lég. évap.
Echafaud, sm. élévation en charpente.
Echafaudage, sm. act. d'
Echafauder v dres. des échaf.
Echalas, sm. étai de cep.
Echalassement, sm. act. d'
Echalasser, v. garnir d'éch.
Echalier, sm. clôt de branch.
Echalotte, sf. sorte d'ail.
Echancrer, v. évider en crois.
Echancrure, sf. act. d'échan.
Echange, sm. troc. [échangé
Echangeable a qui peut être
Echanger, v. troquer.
Echanson, sm qui sert à boire
Echantillon, sm. petite portion d'une chose pour la faire connaître. [poids.
Echantillonner, v. vérifier un
Echappado, sf. t. de graveur.
Echappatoire, sf. subterfuge
Echappée, sf. act. imprud.
Echappement, sm. t. d'horl.
Echapper, v. éviter, s'évad.
Echarde sf épine dans la chair
Echardonner, v. ôter des chardons.

Echarner, v. ôter la chair du cuir. [écharner.
Echarnoir, sm. outil pour
Echarnure sf. act. d'écharner
Echarpe, sf. large bande.
Echarper, v. blesser plusieurs fois. [pour marcher.
Echasse, sf. bâton à étriers
Echauboulé, a. qui a des
Echauboulures, sf. rougeurs
Echaudé, sm. pâtisserie.
Echauder, v. mouiller d'eau chaude. [pour échauder.
Echaudoir, sm. lieu, vase
Echauffaison, sf. éruption de sang.
Echauffant, a. qui échauffe.
Echaudé, sm. odeur causée par une chaleur trop forte.
Echauffement, sm. act. d'
Echauffer, v. rendre chaud.
Echauffourée, sf. entreprise manquée, fa.
Echauffure, sf. échauboulure
Echauguette, sf. guérite.
Echéance, sf. t. de payem.
Echec, sf. t. de jeu; revers.
Echelette, sf. petite échelle.
Echelle, sf march. pour monter ou descendre, mesure.
Echelon, sm. deg. d'échelle.
Echelonner, v. ranger par échelon.
Echenillage, sm. act. d'
Echeniller, v. ôter les chenil.
Echeveau, sm. fil replié en plusieurs tours. [épars.
Echevelé, a. qui a les chev.
Echevin, sm. ancien officier municipal. [d'échevin.
Echevinage, sm. fonction
Echine, sf. épine du dos.
Echinée, sf. morceau du dos d'un porc.
Echiner, v. rompre l'échine.
Echiqueté, a. en forme d'
Echiquier, sm. tab. p'. jouer.
Echo, sm. son réfléchi.
Echoir, v. arriver par le sort.
Echoppe, sf. boutiq., burin.
Echopper, v. graver.

Echouer, v. faire naufrage, ne pas réussir.
Eclabousser, v. faire jaillir.
Eclair, sm. éclat subit.
Eclairage, sm. illumination.
Eclaircir, v. rendre clair.
Eclaircissement, sm. act. d'
Eclairer, v. illuminer.
Eclaireur, sm. qui éclaire.
Eclat, sm. gloire, pompe.
Eclatant, e. a. qui éclate.
Eclater, v. romp., s'emporter
Eclipse, sf. disparition.
Eclipser, v. couvrir.
Ecliptique, sm. cercle célest.
Eclisse, sf. plaque de bois.
Ecloppé, a. boiteux.
Eclore, v. sortir de la coque.
Eclosion, sf. act. d'éclore.
Ecluse, sf. grand bassin.
Eclusée, sf. plein l'écluse.
Eclusier, sm. qui sert l'écl.
Ecole, sf. lieu d'études.
Ecolier, s. étudiant.
Econduire, v. éloigner.
Economat, sm. charge d'
Econome, a. ménager.
Economie, sf. épargne.
Economique, a. de l'économ.
Economiquement, ad.
Economiser, v. épargner.
Ecope, sf. pelle creuse.
Ecorce, sf. enveloppe.
Ecorcer, v. ôter l'écorce.
Ecorcher, v. ôter la peau.
Ecorcheur, sm. qui écorche.
Ecorner, v. rompre les angl.
Ecornifler, v. vivre aux dépens des autres.
Ecornifleur, euse, s. parasite
Ecornure, sf. éclat emporté.
Ecosser, v. tirer de la cosse.
Ecosseur, euse, s. qui écosse
Ecot, sm. dépense individ.
Ecoulement, sm. act. d'
Ecouler, v. coul. h. d'un lieu.
Ecourgeon, sm. orge carré.
Ecouter, v. entendre, croire.
Ecoutille, sf. trape du tillac.
Ecran, sm. meuble d'hiver.
Ecraser, v. aplatir, briser.
Ecrémer, v. ôter la crème.
Ecrêter, v. ôter la crête.
Ecrevisse, sf. poisson crust.
Ecrier, v. faire une exclam.
Ecrin, sm. coffret de bijoux.
Ecrire, v. tracer des lettres.
Ecrit, sm. billet, livre.
Ecriteau, sm. inscription.
Ecritoire, sf. ust. pour l'enc.
Ecriture, sf. caract. écrits.
Ecrivain, sm. qui écrit.
Ecrou, sm. trou de la vis.

Ecrouelles, sf. maladie.
Ecrouer, v. emprisonner.
Ecroulement, sm. act. d'
Ecrouler, (s') v. ébouler.
Ecroûter, v. ôter la croûte.
Ecru, a. (fil, soie) non lavé.
Ecu, sm. armoir., monnaie.
Ecueil, sm. roc en mer.
Ecuelle, sf. sorte de vase.
Ecuellée, sf. plein une écuel.
Eculer, v. plier le quartier.
Ecume, sm. mousse.
Ecumer, v. ôter l'écume, pi-
Ecumeur, sm. pirate [rater.
Ecumeux, se, a. plein d'éc.
Ecumoire, sf. inst. p° écumer
Ecurer, v. nettoyer.
Ecureuil, sm. quadrupède.
Ecureur, euse, s. qui écure.
Ecurie, sf. étable aux chev.
Ecusson, sm. écu, ornement
Ecussonner, v. greffer.
Ecuyer, sm. qui va à cheval.
Eden, sm. paradis terrestre.
Edenter, v. rompre les dents.
Edification, sf. act. d'édifier.
Edifiant, e, a. qui édifie.
Edifice, sm. bâtiment.
Edifier, v. bâtir, port. au bien.
Edile, sm. magistrat.
Edit, sm. loi; ordonnance.
Editeur, sm. qui publie un livre. [livre.
Edition, sf. impression d'un
Edredon, sm. oreiller, duvet.
Education, sf. act. d'instruire.
Effaçable, a. qu'on peut effac.
Effacer, v. rayer, détruire.
Effaçure, sf. rature.
Effarer, v. troubl. quelqu'un.
Effaroucher, v. effrayer.
Effectif, ve, a. réel.
Effectivement, ad.
Effectuer, v. exécuter.
Efféminer, v. rendre faible.
Effervescence, sf. émotion.
Effet, sm. résultat.
Effouiller, v. ôter les feuilles.
Efficace, a. suffisant.
Efficacement, ad.
Efficacité, sf. vertu efficace.
Efficient, a. qui produit.
Effigie, sf. représentation.
Effiler, v. défaire un tissu.
Efflanquer, v. rendre maigre.
Effleurer, v. ôter la superficie
Effronder, v. fouiller.
Efforcer (s'), v. faire effort.
Effort, sm. action faite avec peine.
Effraction, sf. rupture.
Effrayer, v. épouvanter.
Effréné, a. sans frein.

Effroi, sm. épouvante.
Effronté, a. et s. impudent.
Effrontément, ad. avec
Effronterie, sf. impudence.
Effroyable, s. épouvantable.
Effroyablement, ad.
Effusion, sf. épanchement.
Egal, a. de même rang.
Egalement, sm. et ad. autant.
Egaler, v. rendre égal.
Egaliser, v. rendre uni.
Egalité, sf. parité.
Egard, sm. déférence.
Egarement, sm. déréglem.
Egarer, v. ne pas trouver.
Egayer, v. rendre gai.
Eglantier, sm. rosier sauv.
Eglantine, sf. fleur.
Eglise, sf. société, temple.
Egoïsme, sm. amour de soi.
Egoïste, s. qui a de l'égoïsm.
Egorger, v. tuer.
Egosiller, v. crier haut.
Egout, sm. chute des eaux.
Egoutter, v. faire écouler.
Egouttoir, sm. pour égoutter.
Egrapper, v. ôter la grappe.
Egratigner, v. déchirer légèrement. [sure.
Egratignure, sf. légère blessure.
Egrener, v. ôter le grain.
Egrugeoir, sm. ustens. pour
Egruger, v. pulvériser.
Eh ! interj. de surprise.
Ehonté, a. sans honte.
Elaboration, sf. action d'
Elaborer, v. préparer.
Elagage, sm. action d'
Elaguer, v. ébranch. un arbr.
Elagueur, sm. qui élague.
Elan, sm. mouvement subit.
Elancement, sm. action d'
Elancer (s'), v. se précipiter.
Elargir, v. devenir large.
Elargissement, sm. augmentation de largeur.
Elasticité, sf. avec ressort.
Elastique, a. qui a du ress.
Electeur, trice, s. qui élit.
Electif, ve, a. de choix.
Election, sf. action d'élire.
Electoral, a. de l'électeur.
Electorat, sm. dignité.
Electricité, sf. fluide.
Electrique, a. de l'électricité
Electriser, v. rendre électrique, enflammer.
Elégamment, ad.
Elégance, sf. recherche.
Elégant, a. qui a de la grâce.
Elégie, sf. poésie.
Elément, sm. corps simple.
Elémentaire, a. des élémen.

Éléphant, *sm.* gr. quadrup.
Élévation, *sf.* hauteur.
Élève, *sm.* disciple.
Elever, *v.* hausser; instruire.
Elider, *v.* supprimer.
Éligibilité, *sf.* qual. éligible.
Éligible, *a.* qui peut être élu.
Elimer (s'), *v.* s'user.
Eliminer, *v.* expulser.
Elire, *v.* choisir, nommer.
Elision, *sf.* suppression.
Elite, *sf.* ce qu'il y a de mieux
Elixir. *sm.* liqueur spiritueuse
Elle, *pron. pers. fs.*
Ellipse, *sf.* retranchement.
Elliptique, *a.* de l'ellipse.
Elocution, *sf.* art de bien s'exprimer.
Eloge, *sm.* louange.
Eloignement, *sm.* act. d'
Eloigner, *v.* séparer.
Eloquemment, *ad.* avec
Eloquence, *sf.* art de bien di.
Elu, *sm.* choisi.
Eluder, *v.* éviter avec adresse
Elysée, *sm.* séjour heureux.
Email, *sm.* compos. de verre
Emailler, *v.* orner d'émail.
Emailleur, *sm.* qui émaille.
Emanation, *sf.* ce qui émane.
Emancipation, *sf.* act. d'
Emanciper, *v.* rendre libre.
Emaner, *v.* tirer son origine.
Emargement, *sm.* action d'
Emarger, *v.* porter en marge
Emballage, *sm.* action d'
Emballer, *v.* faire un ballot.
Emballeur, *sm.* qui emballe.
Embarcadère, *sm.* où l'on embarque.
Embarcation, *sf.* bateau.
Embargo, *sm.* défense, *mar.*
Embarquement, *sm.* act. d'
Embarquer, *v.* mettre en mer
Embarras, *sm.* obstacle.
Embarrassant, *a.* qui gêne.
Embarrasser, *v.* gêner, encombrer.
Embaucher, *v.* enrôler.
Embaucheur, *sm.* enrôleur.
Embaumement, act. d'
Embaumer, *v.* parfumer.
Embellir, *v.* rendre beau,
Embellissement, *sm.* action d'embellir.
Emblée (d'), *loc. ad.* d'abord.
Emblématique, *a.* symboliq.
Emblème, *sm.* symbole.
Emboîtement, *sm.* action d'
Emboîter, *v.* enchâsser.
Embonpoint, *sm.* en bonne santé.
Emboucher, *v.* mettre à la b.

Embouchure, *sf.* bouche.
Embourber, *v.* mettre dans un bourbier.
Embourser, *v.* mett. en bour.
Embranchement, *sm.* jonct.
Embrasement, *sm.* feu, désordre.
Embraser, *v.* mettre en feu.
Embrassade, *sf.* d'embrasser
Embrassement, *sm.* act. d'
Embrasser, *v.* serrer, baiser.
Embrâsure, *sf.* ouverture.
Embrocher, *v.* mett. en broc.
Embrouillement, *sm.* act. d'
Embrouiller, *v.* brouiller.
Embrumé, *a.* chargé de brouillards.
Embûche, *sf.* piége.
Embuscade, *sf.* guet-à-pens.
Embusquer (s'), *v.* en embuscade.
Emeraude, *sf.* pierre préc.
Emeri, *sm.* pierre dure.
Emérite, *a.* honoraire.
Emerveiller, *v.* étonner.
Emétique, *sm.* et *a.* vomitif.
Emettre, *v.* produire, faire circuler.
Emeute, *sf.* sédition.
Emietter, *v.* mett. en miettes
Emigrant, *a.* et *s.* qui émigre
Emigration, *sf.* action d'
Emigrer, *v.* quitter sa patrie.
Emincer, *v.* couper mince.
Eminemment, *ad.*
Eminence, *sf.* hauteur, titre.
Eminent, *a.* élevé, haut.
Eminentissime, *a.* titre.
Emir, *sm.* descendant de Mahomet.
Emissaire, *sm.* envoyé secret
Emission, *sf.* act. d'émettre.
Emmagasiner, *v.* mettre en magasin.
Emmaillotter, *v.* au maillot.
Emmancher, *v.* mettre un manche.
Emmariner, *v.* équiper.
Emménagement, *sm.* act. de
Emménager, *v.* prendre domicile.
Emmener, *v.* conduire.
Emmenoter, *v.* mettre les fers.
Emmieller, *v.* enduir. de miel
Emoi, *sm.* émotion, souci.
Emollient, *a.* qui amollit.
Emolument, *sm.* profit, salaire.
Emondes, *sf.* branches coupées.
Emonder, *v.* couper les bran-
Emotion, *sf.* agitation. [ches.

Emotter, *v.* briser les mottes
Emouchet, *sm.* oiseau de proie.
Emoudre, *v.* aiguiser.
Emouleur, *sm.* qui aiguise.
Emousser, *v.* ôter la pointe.
Emouvoir, *v.* exciter.
Empailler, *v.* garnir de paille
Empailleur, *sm.* qui empaille
Empaler, *v.* percer le corps.
Emparer (s'), *v.* envahir.
Empâter, *v.* remplir de pâte.
Empêchement, *sm.* obstacles
Empêcher, *v.* s'opposer.
Empeigne, *sf.* dessus du soul.
Empereur, *sm.* chef d'empire
Empesage, *sm.* action d'
Empeser, *v.* mettre de l'em-
Empester, *v.* infecter. [pois.
Empêtrer, *v.* embarrasser.
Emphase, *sf.* affectation.
Emphatique, *a.* qui a de l'emphase.
Emphytéose, *sf.* long bail.
Emphytéotique, *a.* d'emphyt.
Empiéter, *v.* usurper.
Empiffrer, *v.* gloutonner.
Empilement, *sm.* action d'
Empiler, *v.* mettre en pile.
Empire, *sm.* monarchie, puissance.
Empirer, *v.* devenir pire.
Emplacement, *sm.* place.
Emplâtre, *sm.* remède.
Emplette, *sf.* achat, acquisit.
Emplir, *v.* rendre plein.
Emploi, *sm.* usage, fonction.
Employer *v.* mettre en usage.
Emplumer, *v.* mettre des plumes.
Empocher *v.* mettre en poche
Empoigner, *v.* saisir.
Empois, *sm.* colle d'amidon.
Empoisonnement *sm.* act. d'
Empoisonner, *v.* corrompre, infecter.
Empoisonneur, euse, *s.* qui empoisonne.
Empoissonnement *sm* act. d'
Empoissonner, *v.* peupler de poissons.
Emportement, *sm.* colère.
Emporte-pièce *sm.* instrum.
Emporter *v.* enlever. [rouge]
Empourprer, *v.* colorer de
Empreindre, *v.* imprimer.
Empreinte, *sf.* impression.
Empressement, *sm.* zèle.
Empresser (s'), *v.* faire vite.
Emprisonnement *sm.* act. d'
Emprisonner *v* mettre en pri-
Emprunt, *v.* act. d' [son.]
Emprunter *v.* recevoir à prêt.

Emprunteur euse, s. qui empr
Empuantir, v. infecter.
Empyrée, sm. le ciel.
Emulateur, trice, s. qui ex-
   cite l'
Emulation, sf. désir d'égaler.
Emule, concurrent.
En prép. dans, pron. de là.
Encadrement, sm. action d'
Encadrer v. mettre un cadre.
Encager, v. mettre en cage.
Encaissement, sm. act. d'
Encaisser v. mettre en caisse.
Encan, sm. vente à l'enchère
Encanailler (s'), v. s'avilir.
Encaustique, sf. peinture.
Encavement, sf. action d'
Encaver, v. mettre en cave.
Enceindre, v. entourer.
Enceinte, sf. circuit, clôture.
Encens sm. louange, parfum
Encensement, sm. action d'
Encenser, v. donner de l'enc.
Encenseur, sm. louangeur.
Encensoir, sm. cassolette.
Encéphale, a. de la tête.
Enchaînement, sm. liaison.
Enchaîner, v. lier, charger
   de chaînes.
Enchantement, sm. act. d'
Enchanter, v. charmer.
Enchanteur a. qui enchante.
Enchâsser, v. faire entrer.
Enchausser, v. de jardinage
Enchère, sf. offre supérieure
Enchérissement, sm. act. d'
Enchérir v. mettre une ench.
Enchevêtrer, v. s'engager.
Enchifrener v. rhume du nez.
Enclavement, sm. action d'
Enclaver, v. enfermer.
Enclin, a. porté à.
Enclore, v. clore de murs.
Enclos, sm. enceinte.
Enclouer v. enfoncer un clou
Enclume, sf. masse de fer.
Encoffrer, v. mettre en coffre
Encognure, sf. (ko), coin.
Encoller, v. enduire de colle.
Encolure, sf. du cou.
Encombre, sm. embarras.
Encombrement, sm. act. d'
Encombrer, v. obstruer.
Encore, ad. de temps.
Encouragement, sm. act. d'
Encourager, v. donner cour.
Encourir, v. s'exposer à.
Encrasser v. rendre crasseux
Encre sf. liqueur pour écrire.
Encrier sm. vase pour l'encre
Encroûter, v. enduire.
Encuver, v. mettre en cuve.
Encyclique, a. circulaire.

Encyclopédie, sf. ensemble
   de toutes les sciences.
Endetter v. charger de dettes
Endêver, v. dépiter.
Endiâbler, v. endêver. [dim.]
Endimancher, v. habits du
Endoctriner v. instruire, fam
Endommager, v. détériorer.
Endormir, v. faire dormir.
Endosser v. mettre sur le dos
Endosseur, sm. qui endosse.
Endroit, sm. place, côté, lieu
Enduire v. couv. d'un enduit.
Enduit, sm. couche de.
Endurant, a. patient. [dur.]
Endurcir, v. rendre, devenir
Endurcissement, sm. dureté.
Endurer, v. supporter.
Energie, sf. force d'esprit.
Energique a. qui a l'énergie.
Energiquement, ad.
Energumène, s. possédé du
Enerver, v. affaiblir [démon.]
Enfaîtement, sm. table de
   plomb.
Enfaîter, v. couvrir le faîte.
Enfance, sf. 1er âge de
   l'homme.
Enfant a. et s. jeune, fils, fille
Enfantement, sm. act. d'
Enfanter v. accoucher. [tind]
Enfantillage sm. man. enfan-
Enfantin, a. d'enfant.
Enfariner, v. poudrer de far.
Enfer, sm. (èr), lieu où sont
   punis les damnés, les dém.
Enfermer, v. mettre en un
   lieu qui ferme, serrer.
Enferrer v. percer avec un fer
Enfilade sf. suite de chambres
Enfiler, v. passer un fil par
   un trou, traverser.
Enfin, ad. après tout, bref.
Enflammer, v. mettre en feu
Enfler v. remplir de vent, aug.
Enflure, sf. tumeur. [menter.
Enfoncement sm. fond act. d'
Enfoncer v. pousser au fond.
Enfonceur, sm. qui enfonce.
Enfonçure, sf. pièce du fond.
Enforcir, v. rendre, devenir
   fort.
Enfourner, v. mettre au four.
Enfreindre, v. transgresser.
Enfuir, (s'), v. fuir d'un lieu.
Enfumer v. noircir ou incom-
   moder par la fumée.
Engagé, sm. qui est engagé.
Engageant, a. attirant.
Engagement, sm. act. d'
Engager, v. mettre en gage.
Engagiste sm. sorte de ferm.
Engainer, v. mettre en gaîne

Engastrimythe, sm. art. du
Engeance sf. race. [ventriloq.
Engeancer, v. embarrasser.
Engelure, sf. enflure par le
   froid.
Engendrer, v. produire.
Engerber v. mettre en gerbes
Engin, sm. outil compliqué.
Englober, v. former un tout.
Engloutir, v. avaler glouton-
   nement, absorber.
Engluer, v. enduire de glu.
Engoncer, v. contraindre la
   taille.
Engorgement, sm. embarras
   dans un tuyau, un canal.
Engorger, v. obstruer.
Engouement sm. état engoué
Engouer, v. embarrasser le
   gosier, se passionner.
Engouffrer, (s') v. se perdre
   dans une ouverture.
Engourdir, v. assoupir.
Engourdissement, sm. état
   engourdi. [mier, etc.
Engrais, sm. pâturage, fu-
Engraisser, v. devenir gras.
Engranger v. mett. en grange
Engravement, sm. état en-
   gravé.
Engraver, v. engager un ba-
   teau dans le sable. [telle.
Engrêlure, sf. point de den-
Engrenage, sm. act. d'
Engrener, v. se dit des roues
   qui s'emboîtent.
Engrumeler, v. se mettre en
   grumeaux. [hardi.
Enhardir, v. (h asp.) rendre
Enharmonique, a. (an-har)
   touche de musique.
Enharnachement, sm. act. d'
Enharnacher v. (h asp.) harn.
Enigmatique, a. d'énigme.
Enigmatiquement, ad.
Enigme sf. définition obscure
Enivrant a. (an-ni) qui eniv.
Enivrement, sm. ivresse.
Enivrer, v. rendre ivre.
Enjambée, sf. espace qu'on
   enjambe. [porte sur 2 vers
Enjambement, sm. sens qui
Enjamber, v. faire un gr. pas
Enjaveler, v. mettre en jav.
Enjeu, sm. mise au jeu.
Enjoindre, v. ordonner.
Enjôler, v. séduire. fa.
Enjôleur, euse, s. qui enjôle
Enjolivement sm. ce qui sert à
Enjoliver, v. rendre joli.
Enjoliveur, sm. qui enjolive.
Enjolivure, sf. petits enjoli-
   vements.

Enjoué, *a.* gai.
Enjouement, *sm.* gaîté douce
Enkiste, *a.* enfermé dans une membrane.
Enlacement, *sm.* act. d'
Enlacer, *v.* passer des lacets, serrer.
Enlaidir, *v.* devenir laid.
Enlèvement *sm.* act. d' [ravir
Enlever, *v.* lever en haut,
Enlier, *v.* joindre les pierres.
Enligner, *v.* mettre en ligne.
Enluminer *v.* colorier. [mine
Enlumineur euse, *s.* qui enlu-
Enluminure, *s.* ornement.
Ennéagone *sm.* fig. à 9 côtés.
Ennemi (*ènne*), *a.* qui hait.
Ennoblir, *v.* rendre noble.
Ennui, *sm.* langueur d'esp.
Ennuyer, *v.* sentir de l'ennui
Ennuyeux euse *a s* qui ennuie
Enoncer, *v.* exprimer.
Enonciatif, ve, *a.* qui énonce
Enonciation, *sf.* act. d'énonc.
Enorgueillir, *v.* (*an-nor*), rendre orgueilleux.
Enorme, *a.* démesuré.
Enormément, *ad.*
Enormité, *sf.* excès, atrocité
Enquérir (*s'*), *v. pr.* s'inform.
Enquête, *sf.* recherche jud.
Enraciner, *v.* prendre racine
Enrager *v.* être saisi de rage
Enrayer, *v.* arrêter la roue.
Enregimenter, *v.* enrôler.
Enregistrement, *sm.* act. d'
Enregistrer, *v.* inscrire.
Enrhumer *v.* causer le rhume
Enrichir, *v.* devenir riche.
Enrichissement. *sm.* ornem.
Enrôlement, *sm.* act. d'
Enrôler, *v.* mettre sur le rôle.
Enrôleur, *sm.* qui enrôle.
Enrouement, *sm.* action d'
Enrouer, *v.* perdre la voix.
Enrouiller, *v.* rendre rouillé.
Enrouler, *v.* rouler. [sable.
Ensablement, *sm.* amas de
Ensacher, *v.* mettre dans un sac. [sang.
Ensanglanter, *v.* couvrir de
Enseigne, *sf.* tableau, drap.
Enseignement, *sm.* act. d'
Enseigner, *v.* instruire.
Ensemble, *ad.* l'un av. l'autre
Ensemencement, *sm.* act. d'
Ensemencer, *v.* semer.
Ensevelir, *v.* envelopper.
Ensorceler, *v.* jeter un sort.
Ensorcellement, *sm.* act. d' ensorceler.
Ensuite, *ad.* après.
Ensuivre (*s'*), *v.* être après.

Entablement, *sm.* haut d'une colonne.
Entacher, *v.* infect., souiller.
Entaille, *sf.* coupure.
Entailler. *v.* creuser.
Entamer, *v.* faire une incis.
Entassement, *sm.* action d'
Entasser, *v.* mettre en tas.
Ente, *sf.* greffe.
Entendement, *sm.* intellig.
Entendre, *v.* ouïr, compr.
Entendu, *a.* habile.
Entente, *sf.* compréhension.
Enter, *v.* greffer, emboîter.
Entériner, *v.* ratifier.
Enterrement, *sm.* inhumat.
Enterrer, *v.* enfouir, inhum.
Entêtement, *sm.* obstination
Entêter, *v.* porter à la tête.
Enthousiasme, *sm.* exaltat.
Enthousiasmer, *v.* charmer.
Enthousiaste, *sm.* admirateur
Enticher, *v.* s'obstiner.
Entier, *s.* et *a.* complot.
Entièrement, *ad.*
Entoiler, *v.* mettre sur toile.
Entomologie, *sf.* hist. natur. des insectes.
Entonner, *v.* verser, chanter
Entonnoir, *sm.* ustensile.
Entorse, *sf.* extens. violente.
Entortillement, *sm.* act. d'
Entortiller, *v.* envelopper, mêler.
Entour (à l'), *ad.* aux envir.
Entourage, *sm.* ce qui ent.
Entourer, *v.* environner.
Entournure, *sf.* haut de la manche.
Entr'accuser (*s'*) *v.* s'accuser les uns les autres.
Entr'aider (*s'*), *v.* s'aider.
Entrailles, *sf. pl.* intestins.
Entraînant, *a.* qui entraîne.
Entraînement, *sm.* act. d'
Entraîner, *v.* mener par la force.
Entraver, *v.* empêcher.
Entraves, *sf. pl.* liens.
Entre, *prép.* de lieu. [quer.
Entre-choquer (*s'*), *v.* se cho-
Entre-colonne—ment, *sm.*
Entre-côte, *sm.* entre les deux côtes.
Entrecouper, *v.* couper.
Entrée, *sf.* action d'entrer.
Entrefaites (sur ces), *sf. pl.*
Entre-frapper (*s'*), *v.* l'un l'autre. [ger.
Entr'égorger (*s'*), *v.* s'égor-
Entrelacer, *v.* enlacer.
Entrelacs, *sm.* (*lâ*), ornem.
Entrelarder, *v.* mêler.

Entre-ligne, *sf.* V. Interligne
Entre-luire, *v.* luire à demi.
Entremêler, *v.* mêler parmi.
Entremets, *sm.* mets.
Entremettre (*s'*), *v.* s'empl.
Entremise, *sf.* médiation.
Entre-nuire (*s'*), *v.* se nuire.
Entreposer, *v.* déposer. *com.*
Entrepôt, *sm.* lieu de dépôt.
Entreprenant, e, *a.* hardi.
Entreprendre, *v.* commencer
Entrepreneur, *sm.* qui entreprend.
Entrepris, *a.* embarrassé.
Entreprise, *sf.* dessein.
Entrer, *v.* de dehors au ded.
Entresol, *sm.* sous le premier étage.
Entretenir, *v.* tenir en état.
Entretien, *sm.* conversation, le nécessaire.
Entretoise, *sf.* pièce de charp.
Entrevoir, *v.* voir un peu.
Entrevue, *sf.* rencontre prév.
Entr'ouïr, *v.* ouïr faiblement.
Entr'ouvrir, *v.* ouvrir un peu.
Enture, *sf.* ente, échelons.
Enumératif, ve, *a.* d'
Enumération, *sf.* action d'
Enumérer, *v.* dénombrer.
Envahissement, *sm.* act. d'
Envahir, *v.* usurper.
Enveloppe, *sf.* ce qui couvre
Envelopper, *v.* entourer.
Envenimer, *v.* courroucer.
Envergure, *sf.* étendue des ailes d'un oiseau.
Envers, *prép.* à l'égard.
Envi (à l'), *ad.* avec émulat.
Envie, *sf.* jalousie, désir.
Envieillir, *v.* rendre vieux.
Envier, *v.* porter envie.
Envieux, se, *a.* qui a envie.
Environ, *ad.* à peu près.
Environner, *v.* entourer.
Envisager, *v.* regarder.
Envoi, *sm.* act. d'envoyer.
Envoiler (*s'*), *v.* se courber.
Envoler (*s'*), *v.* fuir en volant
Envoyer, *v.* faire aller.
Epacte, *sf.* âge de la lune.
Epagneul, *sm.* chien.
Epais, *a.* dense, serré.
Epaisseur, *sf.* profondeur.
Epaississement, *sm.* act. d'
Epaissir, *v.* devenir épais.
Epamprer, *v.* ôter les pampres.
Epanchement, *sm.* effusion.
Epancher, *v.* répandre.
Epanouissement, *sm.* act. d'
Epanouir, *v.* réjouir, s'ouvrir
Epargne, *sf.* économie.

Epargner, *v.* ménager.
Eparpillement, *sm.* act. d'
Eparpiller, *v.* jeter çà et là.
Epars, *a.* dispersé.
Epaté, *a.* camus.
Epaule, *sf.* partie du corps.
Epaulée, *sf.* coup d'épaule.
Epaulement, *sm.* rempart.
Epauler, *v.* aider, mettre en
  joue.
Epaulette, *sf.* gland, frange.
Epée, *sf.* arme offensive.
Epeler, *v.* nommer, assem-
  bler les lettres en syllabes.
Epellation, *sf.* act. d'épeler.
Eperdu, *a.* troublé, surpris.
Eperdûment, *ad.*
Eperon, *sm.* demi-cercle en
  métal armé d'une molette,
  ergot.
Eperonner, *v.* piquer.
Epervier, *sm.* oiseau, filet.
Ephémère, *a.* qui dure peu.
Ephémérides, *sf. pl.* tables
  chronologiques.
Epi, *sm.* tête du blé.
Epice, *sf.* aromate, pain d'
Epicer, *v.* assaisonner.
Epicerie, *sf.* commerce d'
Epicier, *sm.* marchand d'ép.
Epidémie, *sf.* maladie.
Epidémique, *a.* de l'épidém.
Epiderme, *sm.* sur peau.
Epier, *v.* observer.
Epierrer, *v.* ôter les pierres.
Epieu, *sm.* arme de chasse.
Epigastre, *sm.* de l'estomac.
Epigramme, *sf.* poésie.
Epigraphe, *sf.* inscription,
  devise.
Epilepsie, *sf.* mal caduc.
Epiler, *v.* ôter le poil.
Epilogue, *sm.* conclusion.
Epiloguer, *v.* censurer.
Epilogueur, *sm.* qui épilogue
Epinard, *sm.* plante potagère
Epine, *sf.* piquant, embarras
Epinette, *sf.* petit piano.
Epineux, se, *a.* à épines.
Epingle, *sf.* pointe de laiton.
Epinglier, *sm.* qui fait les
  épingles.   [Rois.
Epiphanie, *sf.* le jour des
Epique, *a.* (poème)
Episcopal, *a.* de l'
Episcopat, *sm.* dig. d'évêque
Episode, *sm.* action incid.
Epispastique, *a.* médicament
Epistolaire, *a.* de l'épître.
Epitaphe, *sf.* inscription.
Epithète, *sf.* qualification.
Epitome, *sm.* abrégé.
Epître, *sm.* lettre, discours.

Eploré, *a.* en pleurs.
Epluchement, *sm.* act. d'
Eplucher, *v.* trier, nettoyer.
Epluchure, *sf.* ordure ôtée.
Epointer, *v.* ôter la pointe.
Eponger, *v.* étancher.
Epopée, *sf.* poëme.
Epoque, *sf.* un certain temps
Epoumoner, *v.* fatiguer.
Epousailles, *sf. pl.* mariage.
Epouser, *v.* se marier, s'at-
  tacher.   [sière.
Epousseter, *v.* ôter la pous-
Epoussetoir, *sm.* plumeau.
Epoussette, *sf.* vergette.
Epouvantable, *a.* effrayant.
Epouvantablement, *ad.*
Epouvantails, *sm. pl.* (ails),
  qui épouvante.
Epouvante, *sf.* terreur.
Epouvantement, *sm.* act. d'
Epouvanter, *v.* effrayer.
Epoux, se, *s.* mari, femme.
Eprendre (s'), *v.* se passion.
Epreuve, *sf.* action d'
Eprouver, *v.* essayer, sentir.
Eprouvette, *sf.* sonde, instr.
Epuisable, *a.* qu'on peut
  épuiser.
Epuisement, *sm.* fatigue,
  action d'
Epuiser, *v.* tarir, affaiblir.
Epure, *sf.* dessein en grand.
Epurer, *v.* rendre pur.
Equarrir, *v.* tailler à angles,
  écorcher.
Equarrissage, *sm.* ét. équarri
Equateur, *sm.* (coua), cercle
Equation, *sf.* (coua), égalité.
Equerre, *sf.* angle droit.
Equestre, *a.* (cuès), de chev.
Equiangle, *a.* (cui), angles
  égaux.
Equidistant, *a.* (cui), égale-
  ment éloigné.
Equilatéral, *a.* (cui), à côtés
  égaux.   [égaux.
Equilatère, *a.* (cui), à côtés
Equilibre, *sm.* égal. de poids.
Equinoxe, *sm.* égalité des
  jours aux nuits.
Equinoxial, *a.* de l'équinoxe.
Equipage, *sm.* train, voiture
Equipée, *sf.* act. indiscrète.
Equipement, *sm.* act. d'
Equiper, *v.* pourvoir, habill.
Equipoller, *v.* valoir autant.
Equitable, *a.* qui a de l'équité
Equitablement, *ad.* avec éq.
Equitation, *sf.* (cui), art du
  cavalier.
Equité, *sf.* justice, droiture.
Equivalent, *a.* et *sm.* égal.

Equivaloir, *v.* valoir égalem.
Equivoque, *a.* et *sf.* douteux
Equivoquer, *v.* tromper.
Erafler, *v.* effleurer la peau.
Eraflure, *sf.* lég. écorchure.
Erailler, *v.* égratigner.
Eraillure, *sf.* chose éraillée.
Ere, *sf.* point fixe.
Erection, *sf.* act. d'ériger.
Ereinter, *v.* fouler les reins.
Erémitique, *a.* (vie) d'ermite
Erésipèle, *sm.* maladie.
Ergot, *sm.* ongle de l'oiseau.
Ergoter, *v.* pointiller.
Ergoteur, *sm.* pointilleux. *fa.*
Eriger, *v.* élever, construire.
Ermitage, *sm.* habitat. d'un
Ermite, *sm.* solitaire.
Errata, *sm.* liste des fautes.
Errements, *sm. pl.* voies,
  traces.
Errer, *v.* se tromper, vaguer.
Erreur, *sf.* faute, méprise.
Erroné, *a.* faux.
Erudit, *a.* et *s.* savant.
Erudition, *sf.* vaste savoir.
Eruption, *sf.* sortie subite.
Es, *prép.* dans,
Escabeau, *sm.* belle, *f.* siége
Escadre, *sf.* flotte de guerre.
Escadron, *sm.* troupe à chev.
Escalade, *sf.* action d'
Escalader, *v.* monter, grimp.
Escalier, *sm.* degrés pour
  monter.
Escamoter *v.* faire disparaître
Escamoteur, *sm.* qui escamot.
Escampette, *sf.* s'enfuir.
Escapade, *sf.* échappée.
Escarboucle, *sf.* pierre préc.
Escargot, *sm.* limaçon.
Escarmouche, *sf.* combat.
Escarmoucher, *v.* attaquer.
Escarpement, *sm.* pente.
Escarper, *v.* couper droit.
Escarpin, *sm.* soulier léger.
Escarpolette, *sf.* balançoire.
Escient, *sm.* sciemment.
Esclandre, *sm.* avec scand.
Esclavage, *sm.* état d'esclave
Esclave, *a.* qui a perdu sa li-
Escompte, *sm.* remise. [berté
Escompter, *v.* faire l'escomp.
Escopette, *sf.* arme à feu.
Escorte, *sf.* gens chargés d'
Escorter, *v.* accompagner.
Escouade, *sf.* détachement.
Escourgée, *sf.* fouet.
Escourgeon, *sm.* sorte d'orge
Escrime, *sf.* art d'
Escrimer, *v.* faire des armes.
Escroc, *sm.* fripon.
Escroquer, *v.* voler.

Escroquerie, *sf.* act. d'
Escroqueur, euse, *s.* qui esc.
Espace, *sm.* étendue.
Espacement, *sm.* distance.
Espacer, *v.* séparer. [nêtre.
Espagnolette, *sf.* fer de fe-
Espalier, *sm.* arbre à un mur
Espèce, *sf.* division, genre.
Espérance, *sf.* espoir.
Espérer, *v.* avoir espérance.
Espiègle, *a.* et *s.* éveillé, rusé
Espièglerie, *sf.* act. d'espièg.
Espion, *sm.* celui qui épie.
Espionnage, *sm.* act. d'
Espionner, *v.* épier.
Esplanade, *sf.* lieu aplani.
Espoir, *sm.* espérance.
Esprit, *sm.* intelligence ;
  fluide subtil.
Esquif, *sm.* petit canot.
Esquille, *sf.* fragm. d'os.
Esquinancie, *sf.* inflammat.
Esquisse, *sf.* ébauche.
Esquisser, *v.* faire une esquis.
Esquiver, *v.* éviter adroitem.
Essai, *sm.* expérience.
Essaim, *sm.* volée d'abeilles
Essarter, *v.* défricher.
Essayer, *v.* éprouver, tenter.
Essence, *sf.* nature d'une
  chose, huile, etc.
Essentiel, *a.* (ci), d'essence,
  important.
Essentiellement, *ad.* [roues.
Essieu, *sm.* qui traverse les
Essor, *sm.* s'envol. fort haut.
Essorer, *v.* faire sécher.
Essouffler, *v.* hors d'haleine.
Essuie-main, *sm.* linge.
Essuyer, *v.* sécher, subir.
Est, *sm.* (t), le Levant.
Estafette, *sf.* courrier.
Estafier, *sm.* valet armé.
Estafilade, *sf.* balafre.
Estaminet, *sm.* cabaret.
Estampe, *sf.* image.
Estamper, *v.* faire empreinte
Estampille, *sf.* sceau, cachet
Estampiller, *v.* marquer.
Estimable, *a.* digne d'estim.
Estimateur, *sm.* qui estime.
Estimatif, *a.* qu'on estime.
Estimation, *sf.* évalnation.
Estime, *sf.* cas que l'on fait.
Estimer, *v.* priser, croire.
Estomac, *sm.* (ma), organe.
Estompe, *sf.* peau roulée.
Estomper, *v.* étend. le trait.
Estrade, *sf.* lieu élevé.
Estropier, *v.* blesser, mutil.
Et, *conj.* qui sert à lier.
Et cœtera, *sm.* (céé), et autr.
Etable, *sf.* écurie.

Etabli, *sm.* table d'artisan.
Etablissement, *sm.* act. d'
Etablir, *v.* fixer, créer.
Etage, *sm.* espace entre deux
  planchers.
Etai, *sm.* soutien, appui.
Etaim, *sm.* laine.
Etain, *sm.* métal blanc.
Etal, *sm.* aux, boutique de
  boucher.
Etalage, *sm.* act. d'
Etaler, *v.* exposer en vente.
Etalon, *sm.* cheval entier,
  modèle.
Etalonner, *v.* marq. les poids.
Etamer, *v.* enduire d'étain.
Etameur, *sm.* qui étame.
Etamine, *sf.* passoire.
Etamure, *sf.* étain.
Etanchement, *sm.* act. d'
Etancher, *v.* arrêter.
Etançon, *sm.* étai, appui.
Etançonner, *v.* étayer, appuy.
Etang, *sm.* (an) amas d'eau.
Etape, *sf.* dépôt; station mil.
Etat, *sm.* situation, nation,
  profession.
Etau, *sm.* inst. pour serrer.
Etayer, *v.* appuyer.
Eté, *sm.* sais. la plus chaude.
Eteignoir, *sm.* pour éteindre
Eteindre, *v.* étouffer le feu.
Etendard, *sm.* drapeau.
Etendre, *v.* allonger.
Etendue, *sf.* dimension.
Eternel, le, *a.* sans fin.
Eternellement, *ad.*
Eterniser, *v.* rendre éternel.
Eternité, *sf.* durée sans fin.
Eternuer, *v.* faire un
Eternuement, *sm.* effort de
  muscle.
Etêter, *v.* ôter la tête.
Eteule, *sf.* chaume sur pied.
Ether, *sm.* liqueur subtile.
Ethique, *sf.* saine morale.
Etincellement, *sm.* action d'
Etinceler, *v.* éclats de lum.
Etincelle, *sf.* parcelle de feu.
Etioler (s'), *v.* s'altérer.
Etique, *a.* maigre, décharné.
Etiqueter, *v.* mettre une
Etiquette, *sf.* écriteau.
Etirer, *v.* allonger.
Etisie, *sf.* phthisie; maladie.
Etoffe, *sf.* tissu.
Etoffer, *v.* mettre de l'étoffe.
Etoile, *sf.* astre, astérisque.
Etoiler (s'), *v.* semer d'étoil.
Etole, *sf.* ornement de prêt.
Etonnamment, *ad.*
Etonnement, *sm.* surprise.
Etonner, *v.* surprendre.

Etouffement, *sm.* action d'
Etouffer, *v.* suffoquer.
Etouffoir, *sm.* qui étouffe.
Etoupe, *sf.* rebut de filasse.
Etouper, *v.* mett. de l'étoup.
Etourderie, *sf.* act. d'
Etourdir, *v.* troubler, im-
  portuner.
Etourdissement, *sm.* trouble.
Etourneau, *sm.* oiseau.
Etrange, *a.* contre l'usage.
Etrangement, *ad.*
Etranger, *a.* sans rapport,
  d'autre pays,
Etrangler, *v.* tuer en serrant.
Etre, *v. auxil.* exister, *sm.*
  ce qui est.
Etrécir, *v.* rendre étroit.
Etrécissement, *sm.* action
  d'étrécir.
Etreindre, *v.* resserrer.
Etreinte, *sf.* serrement.
Etrenne, *sf.* présent au 1er
  de l'an; 1er usage; 1re re-
  cette.
Etrenner, *v.* donner ou rece-
  voir l'étrenne.
Etrille, *sf.* instrum. pour
Etriller, *v.* frotter, battre.
Etriper, *v.* ôter les tripes.
Etrivière, *sf.* courroie.
Etroit, *a.* qui a peu de larg.
Etroitement, *ad.*
Etronçonner, *v.* étêter.
Etude, *sf.* act. d'étudier.
Etudiant, *sm.* qui étudie. [dre.
Etudier, *v.* méditer, appren-
Etui, *sm.* boîte, gaine.
Etuve, *sf.* lieu chauffé.
Etuvée, *sf.* sorte de ragoût.
Etymologie, *sf.* origine d'un
  mot.
Etymologique, *a.* d'étymolog.
Eucharistie, *sf.* (ca) sacrem.
Eucharistique, *a.* de l'euch.
Eucologe, *sm.* liv. de prièr.
Eulogies, *sf. pl.* choses bén.
Euphonie, *sf.* douceur de son
Euphonique, *a.* de l'euphon.
Européen, *a.* et *s.* d'Europe.
Eux, *pl. m.* pronom. pers.
Evacuation, *sf.* action d'
Evacuer, *v.* vider, sortir.
Evader (s'), *v.* s'échapper.
Evagation, *sf.* distraction.
Evaluation, *sf.* action d'
Evaluer, *v.* apprécier la val.
Evangélique, *a.* de l'évang.
Evangéliquement, *ad.*
Evangéliser, *v.* prêcher.
Evangéliste, *sm.* écriv. sacré.
Evangile, *sm.* loi de J.-C.
Evanouissement, *sm.* act. d'

Evanouir (s'), v. défaillir.
Evaporation, sf. act. d'
Evaporer (s'), v. réduire en vapeur.
Evasement, sm. état évasé.
Evaser, v. élargir l'ouvert.
Evasif, ve, a. éluder.
Evasion, sf. act. de s'évader.
Evêché, sm. diocèse d'évêq.
Eveil, sm. avis intéress. fa.
Eveiller, v. tirer du somm.
Evénement, sm. issue, fait.
Eventail, sm. instrument pour éventer.
Eventer, v. donner de l'air.
Eventrer, v. fendre le ventre.
Eventuel, le, a. incertain.
Eventuellement, ad.
Evêque, sm. prélat.
Evertuer (s'), v. s'efforcer.
Evidemment, ad. (da).
Evidence, sf. qui est évident.
Evident, a. manifeste, clair.
Evider, v. échancrer.
Evier, sm. égout de cuisine.
Evincer, v. déposséder.
Evitable, a. qu'on peut évit.
Eviter, v. fuir, esquiver.
Evocable, a. qu'on peut évoquer.
Evocation, sf. act. d'évoquer.
Evolution, sf. mouvement.
Evoquer, v. appeler.
Ex, prép. ci-devant, qui a été
Exact, a. (t), ponctuel.
Exactement, ad.
Exacteur, sm. auteur d'
Exaction, sf. injustice.
Exactitude, sf. soin, justesse
Exagératif, ve, a. qui exag.
Exagération, sf. act. d'
Exagérer, v. outrer.
Exaltation, sf. élévation.
Exalter, v. vanter, transport.
Examen, sm. (en) recherche.
Examiner, v. faire l'examen.
Exarchat, sm. (ca) territoir.
Exaspération, sf. act. d'
Exaspérer, v. irriter à l'exc.
Exaucer, v. accorder.
Excavation, sf. creux.
Excédant, a. et sm. le surpl.
Excéder, v. outrepasser.
Excellemment, ad.
Excellence, sf. perfection.
Excellent, a. qui excelle.
Excellentissime, a. très-exc.
Exceller, v. surpasser.
Excentricité, sf. t. d'astron.
Excentrique, a. contre commun, inusité.
Excepter, v. mettre en deh.
Exception, sf. act. d'except.

Excès, sm. ce qui dépasse.
Excessif, ve, a. qui excède.
Excessivement, ad.
Excitatif, ve, a. qui excite.
Excitation, sf. act. d'
Exciter, v. provoquer.
Exclamation, sf. cri.
Exclure, v. écarter, expulser
Exclusif, ve, a. et sm. qui exclut.
Exclusion, sf. act. d'exclure.
Exclusivement, ad.
Excommunication, sf. act. d'
Excommunier, v. retrancher
Excoriation, sf. écorchure.
Excrément, sm. ordures.
Excroissance, sf. tumeur.
Excursion, sf. course.
Excusable, a. digne d'excuse
Excuse, sf. pardon. [ner.
Excuser, v. disculp., pardon-
Exécrable, a. détestable.
Exécration, sf. horreur.
Exécrer, v. détester.
Exécuter, v. effectuer.
Exécuteur, trice, v. qui exéc.
Exécutif, ve, a. qu'on exéc.
Exécution, sf. act. d'exécut.
Exemplaire, a. d'exemple.
Exemplairement, ad.
Exemple, sm. modèle.
Exempt, a. dispensé.
Exempter, v. dispenser.
Exemption, sf. (zanp), act. d'exempter.
Exercer, v. inst., pratiquer.
Exercice, sm. act. d'exercer.
Exhalaison, sf ce qui s'exhale
Exhalation, sf. act. d'
Exhaler, v. manifester, s'évaporer.
Exhaussement, sm. act. d'
Exhausser, v. remonter.
Exhiber, v. produire.
Exhibition, sf. act. d'exhiber.
Exhortation, sf. disc. pour
Exhorter, v. exciter au bien.
Exhumation, sf. act. d'
Exhumer, v. déter. un mort.
Exigeant, e, a. qui exige.
Exigence, sf. besoin, condit.
Exiger, v. demander.
Exigible, a. qu'on peut exig.
Exigu, ë, a. petit, modique.
Exiguité, sf. petitesse.
Exil, sm. bannissement.
Exiler, v. bannir.
Existant, a. qui existe.
Existence, sf. état d'
Exister, v. être, vivre.
Exorable, a. qu'on peut fléch.
Exorbitant, a. excessif.
Exorciser, v. chasser le dém.

Exorcisme, sm. act. d'exorc.
Exorciste, sm. qui exorcise.
Exorde, sm. 1re partie d'un discours.
Expansible, a. affectueux.
Expansif, ve, a. qui s'épanc.
Expansion, sf. affection, dilatation. [patrie.
Expatrier, (s'), v. quitter sa
Expectatif, ve, a. qui attend.
Expectative, sf. espérance.
Expectorant, a. et s. médicament.
Expectorer, v. cracher.
Expédient, sm. moyen.
Expédier, v. finir, envoyer, copier.
Expéditeur, s. qui expédie.
Expéditif, ve, a. qui expéd.
Expédition, sf. act. d'expéd.
Expéditionnaire, a. et sm. copiste.
Expérience, sf. épreuve.
Expérimental, a. d'expérien.
Expérimenter, v. éprouver.
Expert, a. et sm. habitué à
Expertise, sf. acte d'expert.
Expiation, sf. act. d'expier.
Expiatoire, a. qui expie.
Expier, v. réparer une faute.
Expiration, sf. act. d'
Expirer, v. mourir, finir.
Explétif, ve, a. mot surab.
Explicatif, ve, a. qui éclaire.
Explication, sf. éclaircissem.
Explicite, a. distinct, form.
Explicitement, ad.
Explicable, a. qu'on peut
Expliquer, v. éclaircir.
Exploit, sm. act. d'écl. acte.
Exploitation, sf. act. d'
Exploiter, v. faire valoir.
Explorer, v. examiner.
Explosion, sf. détonation.
Exportation, sf. act. d'
Exporter, v. transporter.
Exposer, v. en vue, en péril.
Exposition, sf. act. d'exposer.
Exprès, a. formel, s. courr.
Expressément, ad.
Expressif, ve, a. qui a de l'
Expression, sf. act., terme.
Exprimable, a. qu'on expr.
Exprimer, v. dire, presser.
Expropriation, sf. act. d'
Exproprier, v. ôter la propr.
Expulsion, sf. act. d'
Expulser, v. chasser.
Expulsif, ve, a. qui expulse.
Exquis, a. excellent.
Extase, sf. ravissem. d'esprit
Extasier, (s'), v. ravir.
Extatique, a. d'extase.

Extensible, *a.* d'
Extension, *sf.* qui s'étend.
Exténuation, *sf.* act. d'
Exténuer, *v.* affaiblir.
Extérieur, *a.* du dehors.
Extérieurement, *ad.*
Exterminateur, *a. et s.* qui extermine.
Extermination. *sf.* act. d'
Exterminer, *v.* tuer, détruire
Externe, *a. et s.* du dehors.
Extinction, *sf.* act. d'éteind.

Extirpation, *sf.* act. d'
Extirper, *v.* déraciner, détruire.
Extorquer, *v.* obtenir par for.
Extorsion, *sf.* act. d'extorq.
Extraction, *sf.* origine, act. d'
Extraire, *v.* faire l'extrait.
Extrait, *sm.* ce qu'on tire.
Extrajudiciaire, *a.* hors de formes.
Extraordinaire, *a.* rare.
Extraordinairement, *ad.*

Extravagance, *sf.* folie.
Extravagant, *a. et s.* fou.
Extravaguer, *v.* perdre la raison.
Extravasation, *sf.* act. d'
Extravaser (s'), *v.* s'épanch.
Extrême, *a.* excessif.
Extrême-Onction, *sf.* sacr.
Extrêmement, *ad.*
Extrémité, *sf.* bout, fin.
Exubérance, *sf.* surabond.
Ex-voto. *sm.* offrande votive.

F

F, *sm.* 6ᵉ lettre, consonne.
Fa, *sm.* note de musique.
Fable, *sf.* fiction, apologue.
Fabricant, *sm.* qui fabrique.
Fabrication, *sf.* act. de fabr.
Fabricien, *sm.* marguiller.
Fabrique, *sf.* façon, manufacture, concern. l'Église.
Fabriquer, *v.* façonner, faire
Fabuleusement, *ad.*
Fabuleux, se, *a.* feint.
Fabuliste, *sm.* conteur.
Façade, *sf.* face d'un édifice.
Face, *sf.* visage, façade.
Facétie, *sf.* (cie), plaisanter.
Facétieusement, *ad.*
Facétieux, se, *a. et s.* plais.
Facette, *sf.* petite face.
Fâcher, *v.* mettre en colère.
Fâcherie, *sf.* chagrin, dépl.
Fâcheux, se, *a.* qui chagrine
Facile, *a.* aisé, complaisant.
Facilement, *ad.*
Facilité, *sf.* manière aisée.
Faciliter, *v.* rendre facile.
Façon, *sf.* manière, travail.
Façonner, *v.* former.
Façonnier, ère, *a.* à façons.
Fac-simile, *sm.* imitation.
Facteur, *sm.* faiseur, préposé
Factice, *a.* artificiel.
Factieux, se, *a. et s.* insurgé
Faction, *sf.* guet, parti.
Factionnaire, *sm.* sentinelle.
Factotum, *sm.* qui se mêle de tout.
Factum, *sm.* mémoire.
Facture, *sf.* note, mémoire.
Facultatif, ve, *a.* à volonté.
Faculté, *sf.* puiss., moyen.
Fadaise, *sf.* niaiserie.
Fade, *a.* insipide, sans goût.
Fadeur, *sf.* qualité fade.
Fagot, *sm.* faisceau de bois.
Fagotage, *sm.* act. de
Fagoter, *v.* mettre en fagots.
Fagoteur, *sm.* qui fagotte.

Faible, *a.* sans force.
Faiblement, *ad.* avec faibl.
Faiblesse, *sf.* défaillance.
Faiblir, *v.* perdre sa force.
Faïencerie, *sf.* manufact. de
Faïence, *sf.* sorte de poterie
Faïencier, *sm.* potier en faïence.
Failli, *sm.* qui a fait faillite.
Faillibilité, *sf.* d'erreur.
Faillible, *a.* exposé à l'erreur
Faillir, *v.* se tromper, faire
Faillite, *sf.* banqueroute.
Faim, *sf.* besoin de manger.
Faine, *sf.* fruit du hêtre.
Fainéant, *a. et s.* paresseux.
Fainéanter, *v.* ne rien faire.
Fainéantise, *sf.* paresse.
Faire, *v.* fabriquer, exécuter
Faisable, *a.* qu'on peut faire
Faisan, *sm.* oiseau.
Faisceau, *sm.* amas.
Faiseur, euse, *s.* qui fait.
Fait, *sm.* action, ce qui est.
Faîtage, *sm.* pièce de bois.
Faîte, *sm.* comble d'un édif.
Faîtière, *sf.* tuile cuite.
Faix, *sm.* fardeau.
Falaise, *sf.* côte escarpée.
Falbala, *sm.* bande d'étoffe.
Fallacieux, se, *a.* trompeur.
Falloir, *v.* être de nécessité.
Fallot, *sm.* lanterne.
Falourde, *sf.* gros fagot.
Falsificateur, *sm.* qui falsifie
Falsification, *sf.* action de
Falsifier, *v.* altérer, contrefaire.
Famé, *a.* en réputation.
Famélique, *a. et s.* qui a faim.
Fameux, se, *a.* renommé.
Familiariser (se), *v.* s'habit.
Familiarité, *sf.* privautés.
Familier, ère, *a. et s.* intime.
Familièrement, *ad.*
Famille, *sf.* race, parents.

Famine, *sf.* disette de vivres
Fanaison, *sf.* temps de faner
Fanal, *sm.* lanterne au mât.
Fanatique, *s.* passionné, ex.
Fanatiser, *v.* rendre fanatiq.
Fanatisme, *sm.* zèle du fan.
Fane, *sf.* feuille de la plante
Faner, *v.* étaler l'herbe, flétrir.
Faneur, euse, *s.* qui fane.
Fanfare, *sf.* musique de cui-
Fanfaron, *s.* faux brave. [vre.
Fanfaronnade, *sf.* vanterie.
Fanfreluche, *sf.* frivolité.
Fange, *sf.* crotte, boue.
Fangeux, se, *a.* plein de boue.
Fanon, *sm.* os de la baleine.
Fantaisie, *sf.* imagination.
Fantasmagorie, *sf.* spectacle
Fantasque, *a.* capricieux.
Fantassin, *sm.* soldat à pied.
Fantastique, *a.* chimérique.
Fantôme, *sm.* spectre.
Faon, *sm.* (fan), petit de la biche.
Faquin, *sm.* homme de rien.
Faquinerie, *sf.* act. de faquin
Farce, *sf.* hachis, bouffonn.
Farceur, *sm.* bouffon.
Farcir, *v.* remplir de farce.
Fard, *sm.* faux ornement.
Fardeau, *sm.* charge, faix.
Farder, *v.* déguiser.
Farfadet, *sm.* lutin.
Farfouiller, *v.* fouiller.
Faribole, *sf.* chose friv. fa.
Farine, *sf.* grain moulu.
Farineux, se, *a.* de farine.
Farinier, *sm.* md de farine.
Farouche, *a.* sauvage, rude.
Fascination, *sf.* charme.
Fascine, *sf.* fagot de branch.
Fasciner, *v.* ensorceler, fig.
Faste, *sm.* ostentation.
Fastidieusement, *ad.*
Fastidieux, se, *a.* ennuyeux.

Fastueusement, ad.
Fastueux, se, a. qui a du faste
Fat, s. et am. (t), impertin.
Fatal, a. sans pl. m. funeste
Fatalement. ad. par fatalité
Fatalisme, sm. doctrine du
Fataliste, sm. qui croit à la fatalité.
Fatalité, sf. destin inévitable
Fatigant, a. qui fatigue.
Fatigue, sf. travail, lassitude
Fatiguer, v. lasser.
Fatras, sm. amas confus.
Faubourg, sm. dehors de [ville.
Fauchage, sm. act. de
Faucher, v. couper l'herbe.
Faucheur, sm. qui fauche.
Faucille, sf. instrument.
Faucon, sm. oiseau de proie
Faufiler, v. mal coudre.
Faussaire, sm. faux.
Faussement, ad. avec fauss.
Fausser, v. courber, enfreindre. [voix.
Fausset, sm. brochette,
Fausseté, sf. mensonge.
Faute, sf. manquement.
Fauteuil, sm. chaise à bras.
Fauteur, trice, a. complice.
Fautif, ve, a. ayant des fautes
Fauve, a. roussâtre.
Fauvette, sf. petit oiseau.
Faux, sf. instrum. tranchant
Faux, fausse, a. et s. non vrai. [vus.
Faux-frais, sm. frais impré-
Faux-fuyant sf. défaite.
Faux-titre, sm. premier titre d'un livre.
Faveur, sf. grâce, bienfait.
Favorable, a. propice.
Favorablement, ad.
Favori, te, s. qui plaît.
Favoriser, v. protéger.
Fébrifuge, sm. cont. la fièvre
Fébrile, a. de la fièvre.
Fécale, a. excréments.
Fécond, a. productif, fertile.
Féconder, v. rendre fécond.
Fécondité, sf. production.
Fécule, sf. farine.
Féculent, a. chargé de lin.
Fédératif, ve, a. de
Fédération, sf. alliance.
Fée, sf. divinité imaginaire.
Feindre, v. simuler.
Feinte, sf. dissimulation.
Fêler, v. fendre un verre.
Félicitation, sf. compliment.
Félicité, sf. état heureux.
Féliciter, v. complimenter.
Félon, a. traître, rebelle.
Félonie sf. rébellion.

Fêlure, sf. fente.
Femelle, sf. anim. qui conç.
Féminin, a. de femme.
Femme, sf. (fame), épouse.
Femmelette, sf. moux.
Fémur, sm. os de la cuisse.
Fenaison, sf. coupe de foins.
Fendre, v. couper, diviser.
Fenêtre, sf. ouverture.
Fenouil, sm. plante aromat.
Fente, sf. ouverture en long.
Féodal, a. aux, pl. des fiefs.
Féodalité, sf. qualité du fief.
Fer, sm. (èr) métal, outil.
Fer-blanc, sm. tôle étamée.
Ferblantier, sm. ouvrier.
Férie, sf. jour de la semaine.
Férir, v. frapper.
Fermage, sm. loyer.
Ferme, a. qui tient fixement.
Ferme, sf. métairie.
Fermement, ad.
Ferment, sm. levain. [mente.
Fermentatif, ve, a. qui fer-
Fermentation, sf. act. de
Fermenter, v. s'agiter, s'aig.
Fermer, v. clore, boucher.
Fermeté, sf. état ferme.
Fermeture, sf. ce qui ferme.
Fermier, ière, s. qui tient une ferme.
Féroce, a. cruel, dur.
Férocité, sf. cruauté.
Ferraille, sf. vieux fer.
Ferrailler, v faire un cliquetis
Ferrant, am. (maréchal).
Ferrer, v. garnir de fer.
Ferrugineux, se, a. de fer.
Ferrure, sf. garniture de fer.
Fertile, a. fécond, productif.
Fertilement, ad. avec fertil.
Fertilisation, sf. action de
Fertiliser, v. rendre fertile.
Fertilité, sf. qualité fertile.
Férule, sf. palette.
Fervemment, ad. (va).
Fervent, a. qui a de la ferv.
Ferveur, sf. ardeur, zèle.
Fosse, sf. bas du dos.
Fossée, sf. coups sur les fes.
Fosse-mathieu, sm. avare.
Fesser, v. fouetter, fam.
Fesseur, euse, s. qui fouette.
Festin, sm. banquet.
Festiner, v. faire festin, fa.
Feston, sm. guirlande.
Festonner, v. orner de feston
Fête, sf. jour saint, de ré- jouissance.
Fêter, v. faire fête.
Fétiche, sm. idole.
Fétichisme, sm. idolâtrie.
Fétide, a. infect.

Fétidité, sf. mauvaise odeur.
Fétu, sm. brin de paille.
Feu, sm. lumière, fluide.
Feu, feue, a. défunt.
Feudataire, s. vassal.
Feuillage, sm. de feuilles.
Feuillaison, sf. pousse des feuilles.
Feuille, sf. lame mince, partie des plantes.
Feuillet, sm. petite feuille de pap., 2 pages.
Feuilleter, v. chercher.
Feuilleton, sm. partie de journal.
Feuillette, sf. petit tonneau.
Feuillure, sf. entaille.
Feutrage, sm act. de feutrer.
Feutrer, v. remplir de bourre
Fève, sf. légume.
Février, sm. deuxième mois.
Fil int. de mépris.
Fiacre, sm. carrosse de place
Fiançailles, sf. promesses de mariage.
Fiancer, v. prom. mariage.
Fibre, sf. filament.
Ficeler, v. lier.
Ficelle, sf. petite corde.
Fiche, sf. cheville, marque.
Ficher, v. faire entrer.
Fichu, sm sorte de mouchoir
Fictif, ve, a. feint, supposé.
Fiction, sf. invention.
Fidèle, a. et s. exact.
Fidèlement, ad.
Fidélité, sf. foi, exactitude.
Fief, sm. domaine noble.
Fieffé, a. à l'excès.
Fiel, sm. bile, fig. haine.
Fiente, sf. excréments.
Fier (se), v. avoir confiance.
Fier, ère, a. (ère), hautain.
Fier-à-bras, sm. fanfaron.
Fièrement, ad.
Fierté, sf. hauteur.
Fièvre, sf. maladie.
Fiévreux, se, a. de la fièvre.
Fifre, sm. sorte de flûte.
Figement, sm. act. de
Figer, v. congeler.
Figue, sf. fruit du figuier.
Figuier, sm. arbre fruitier.
Figure, sf. visage.
Figurément, ad. allégoriq.
Figurer, v. représenter.
Figurine, sf. statuette.
Figurisme, sm. opinion.
Figuriste, sm. sculpteur.
Fil, sm. brin délié de lin.
Filage, sm. manière de filer.
Filament, sm. filet délié.
Filandres, sf. pl. filaments.

Filasse, sf. filaments de lin.
Filassier, ère, s. md de fil.
Filateur, sm. chef de filature.
Filature, sf. lieu où l'on file.
File, sf. rangée.
Filer, v. faire du fil.
Filet, sm. petit fil, rêts.
Fileur, euse, s. qui file.
Filial, e, a. du devoir de l'enf.
Filialement, ad.
Filiation, sf. descendance.
Filière, sf. outil pour filer.
Fille, sf. jeune personne.
Fillette, sf. petite fille, fa.
Filleul, sm. qu'on tient sur les fonts de baptême.
Filon, sm. veine de métal.
Filoselle, sf. grosse soie.
Filou, sm. fripon.
Fils, sm. (fis), enfant mâle.
Filtration, sm. act. de filtrer.
Filtre, sm. ce qui sert à filtr.
Filtrer, v. clarifier.
Fin, sf. terme, mort, but.
Final, e, a. qui finit.
Finalement, ad.
Finance, sf. argent comptant
Financer, v. payer.
Financier, s. banquier.
Finasser, v user de finesse.
Finaud, a. et s. rusé, fa.
Finement, ad. avec finesse.
Finesse, sf. qualité de fin.
Fini, a. limité, parfait.
Finir, v. achever, cesser.
Fiole, sf. petite bouteille.
Firmament, sm. le ciel.
Fisc, sm. trésor public.
Fiscal, a. du fisc.
Fixation, sf. act. de fixer.
Fixe, a. invariable.
Fixement, ad.
Fixer, v. arrêter, détermin.
Fixité, sf. état fixe.
Flacon sm. sorte de bouteille
Flagellation, sf. act. de
Flageller, v. fouetter, frap.
Flageolet, sm. petite flûte.
Flagorner, v. flatter bassem.
Flagornerie, sf. flatterie bas.
Flagorneur, euse s. qui flag.
Flagrant, a. pris sur le fait.
Flairer, v. sentir par l'odorat.
Flambant, a. qui flambe.
Flambeau, sm. bougie, chandelier.
Flamber, v. jeter de la flam.
Flamberge, sf. épée.
Flamboyer, v. briller.
Flamme, sf. élevat. du feu.
Flan, sm. tarte, métal rond.
Flanc, sm. côté, ventre.
Flandrin, sm. élancé, fa.

Flanelle, sf. étoffe de laine.
Flâner, v. niaiser. fa.
Flâneur, euse, s. qui flâne.
Flanquer, v. défendre, jeter.
Flasque, a. mou et sans force
Flatter, v. louer à l'excès.
Flatterie, sf. louange outrée.
Flatteur, se a. et s. qui flatte
Flatteusement, ad.
Fléau, sm. vengeance du ciel
Flèche sf. trait qui se décoche
Fléchir, v. ployer, attendrir.
Flegmatique, a. froid.
Flegme, sm. sang-froid.
Flétrir, v. ôter la fraîcheur.
Flétrissure, sf. état flétri.
Fleur, sf. partie d'une plante
Fleurer, v. exhaler.
Fleuret, sm. épée sans pointe
Fleurer, v. être en fleur.
Fleuriste, smf. marc. fabriq. de fleurs
Fleuron, sm. ornement.
Fleuve, sm. grosse rivière.
Flexibilité, sf. qualité flexible
Flexible, a. souple, aisé.
Flibustier, sm. pirate.
Flocon, sm. petite touffe.
Floraux, a. pl. (jeux).
Florin, sm. monnaie.
Florissant, a. en honneur.
Flot, sm. eau agitée.
Flottable, a. où l'on peut flot.
Flottage, sm. faire flotter du bois.
Flottant, a. irrésolu.   [bois.
Flotte, sf. vaisseaux réunis.
Flottement, sm. ondulation.
Flotter v. sur l'eau, être agité
Flottille, sf. petite flotte.
Fluctuation, sf. variation.
Fluctueux, se, a. agité.
Fluet, ette, a. mince, délicat
Fluide, a. et sm. liquide.
Fluidité, sf. qualité fluide.
Flûte, sf. inst. à vent.
Flûté, a. (voix) douce.
Flûter, v. jouer de la flûte.
Flux, sm. mouv. de la mer.
Fluxion, sf. enflure.
Foi, sf. dogme, croyance.
Foie, sm. viscère du ventre.
Foin, sm. herbe des prés.
Foire, sf. marché public.
Fois, sf. désigne le nombre.
Foison, sf. abondance.
Foisonner, v. abonder.
Fol ou Fou, Folle, a. badin.
Folâtre, a. badin.
Folâtrer, v. badiner.
Folâtrerie, sf. badinage.
Folie, sf. démence.
Folio sm. numéro d'une page
Follement, ad.

Follet, a. duvet, lutin.
Follicule, sf. enveloppe.
Fomentation, sf. remède.
Fomenter, v. entretenir.
Foncer, v. mettre un fond.
Foncier ère a. de biens fonds
Fonction, sf. emploi, action
Fonctionnaire, sm. officier.
Fonctionner, v. agir.
Fond, sm. le plus bas.
Fondamental, a. de fondem.
Fondant, a. qui fond.
Fondateur trice, s. qui fonde
Fondation, sf. act. de fonder.
Fondé (de pouvoir), a. et m.
Fondement, sm. anus, base.
Fonder, v. baser, établir.
Fonderie sf. lieu où l'on fond
Fondeur, sm. qui fond.
Fondre, v. liquéfier, mêler.
Fondrière, sf. marécage.
Fonds, sm. sol, argent.
Fontaine, sf. source, vase.
Fonte, sf. act. de fondre.
Fonts, sm. pl. vaisseau pour baptiser.
For, sm. (intérieur) consc.
Forage, sm. percement.
Forain, e, a. du dehors.
Forçat, sm. galérien.
Force, sf. vigueur, puissance
Forcément, ad. par force.
Forcené, a. et s. furieux.
Forcer, v. contraindre.
Forer, v. percer.
Forestier, a. des forêts.
Foret sm. instrum. pour forer
Forêt, sf. grand bois.
Forfait, sm. crime, marché.
Forfaiture, sf. prévarication.
Forge, sf. lieu où l'on forge.
Forger, v. travailler le fer
Forgeur, sm. forgeron.
Forgeron, sm. qui forge.
Formaliser (se), v. s'offenser
Formalité, sf. formule.
Format, sm. dimension.
Formation, sf. act. de former
Forme, sf. façon, modèle.
Formel, le, a. exprès.
Formellement, ad.
Former, v. donner forme.
Formicant, sm. pouls faible.
Formidable, a. à craindre.
Formulaire, sm. de formule.
Formule, sf. modèle, recette
Formuler, v. rédiger.
Fornication, sm. crime.
Fors, prép. hormis, v.
Fort, sm. solide, citadelle.
Fortement, ad. avec force.
Forteresse, sf. lieu fortifié.
Fortification, sf. rempart.

Fortifier, v. rendre fort.
Fortuit, a. par hasard.
Fortuitement, ad.
Fortune, sf. hasard, richesse
Fortuné, a. heureux.
Forum sm (om) place publiq.
Fosse, sf. creux en terre.
Fossé, sm. fosse en long.
Fossette, sf. petite fosse.
Fossile, a. et s. minéral.
Fossoyeur, v. clore de fossés
Fossoyer, sm. qui fait les
Fou, a. aliéné.   [fosses.
Foudre, sf. feu du ciel, grand
    tonneau.
Foudroyer, v. frapper de la
Fouet sm. cordelette. [foudre
Fouetter, v. donner le fouet.
Fougère, sf. plante.
Fougue, sf. mouvem. viol.
Fougueux, se, a. violent.
Fouille, sf. action de
Fouiller, v. creuser, sonder.
Fouine sf. petit quadrupède.
Fouir, v. creuser (la terre).
Foule, sf. presse, multitude.
Fouler, v. presser, opprimer
Foulerie, sf. où l'on foule.
Foulon, sm. qui foule.
Foulure sf, contusion. [cuit.
Four, sm. lieu voûté, où l'on
Fourbe, a. et s. trompeur.
Fourberie, sf. tromperie.
Fourbir, v. polir.   [à dents.
Fourche, sf. instrument
Fourchette, sf. inst. de table
Fourgon, sm. chariot.
Fourgonner v. remuer le feu
Fourmi, sf. insecte.   [mis.
Fourmilière sf. gîte des four-
Fourmiller, v. abonder.
Fournaise, sf. grand four.
Fourneau sm. vaiss. p. le feu
Fournée sf. contenu d'un four
Fournil sm (ni) où est le four
Fournir, v. pourvoir, garnir.
Fournisseur, sm. qui fournit
Fourniture sf. provision [bêt.
Fourrage sm. nourriture des
Fourrager, v. couper, ravag.
Fourreau, sm. gaîne, robe.
Fourré, sm. lieu boisé.
Fourrer, v. introduire.
Fourreur, sm. pelletier.
Fourrier, sm. sous-officier.
Fourrure sf. doublure en poil
Fourvoyer. v. égarer.
Foyer, sm. âtre, chauffoir.
Frac, sm. habit.
Fracas, sm. bruit, tumulte.
Fracasser, v. rompre.
Fraction, sf. part. de l'unité.
Fractionnaire, a. de fract.

Fracture, sf. rupture.
Fracturé, a. (os) rompu.
Fracturer, v. rompre.
Fragile, a. aisé à se détruire.
Fragilité, sf. qualité fragile.
Fragment, sm. morceau.
Frai, sm. petits poissons.
Fraîchement, ad.
Fraîcheur, sf. frais, humide.
Frais, Fraîche, a. récent.
Fraise, sf. fruit, collet plissé.
Fraiser, v. plisser, garnir.
Fraisette, sf. petite fraise.
Fraisier, sm. plante.
Framboise, sf. fruit.
Framboisier, sm. arbrisseau
Franc, che, a. libre, exempt
Français, a. et s. de France
Franchement, ad.
Franchir, v. sauter, passer.
Franchise, sf. sincérité.
Franciser, v. rendre en
    Français. [dire sa pensée.
Franc-parler, sm. liberté de
Frange, sf. tissu effilé.
Franger, v. garnir de frange
Franquette (à la bonne), loc.
    ad. sans façon.
Frapper, v. donner un coup.
Fraternel, a. de frère.
Fraternellement, ad.
Fraterniser, v. vivre en frèr.
Fraternité, sf. de frère.
Fratricide, sm. meurtre de
    son frère.
Fraude, sf. tromperie.
Frauder, v. tromper.
Fraudeur, euse, a. qui fraude
Frauduleusement, ad.
Frauduleux, euse, a.
Frayer, v. tracer une route.
Frayeur, sf. crainte vive.
Fredaine, sf. sottise.
Fredonner, v. chanter bas.
Frégate, sf. navire de guerre
Frein, sm. mors, arrêt.
Frelater, v. falsifier.
Frêle, a. fragile.
Frelon, sm. grosse mouche.
Freluche, sf. petite houppe.
Freluquet, sm. damoiseau.
Frémir, v. trembler.
Frémissement, sm. émotion.
Frêne, sm. arbre.
Frénésie, sf. fureur aveugle
Frénétique, a. furieux.
Fréquemment, ad. souvent.
Fréquence, sf. réitération.
Fréquent. a. qui arrive souv.
Fréquentation, sf. act. de
Fréquenter, v. voir souvent.
Frère, sm. né d'un même
    père.

Fresque, sf. peinture sur le
    mur.
Fret, sm. (èt), cargaison.
Fréter, v. louer un vaisseau.
Frétillement, sm. action de
Frétiller, v. s'agiter.
Friabilité, sf. qualité friable
Friable, a. aisé à pulvériser.
Friand, a. délicat.
Friandise, sf. goût de friand.
Fricandeau, sm. viande lar-
    dée.   [sée.
Fricassée, sf. viande fricas-
Fricasser, v. cuire.
Friche, sf. terre inculte.
Friction, sf. frottement.
Frileux, se, a. sensible au
Frimas, sm. grésil.   [froid.
Friper, v. chiffonner, user.
Friperie, sf. vieilles hardes.
Fripier, ière, s. md de fripes
Fripon, a. et s. voleur adroit
Friponner, v. escroquer.
Friponnerie, sf. act. de frip.
Frire, v. cuire dans la friture
Frise, sf. bande.
Friser, v. crêper, effleurer.
Friseur, s. qui frise les che-
    veux.
Frisotter, v. friser souvent.
Frisson, Frissonnement, sm.
    tremblement.
Frissonner, v. avoir le frisson
Frisure, sf. façon de friser.
Fritte, sf. terme de verrerie.
Friture, sf. chose frite.
Frivole, a. vain, léger.
Frivolité, sf. futilité.
Froc, sm. habit monacal.
Froid, sm. l'opposé du chaud
Froidement, ad.
Froideur, sf. qualité froide.
Froissement, sm. act. de
Froisser, v. meurtrir.
Frôler, v. toucher légèrem.
Fromage, sm. lait caillé
    égoutté.
Fromager, s. fabr. de fromag.
Fromagerie, sf. manuf. de
    fromages.
Froment, sm. espèce de blé.
Froncement, sm. action de
Froncer, v. plisser.
Froncis, sm. plis à une étoffe
Fronde, sf. corde pour lan-
    cer des pierres.
Fronder, v. jeter des pier-
    res, critiquer.
Frondeur, sm. qui fronde.
Front, sm. le haut du visage
Frontière, sf. limites d'État.
Frontispice, sm. face.
Fronton, sm. ornement.

Frottement, sm. action de
Frotter, v. touch. en passant
Frotteur, euse, s. qui frotte.
Fructifier, v. produire.
Fructueusement, ad.
Fructueux, se, a. qui produit
Frugal, a. sans pl. m. sobre
Frugalement, ad.
Frugalité, sf. sobriété.
Frugivore, a. qui vit de fruits
Fruit, sm. product. végétale.
Fruiterie, sf. comm. de fruits
Fruitier, ière, s. md de fruits
Fruste, a. effacé, altéré.
Frustrer, v. priver d'une chose.
Fugitif, ve, a. et s. qui fuit.
Fugue, sf. terme de musique
Fuir, v. courir pour se sau-
Fuite, sf. act. de fuir. [ver.
Fulmination, sf. action de
Fulminer, v. publier, faire explosion.
Fumée, sf. vapeur.
Fumer, v. jeter de la fumée, engraisser la terre.

Fumeron, sm. charbon qui
Fumet, sm. vapeur. [fume.
Fumeterre, sf. plante.
Fumeur, sm. qui fume.
Fumier, sm. paille pourrie.
Fumigation, sf. act. de
Fumiger, v. exposer aux va-peurs.
Fumiste, sm. poëlier.
Funambule, sm. danseur de
Funèbre, a. lugubre. [corde.
Funérailles, sf. pl. obsèques
Funéraires, a. des funéraill.
Funeste, a. malheureux.
Fur (au ou à) et à mesure, ad.
Furet, sm. quadrupède.
Fureter, v. chasser, fouiller.
Fureteur, sm. qui furète.
Fureur, sf. manie, colère.
Furibond, sm. et a. furieux.
Furie, sf. colère, passion.
Furieusement, ad.
Furieux, se, a. et s. en furie
Furoncle, sm. flegmon, tum.
Furtif, ve, a. fait en cachette
Furtivement, ad.

Fusain, sm. crayon.
Fuseau, sm. inst. pour filer.
Fusée, sf. pièce d'artifice.
Fuselé, a. en fuseau.
Fuser, v. s'étendre, phys.
Fusibilité, sf. qualité fusible
Fusible, a. qui peut se fond.
Fusil, sm. (si), arme à feu.
Fusilier, sm. soldat.
Fusillade, sf. coups de fusils
Fusiller, v. tuer à coups de fusil. [tion.
Fusion, sf. fonte, liquéfac-
Fustigation, sf. action de
Fustiger, v. battre, frapper.
Fût, sm. bois de fusil, futaille
Futaie, sf. bois de gr. arbres
Futaille, sf. tonneau.
Futaine, sf. étoffe de coton.
Futé, a. rusé, fa. t. de blas.
Futile, a. frivole.
Futilité, sf. frivolité.
Futur, a. et s. à venir.
Fuyant, a. qui s'enfonce. p.
Fuyard, a. qui fuit.

G

G, sm. 5e consonne.
Gabarre, sf. bateau, filet.
Gabelle, sf. impôt sur le sel.
Gabion, sm. panier de terre.
Gâche, sf. pièce qui reçoit le
Gâcher, v. délayer. [pêne.
Gâcheux, se, a. bourbeux.
Gâchis, sm. saleté.
Gadouard, sm. vidangeur.
Gadoue, sf. matière fécale.
Gaffe, sf. croc.
Gage, sm. nantissement.
Gager, v. parier, donner des gages.
Gagerie, (saisie), sf. terme de jurisprudence.
Gageure, euse, s. qui gage.
Gageure, sf. (ju) pari.
Gagiste, sm. qui a des gages
Gagner, v. profiter, acquér.
Gai, a. joyeux.
Gaiement, ad. avec gaieté.
Gaieté, sf. (gai), joie, vivac.
Gaillard, a. et s. sain, dispos
Gaillardement, ad. gaiement
Gain, sm. profit, succès.
Gaine, sf. étui.
Gainier, sm. marc. de gaines
Gala, sm. festin à la cour.
Galant, a. probe, civil.
Galanterie, sf. familiarité.
Gale, sf. malad. de peau.

Galère, sf. vaisseau, pl. ba-gne.
Galerie, sf. chambre longue
Galérien, sm. mis aux galèr.
Galet, sm. caillou plat.
Galetas, sm. logem. pauvre.
Galette, sf. gâteau plat.
Galeux, se, a. et s. qui a la gale.
Galimafrée, sf. fricassée.
Galion, sm. navire.
Galiote, sf. galère, bateau.
Galle, sf. excroiss. végétale.
Gallican, a. français.
Gallicisme, sm. idiotisme.
Gallinacés, sm. pl. oiseaux.
Galoche, sf. sorte de chauss.
Galon, sm. tissu en bande.
Galonner, v. orner de galons.
Galop, sm. (lo), allure rap.
Galopade, sf. action de
Galoper, v. aller vite.
Galopin, sm. petit garçon.
Galvanisme, sm. fluide imp.
Gambade, sf. saut, entre-
Gambader, v. sauter. [chat.
Gambiller, v. remuer les jambes.
Gamelle, sf. écuelle.
Gamin, sm. petit garçon.
Ganache, sf. mâchoire.
Gangrène, sf. (can), malad.

Gangrener (se), v. corrompr.
Gangréneux, euse, a. cor-rompu.
Gangue, sf. pierre.
Ganse, sf. cordonnet de soie
Gant, sm. qui couvre la main.
Gantelet, sm. gant en fer.
Ganter, v. mettre des gants.
Ganterie, sf. fabriq. de gants
Gantier, sm. qui fait des gan.
Garance, sf. plante, cou-leur rouge.
Garancer, v. teindre en ga-rance.
Garant, s. caution, autorité.
Garantie, sf. assurance.
Garantir, v. préserv., assurer
Garçon, sm. enfant mâle.
Garde, sf. attent., sentinelle
Garde des sceaux, sm. minis.
Garde du corps, sm. du prince.
Garde-fou, sm. balustrade.
Garde-malade, qui garde les malades.
Garde-manger, sm. lieu où l'on garde les aliments.
Garder, v. conserver.
Garde-robe, sf. hardes, lieu d'aisances.
Gardeur, euse, s. qui garde.
Gardien, enne, s. qui garde.

Garo, *interj.* pour avertir.
Garenne, *sf.* où il y a des lapins.
Garer (se), *v.* se préserver.
Gargariser (se), *v.* laver le gosier.
Gargarisme, *sm.* pour gargariser.
Gargotage, *sm.* repas sale.
Gargote, *sf.* petit cabaret.
Gargoter, *v.* se mal nourrir.
Gargotier, ière, *s.* cabaretier
Gargouille, *sf.* canal.
Gargouiller, *v.* barboter.
Garnement, *sm.* vaurien. fa.
Garnir, *v.* pourvoir, doubler.
Garnisaire, *sm.* qui garnit.
Garnison, *sf.* garde d'une place.
Garniture, *sf.* ce qui garnit.
Garrot, *sm.* le haut du cheval
Garrotter, *v.* lier fortement.
Gascon, *a.* fanfaron.
Gasconnade, *sf.* fanfaronnade
Gasconner, *v.* plaisanter.
Gaspillage, *s.* action de
Gaspiller, *v.* dissiper.
Gaspilleur, euse, *s.* qui gasp.
Gastrique, *a.* de l'estomac.
Gastrite, *sf.* douleur de l'épigastre.
Gastronome, *sm.* gourmand.
Gastronomie, *sf.* bonne chèr.
Gâteau, *sm.* sorte de pâtiss.
Gâte-métier, *sm.* qui vend à vil prix.
Gâter, *v.* endommager.
Gauche, *a.* opposé à droite.
Gauchement, *ad.*
Gaucher, *a.* et *s.* travailler de la main gauche.
Gaucherie, *sf.* maladresse.
Gauchir, *v.* se détourner.
Gaude, *sf.* bouillie de maïs.
Gaudir (se), *v.* se réjouir. vi.
Gaufre, *sf.* rayon de miel, pâtisserie.
Gaufrer, *v.* imprimer.
Gaufrure, *sf.* impression.
Gaule, *sf.* perche. [gaule.
Gauler, *v.* battre avec une
Gaulois, *a.* des Gaules.
Gausser (se), *v.* se moq., *pop.*
Gausserie, *sf.* raillerie.
Gausseur, euse, *s.* et *a.* railleur.
Gavotte, *sf.* danse. [leur.
Gaz, *sm.* fluide aériforme.
Gaze, *sf.* étoffe très-claire.
Gazelle, *sf.* bête fauve.
Gazer, *v.* adoucir.
Gazetier, *sm.* qui fait la gazette.
Gazette, *sf.* journal.

Gazeux, se, *a.* nature du gaz.
Gazier, *sm.* ouvrier en gaz.
Gazon, *sm.* herbe courte.
Gazonnement, *sm.* action de
Gazonner, *v.* garn. de gazon
Gazouillement, *sm.* chant.
Gazouiller, *v.* chant du gos.
Geai, *sm.* oiseau. [lossale.
Géant, *s.* d'une grandeur co-
Gélatineux, se, *a.* en gelée.
Gelée, *sf.* froid, suc.
Geler, *v.* glacer. [diaque.
Gémeaux, *sm. pl.* sig. du zo-
Gémir, *v.* se plaindre.
Gémissant, *a.* qui gémit.
Gémissement, *sm.* plainte.
Gemme, *a.* sel en bloc.
Gênant, *a.* qui gêne. [les dents
Gencive, *sf.* chair qui entoure
Gendarme, *sm.* militaire.
Gendarmer (se), *v.* se fâcher.
Gendarmerie, *sf.* corps de troupe.
Gendre, *sm.* beau-fils.
Gêne, *sf.* situation pénible.
Généalogie, *sf.* suite d'aïeux.
Généalogique, *a.* de la généa-
Gêner, *v.* incommoder. [logie.
Général, *a.* universel, *s.* supérieur, chef d'armée.
Généralat, *sm.* dignité.
Généralement, *ad.*
Généralisation, *sf.* action de
Généraliser, *v.* rendre géné.
Généralissime, *sf.* général en chef.
Généralité, *sf.* qualit. géné.
Génération, *sf.* act. d'engen-
Généreusement, *ad.* [drer.
Généreux, se, *a.* magnanime
Générique, *a.* du genre.
Générosité, *sf.* libéralité.
Genèse, *sf.* 1re liv. de la Bib.
Genet, *sm.* arbuste.
Genévrier ou Genièvre, *sm.* arbuste, sa graine.
Génie, *sm.* esprit, démon.
Génisse, *sf.* jeune vache.
Genou, *sm.* joint de la cuisse avec la jambe.
Genouillère, *sf.* qui couvre le
Genre, *sm.* manière. [genou.
Gens, *sf.* les personnes.
Gentil, *a.* et *sm.* païen.
Gentil, ille, *a.* joli.
Gentilhomme, *sm.* noble.
Gentilité, *sf.* les païens.
Gentillesse, *sf.* grâce.
Gentiment, *ad.* joliment.
Génuflexion, *sf.* fléchir le genou.
Géographe, *sm.* qui sait la
Géographie, *sf.* étude de la t.

Géographique, *a.* de géogr.
Geôlier, *sm.* gardien de pris.
Géologie, *sf.* histoire du glob.
Géométral, *a.* de géométrie.
Géomètre, *sm.* qui sait la
Géométrie, *sf.* science.
Géométrique, *a.* de la géom.
Géométriquement, *ad.*
Gérant, *a.* et *s.* qui gère.
Gerbe, *sf.* faisceau de blé.
Gerbée, *sf.* botte de paille.
Gerber, *v.* mettre en gerbe.
Gerce, *sf.* insecte rongeur.
Gercer, *v.* faire des gerçures
Gerçure, *sf.* petite crevasse.
Gérer, *v.* administrer.
Germain, *a.* (cousin).
Germanique, *a.* allemand.
Germe, *sm.* embryon de graine.
Germer, *v.* pousser.
Gérondif, *sm.* participe, *gr.*
Gésier, *sm.* ventricules des
Gésir, *v.* V. Gît. [oiseaux.
Geste, *sm.* action du corps.
Gesticulateur, *sm.* qui gestic.
Gesticulation, *sf.* act. de
Gesticuler, *v.* faire des gestes
Gestion, *sf.* act. de gérer.
Gibbosité, *sf.* bosse.
Gibecière, *sf.* sac de chasse.
Giberne, *sf.* boîte aux cartouches.
Gibet, *sm.* potence.
Gibier, *sm.* prise de chasse.
Giboulée, *sf.* ondée de pluie.
Gigantesque, *a.* et *sm.*
Gigot, *sm.* cuisse de mouton.
Gigotter, *v.* remuer les jambes.
Gigue, *sf.* jambe, *pop.* danse.
Gilet, *sm.* veste courte.
Gille, *sm.* niais.
Girafe, *sf.* quadrupède.
Girandole, *sf.* chandelier.
Girofle, *sm.* fleur du giroflier
Giroflée, *sf.* plante des jard.
Giroflier, *sm.* arbre exotique
Giron, *sm.* tablier.
Girouette, *sf.* banderolle.
Gisant, *a.* couché.
Gisement, *sm.* des côtes.
Gît, 3e pers. du *v.* gésir.
Gît (ci-), formule d'épitaphe
Gîte, *sm.* lieu où l'on couche
Gîter, *v.* demeurer.
Givre, *sm.* frimas.
Glace, *sf.* eau gelée.
Glacer, *v.* congeler.
Glacial, *a.* qui glace.
Glacier, *sm.* mont de glaces.
Glacière, *sf.* lieu pour la glace.

Glaçon, sm. morc. de glace.
Gladiateur, sm. lutteur.
Glaire, sf. humeur visqueuse.
Glaise, a. et sf. (terre) grasse.
Glaiser, v. enduire de glaise.
Glaive, sm. épée.
Gland, sm. fruit du chêne.
Glande, sf. tumeur.
Glanduleux, se, a. de glande.
Glaner, v. ramasser les épis.
Glaneur, se, s. qui glane.
Glapir, v. aboi aigre.
Glissade, sf. act. de glisser.
Glissement, sm. action de
Glisser, v. couler, insinuer.
Globe, sm. corps sphérique.
Globule, sm. petit globe.
Gloire, sf. honneur, éclat.
Glorieusement, ad.
Glorieux, se, a. vaniteux,
  qui a de la gloire.
Glorification, sf. élévation.
Glorifier, v. faire gloire.
Gloriole, sf. petite vanité.
Glose, sf. commentaire.
Gloser, v. expliquer.
Glossaire, sm. vocabulaire.
Glousser, v. cri de la poule.
Glouton, a. gourmand.
Gloutonnement, ad. [disc.
Gloutonnerie, sf. gourman-
Glu, sf. matière visqueuse.
Gluant, a. visqueux.
Gluer, v. rendre gluant.
Gnomonique, sf. art des ca-
  drans.
Gobelet, sm. vase pour boire
Gobe-mouches, sm. oiseau,
  niais.
Gober, v. avaler, croire.
Godailler, v. boire avec exc.
Goder, v. faire des faux plis.
Godet, sm. petit vase.
Gogo (à), ad. abondance.
Goguenard, a. et s. railleur.
Goguenarder, v. railler, fa.
Goguenarderie, sf. raillerie.
Goguettes, sf. pl. propos gais
Goinfrer, v. gloutonner.
Goinfrerie, sf. gourmandise.
Goitre, sm. tumeur à la gorge
Goitreux, se, a. de goitre.
Golfe, sm. portion de mer.
Gomme, sf. suc résineux.
Gommer, v. enduire de
  gomme.
Gommeux, se, a. de gomme.
Gond, sm. (gon), de porte.
Gondole, sf. bateau.
Gondolier, sm. batelier.
Gonflement, sm. enflure.
Gonfler, v. enfler, grossir.
Goniométrie, sf. trigonomét.

Gordien, a. (nœud), obstacle
Gorge, sf. gosier, sein.
Gorgée, sf. plein la gorge.
Gorger, v. soûler, combler.
Gorgerette, sf. collerette.
Gorgerin, sm. armure de
  gorge.
Gosier, sm. intérieur du cou.
Gothique, a. et s. des Goths,
  écritures.
Gouache, sf. peinture.
Goudron, sm. poix.   [dron.
Goudronner, v. mett. du gou-
Gouffre, sm. trou profond,
  abîme.
Gouge, sf. ciseau.
Goujat, sm. valet, grossier.
Goujon, sm. petit poisson.
Goulée, sf. grosse bouchée.
Goulet, sm. entrée étroite.
Goulot, sm. cou étroit.
Goulotte, sf. rigole.
Goulu, a. et sm. glouton.
Goulument, ad. avec avidité
Goupille, sf. petite cheville.
Goupiller, v. mettre des gou-
  pilles.
Goupillon, sm. aspersoir.
Gourde, sf. calebasse.
Gourdin, sm. gros bât. court
Goure, sf. drogue falsifiée.
Gourer, v. tromper.
Goureur, sm. qui falsifie.
Gourgandine, sf. coureuse.
Gourmade, sf. coup de poing.
Gourmand, a. et s. délicat.
Gourmander, v. réprimander
Gourmandise, sf. vice du
  gourmand.
Gourme, sf. maladie.
Gourmer, v. battre.
Gourmet, sm. qui connaît les
  vins.
Gourmette, sf. chaînette.
Gousse, sf. enveloppe.
Gousset, sm. creux, poche.
Goût, sm. saveur.
Goûter, v. discerner, sentir.
Goutte, sf. partie d'un liquid.
Gouttelette, sf. petite goutte
Goutteux, se, a. qui a la goutte
Gouttière, sf. canal.
Gouverner, v. régir, diriger.
Gouverneur, sm. qui gouver.
Grabat, sm. méchant lit.
Grabuge, sm. querelle.
Grâce, sf. faveur, agrément.
Gracieusement, ad.
Gracieux, se, a. plein de
  grâce.
Grade, sm. dignité.
Gradin, sm. petit degré. [gré.
Graduation, sf. division en de-

Graduel, le, a. par degré.
Graduellement, ad.
Graduer, v. diviser en degrés.
Graillon, sm. reste de repas.
Grain, sm. fruit, semence.
Graine, sf. semence menue.
Grainier, sm. md de grains.
Graisse, sf. subst. onctueuse
Graisser, v. oindre.
Graisseux, se, a. de graisse.
Graminée, a. et sf. plante.
Grammaire, sf. art du lan-
  gage.
Grammairien, sm. auteur de
  grammaire.
Grammatical, a. de gramm.
Grammaticalement, ad.
Gramme, sm. nouveau poids.
Grand, a. étendu, principal.
Grandelet, ette, a. assez gr.
Grandement, ad. de grand.
Grandeur, sf. grande étend.
Grandir, v. devenir grand.
Grandissime, a. très-grand.
Grange, sf. lieu où l'on serre
  les gerbes.
Granit, sm. pierre dure.
Graphique, a. figuré.
Graphomètre, sm. instrum.
Grappe, sf. fruit et bouquet.
Grappiller, v. cueillir les res-
  tes des grappes. [grappille.
Grappilleur, euse, s. qui
Grappillon, sm. pet. grappe.
Grappin, sm. ancre à 4 becs.
Gras, grasse, a. formé de
  graisse.
Grassement, ad.
Grasseyement, sm. mauvaise
  prononciation.
Grasseyer, v. prononcer mal.
Gratification, sf. don.
Gratifier, v. favoriser.
Gratis, ad. et sm. (s), sans
  frais.
Gratitude, sf. reconnaissan.
Grattelle, sf. petite gale.
Gratter, v. frotter, ratisser.
Grattoir, sm. outil.   [gratis.
Gratuit, a. fait ou donné
Gratuité, sf. caractère gra-
  tuit.
Gratuitement, ad. gratis.
Gravatier, sm. qui enlève les
  gravois.
Grave, a. pesant, sérieux.
Graveleux, se, a. de gravier.
Gravelle, sf. maladie.
Gravement, ad. avec gravité.
Graver, v. tracer, imprimer.
Graveur, sm. qui grave.
Gravier, sm. gros sable.
Gravir, v. monter.

Gravitation, sf. act. de gra-
   viter.
Gravité, sf. importance.
Graviter, v. tendre, peser.
Gravois, sm. débris de mur.
Gravure, sf. estampe, art.
Gré, sm. volonté.
Grec, grecque, a. de Grèce.
Gredin, a. et s. gueux.
Gréer, v. équiper un vaiss.
Greffe, sm. bureau, taille.
Greffer, v. enter.
Greffier, sm. fonctionnaire.
Grégeois, sm. feu.
Grégorien, enne, a. de Grég.
Grêle, a. menu, pluie cong.
Grêler, v. frapper de la grêl.
Grêlon, sm. grain de grêle.
Grelot, sm. sonnette.
Grelotter, v. trembler.
Grenade, sf. fruit.
Grenadier, sm. arbre, soldat.
Grenaille, sf. métal en grains
Greneler, v. donner du grain
Grener, v. réduire en grains.
Grènetier, s. md. de grains.
Grenier, sm. combles.
Grenouille, sf. quadrupède.
Grenu, a. plein de grains.
Grès, sm. pierre, poterie.
Grésil, sm. menue grêle.
Grésiller, v. faire des grésils.
Grève, sf. plage sablonneuse
Grever, v. léser, imposer.
Gribouillage, sm. mauvais
Grief, a. grave. [dessin.
Grièvement, ad.
Grièveté, sf. énormité.
Griffe, sf. ongle.
Griffer, v. égratigner.
Griffon, sm. sorte de vautour.
Griffonnage, sm. barbouilla-
Griffonner, v. mal écrire.[ge.
Grignon, sm. crouton.
Grignoter, v. ronger.
Grigou, sm. avare, pop.
Gril, sm. ustensile de cuisine
Grillade, sf. viande grillée.
Grille, sf. clôture.
Griller, v. cuire sur le gril,
   entourer de grilles.
Grillon, sm. insecte.
Grimace, sf. action de [sions.
Grimacer, v. faire des contor-

Grimoire, sm. écriture.
Grimper, v. monter.
Grincement, s. action de
Grincer, v. les dents.
Grippe, sf. caprice.
Grippe-sou, sm. avare.
Gripper, v. attraper.
Gris, a. demi-ivre, sm. cou-
   leur.
Grisaille, sf. peinture.
Grisâtre, a. tirant sur le gris.
Griser, v. rendre ivre.
Grison, a. gris, âne.
Grisonner, v. blanchir.
Grive, sf. oiseau.
Grognard, sm. grondeur.
Grogner, v. cri du porc.
Grogneur, s. et a. qui grogne
Groin, sm. museau de porc.
Grondement, sm. bruit sourd
Gronder, v. gourmander,
   mugir.
Gronderie, sf. criaillerie.
Grondeur, euse, qui gronde.
Gros, grosse, a. volumineux.
Groseille, sf. fruit du
Groseillier, sm. arbrisseau.
Grosseur, sf. volume.
Grossier, a. et s. épais, inci-
Grossièrement, ad. [vil.
Grossièreté, sf. malhonnêt.
Grossir, v. rendre gros.
Grotesque, a. ridicule.
Grotte, sf. caverne.
Grouillement, sm. action de
Grouiller, v. remuer, pop.
Groupe, sm. assemblage.
Grouper, v. assembler.
Gruau, sm. grain mondé.
Grue, sf. oiseau, machine.
Gruger, v. mordre, manger
Grumeau, sm. sang.[son bien
Grumeler (se), v. se cailler.
Gruyère, sm. fromag. suisse
Gué, sm. passage de rivière
Guéable, a. qu'on passe à
   pied.
Guenille, sf. haillon, chiffon.
Guenillon, sm. pet. guenille.
Guenon, sf. femelle du singe.
Guêpe, sf. grosse mouche.
Guêpier, sm. alvéole des
   guêpes.
Guère, guères, ad. peu.

Guéridon, sm. petite tablé.
Guérir, v. rendre sain.
Guérison, sf. act. de guérir.
Guérissable, a. qui peut se
   guérir.
Guérite, sf. petite loge.
Guerre, sf. lutte à main arm.
Guerrier, ère, a. belliqueux.
Guet, sm. action de guetter.
Guêtre, sf. sorte de chauss.
Guêtrer, v. mett. des guêtres
Guetter, v. épier, fa.
Guetteur, sm. qui guette.
Gueulard, sm. qui parle haut
Gueule, sf. bouche d'animal.
Gueuler, v. crier.
Gueusant, a. qui gueuse.
Gueuser, v. mendier.
Gueuserie, sf. indigence.
Gueux, se, a. et s. indigent.
Gui, sm. plante parasite.
Guichet, sm. petite porte.
Guichetier, sm. val. de geôl.
Guide, sm. conducteur, rêne
Guide-âne, sm. livre, règle.
Guider, v. conduire.
Guidon, sm. enseigne.
Guigner, v. regard. de côté.
Guillaume, sm. sorte de rabot
Guillemet, sm. signe.
Guillocher, v. faire du
Guillochis, sm. ornement.
Guillotine, sf. instrument de
   supplice.
Guillotiner, v. tranch. la tête
Guimauve, sf. sorte de mauv.
Guimpe, sf. fichu.
Guindage, sm. action de
Guinder, v. tirer, affecter.
Guinguette, sf. cabaret.
Guipure, sf. dentelle.
Guirlande sf. couronne, fest.
Guise, sf. manière, façon.
Guitare, sf. instr. à cordes.
Gustation, sf. sensat. du goût
Guttural, a. du gosier.
Gymnase sm. lieu d'exercice
Gymnasiarque, sm. chef de
   gymnase.
Gymnaste, s. off. de gym.
Gymnastique, a. et sf. exerc.
Gypse, sm. pierre à plâtre.
Gypseux, se, a. de la nature
   du gypse.

H

On a indiqué par l'astérisque tous les mots dont l'H est aspiré.

H, sm. 8e consonne.
Habile, a. capable, adroit.
Habilement, ad.

Habileté, sf. capacité.
Habilité, sf. t. de pal. aptit.
Habiliter, v. rendre habile à

Habillement, sm. vêtement.
Habiller, v. pour vêtir.
Habit, sm. vêtement.

Habitable, *a.* qu'on peut ha-
biter.
Habitacle, *sm.* demeure.
Habitant, e, *s.* qui habite.
Habitation, *sf.* demeure.
Habiter, *v.* faire sa demeure
Habitude *sf* usage, démarche
Habitué, *sm.* qui fréquente.
Habituel, le, *a.* d'ordinaire.
Habituellement, *ad.*
Habituer, *v.* accoutumer.
*Hâbler *v.* mentir, exagérer.
*Hâblerie, *sf.* mensonge.
*Hâbleur, euse, *s.* qui hâble.
*Hache, *sf.* outil tranchant.
*Hacher, *v.* couper.
*Hachette, *sf.* petite hache.
*Hachis, *sm.* viande hachée.
*Hachoir, *sm.* table, couteau
*Hachures, *sf.* traits croisés
*Hagard, *a.* rude, farouche.
*Haha, *sm.* ouvert. au mur.
*Haie, *sf.* clôture.
*Haie, *int.* cri de charretier.
*Haillon, *sm.* vieux lambeau
*Haine, *sf.* inimitié, aversion
*Haineux, se, *a.* vindicatif.
*Haïr, *v.* avoir de la haine.
*Haire, *sf.* chemise de crin.
*Haïssable, *a.* odieux.
*Halage, *sm.* act. de haler.
*Hâle, *sm.* impress. de l'air.
Haleine, *sf.* air aspiré, souff.
*Haler, *v.* tirer au bateau.
*Hâler, *v.* noircir le teint.
*Haletant, *a.* action de
*Haleter, *v.* être hors d'ha-
leine.
*Hallage, *sm.* droit de halle.
*Halle, *sf.* place de marché.
*Hallebarde *sf* sorte de pique
*Hallebardier *sm.* porte hall.
*Halte, *sf.* pause.
*Halter, *v.* faire halte.
*Hamac, *sm.* lit suspendu.
*Hameau, *sm.* petit village.
Hameçon, *sm.* inst. pour pê-
cher.
*Hanche *sf.* où tient la cuisse
*Hangar, *sm.* remise.
*Hanneton, *sm.* scarabée.
*Hanter, *v.* et *n.* fréquenter.
*Happer, *v.* saisir avidement
*Haquet, *sm.* charrette.
*Harangue, *sf.* compliment.
*Haranguer *v.* complimenter
*Harangueur *sm* qui harang.
*Haras, *sm.* lieu où on élève
des poulains.
*Harasser, *v.* lasser à l'excès
*Harceler *v.* provoquer, fati-
guer.
*Hardes, *s.* habillements.

*Hardi, *a.* courageux, au-
dacieux. [dace.
*Hardiesse, *sf.* courage, au-
*Hardiment, *ad.*
*Hareng, *sm.* (ran) poisson
*Hargneux, se, *a.* querelleur
*Haricot, *sm.* légume.
Harmonica *sm.* inst. de mus.
Harmonie. *sf.* accord.
Harmonieusement, *ad.*
Harmonieux, se, *a.* d'accord
Harmonique, *a.* d'harmonie.
Harmoniquement, *ad.*
Harmoniser (s'), *v.* en harm.
*Harnachement, *sm.* act. de
*Harnacher, *v.* mettre les
*Harnais *sm.* équip. de chev.
*Harpe, *sf.* inst. du musique
*Harpie *sf.* monstre fabuleux
*Harpon, *sm.* croc.
*Harponner, *v.* accrocher.
*Hasard, *sm.* fortune, sort.
*Hasarder, *v.* aventurer.
*Hasardeux, se, *a.* périlleux
*Hâte, *sf.* promptitude.
*Hâter, *v.* dépêcher.
*Hâtif, ve, *a.* précoce.
*Hâtivement, *ad.* avec
*Hâtiveté, *sf.* précocité.
*Hausse, *sf.* augmentation.
*Haussement, *sm.* act. de
*Hausser *v* devenir haut. [fier
*Haut *a* et *sm* élevé, sublime
*Hautain *s.* fier, orgueilleux
*Hautainement, *ad.*
*Hautbois, *sm.* inst. à vent.
*Haut-de-chausse *sm.* culot.
*Haute-cour, *sf.* tribunal.
*Haute-futaie, *sf.* bois haut.
*Haute-justice *sf.* juridiction
*Haute-lice, *sf.* tapisserie.
*Hautement, *ad.*
*Hauteur, *sf.* éminence.
*Haut-mal, *sm.* épilepsie.
*Hâve, *a.* pâle, maigre.
*Havre-sac, *sm.* sac.
*Hé ! *interj.* pour appeler.
Hebdomadaire, *a.* de semaine
Héberger, *v.* loger chez soi.
Hébété, *a.* et *s.* stupide.
Hébéter, *v.* rendre stupide.
Hébraïque, *a.* des Hébreux.
Hébraïsme, *sm.* langage héb.
Hébreu *a.* et *s.* lang. des juifs
Hécatombe *sf* sacrifice de 100
Hectare *sm* cent ares. [bœufs
Hectogramme *sm* cent gram-
Hectolitre *sm* cent litres [mes
Hégire, *sf.* ère turque.
Hélas ! *interj.*
Hélice, *sf.* ligne en vis.
Helvétique, *a.* des Suisses.
Hem ! *interj.* pour appeler.

Hémicycle, *sm.* demi-cercle.
Hémisphère *sm.* demi sphère
Hémistiche *sm* moitié de vers
Hémorragie *sf.* perte de sang
Hémorroïdal *a.* d'hémorroïde
Hémorroïde *sf.* flux de sang.
Hendécagone *sm* à onze côtés
*Hennir (hanir) *v* cri du che-
*Hennissement, *sm.* [val.
Hépatite, *sf.* inflammation du
Heptagone *a* à 7 angles. [foie
Heptaméron, *sm.* de 7 jours.
Heptarchie *sf.* gouvernement
de 7 rois.
Héraldique, *a.* du blason.
*Héraut *sm* off. qui proclame
Herbages, *sm.* herbes, prés.
Herbe *sf.* plante à tiges faib.
Herber *v* exposer sur l'herbe
Herbette, *sf.* herbe courte.
Herbeux se *a* où croît l'herbe
Herbier, *sm.* collection de
plantes. [bes.
Herbière, *sf.* vendeuse d'her-
Herbivore, *a.* qui vit d'herbe
Herborisation, *sf.* act. d'
Herboriser, *v.* recueillir des
herbes.
Herbu, *a.* couvert d'herbe.
*Hère, *sm.* hom. sans mérite
Héréditaire, *a.* qui se trans-
Héréditairement, *ad.* [met.
Hérédité *sf.* droit d'héritage
Hérésiarque, *sm.* auteur d'
Hérésie *sf.* doctrine erronée.
Hérétique, *a.* de l'hérésie.
*Hérisser, *v.* dresser.
*Hérisson, *sm.* quadrupède.
Héritage, *sm.* act. d'
Hériter, *v.* recueill. en suc-
cession.
Héritier *s.* qui hérite.
Hermétique, *a.* t. d'alchim.
Herminé, *a.* moucheté.
Hermitage, V. Ermitage.
*Hernie, *sf.* descente des
intestins.
Héroïne, *sf.* femme héroïque.
Héroïque, *a.* de héros.
Héroïquement, *ad.* avec
Héroïsme, *sm.* act. illustre.
*Héron, *sm.* oiseau.
*Héros, *sm.* homme illustre
*Hersage *sm.* act. de herser
*Herse *sf.* instrument de la-
bourage.
*Herser, *v.* passer la herse.
Hésitation, *sf.* action d'
Hésiter, *v.* être indécis.
Hétérodoxe, *a.* contraire à
Hétérogène, *a.* de différente
nature.
*Hêtre, *sm.* arbre forestier.

Heure sf 24e partie d'un jour.
Heureusement, ad.
Heureux, se, a. qui a du bon-
  heur.
* Heurter v. frapper, choquer
Hexaèdre, sm. cube.
Hexagone a. et s. à 6 angles
Hiatus, sm. (s) choc de deux
  voyelles.
* Hibou, sm. oiseau de nuit.
* Hideusement, ad.
* Hideux, se, a. très-difforme
* Hie, sf. instr. de paveur.
* Hiérarchie, sf. ordre,
* Hiérarchique, a. d'ordre.
* Hiérarchiquement, ad.
Hiéroglyphe, sm. caractère
  symbolique.
Hiéroglyphique a de symbole
Hilarité, sf. joie, gaieté.
Hippodrome, sm. lice pour
  la course.
Hippopotame sm quadrupède
Hirondelle, sf. oiseau.
* Hisser, v. hausser, élever.
Histoire, sf. narration.
Historial, a. historique.
Historien sm. qui écrit l'his-
Historier v. enjoliver. [toire.
Historiette, sf. petite histoire
Historiographe, sm. qui écrit
  l'histoire. [l'histoire.
Historique, a. qui tient de
Historiquement, ad.
Histrion, sm. bateleur, co-
  médien.
Hiver, sm. (er) saison froide
Hivernal, a. d'hiver.
Hiverner, v. passer l'hiver.
Ho ! interj. d'appel.
* Hochepot, sm. ragoût.
* Hochequeue, sm. oiseau.
* Hocher, v. secouer la tête
* Hochet, sm. jouet.
* Holà ! interj. pour appeler
Holocauste, sm. sacrifice.
Hom ! exclamation.
* Homard, sm. poisson.
Hombre, sm. jeu. [ligieuse.
Homélie, sf. instruction re-
Homicide, sm. et a. meurtre
Hommage sm devoir, respect
Hommager, sm. qui doit
  hommage.
Homme sm. être raisonnable
Homogène, a. de même na-
  ture. [mogène.
Homogénéité, sf. qualité ho-
Homologation, sf. approbat.
Homologue a. correspondant
Homologuer, v. conformer.
Homonyme a. de même nom
Honnête, a. et sm. bon, civil

Honnêtement, ad.
Honnêteté, sf. bienséance.
Honneur, sm. vertu, probité.
* Honnir, v. couvrir de honte
Honorable a. qui fait honneur
Honorablement, ad.
Honoraire, sm. rétribution.
Honorer, v. rendre honneur.
Honorifique, a. d'honneur.
* Honte, sf. confusion.
* Honteusement, ad.
* Honteux, se, a. infâme.
Hôpital, sm. hospice.
* Hoquet, sm. mouvement
  convulsif de l'estomac.
Horaire, a. des heures.
* Horde sf. peuplade errante
* Horion, sm. grand coup.
Horizon, sm. où se termine
  la vue.
Horizontal, a. parallèle à
  l'horizon.
Horizontalement, ad.
Horloge, sf. machine qui
  marque les heures.
Horlogerie, sf. art de l'
Horloger, s. qui fait des
  horloges.
Hormis, prép. hors, excepté
Horographie sf. gnomonique
Horoscope, sm. prédiction.
Horreur, sf. (rr) indignation
Horrible, a. affreux.
Horriblement, ad.
* Hors, prép. excepté.
Hortensia, sm. arbrisseau.
Horticulteur, sm. jardinier.
Horticulture, sf. art de cul-
  tiver les jardins.
Hospice, sm. asile des pau-
  vres.
Hospitalier, a. qui exerce l'
Hospitalité, sf. loger gratis.
Hostie, sf. victime.
Hostile, a. d'ennemi.
Hostilement, ad.
Hostilité, sf. act. d'ennemi.
Hôte, esse, s. qui loge.
Hôtel, sm. grande maison,
  hôtellerie.
Hôtel de ville, sf. mairie.
Hôtelier, s. qui tient une
Hôtellerie, sf. auberge.
* Hotte, sf. sorte de panier.
* Hottée, sf. plein une hotte
* Houblon, sm. plante.
* Houe, sf. instrum. de fer.
* Houer, v. travailler avec
  la houe.
* Houille, sf. charbon de terre
* Houillère sf. mine de houille
* Houle, sf. vague.
* Houlette sf. bâton de berger

* Houleux, se, a. agité.
* Houppe, sf. touffe.
* Houppelande, sf. paletot.
* Houppette sf. petite houppe
* Hourdage, sm. maçonnerie
* Hourder, v. maçonner.
* Houspiller, v. maltraiter.
* Housse, sf. couverture.
* Housser, v. nettoyer.
* Houssine, sf. baguette.
* Houssoir sm. balai de houx
* Hoyau, sm. sorte de houe.
* Huche, sf. coffre p° le pain
Huo ! cri du charretier.
* Huée, sf. cris de dérision.
* Huer, v. faire des huées.
* Huguenot, a. calviniste.
Huile, sf. liqueur grasse.
Huiler, v. oindre d'huile.
Huileux, se, a. d'huile.
Huilier, sm. vase à huile.
Huis, sm. porte.
* Huisserie, sf. dormant.
Huissier, sm. offic. de justice
* Huit, a. numéral.
* Huitaine, sf. huit jours.
* Huitième, a. nomb. ordinal
* Huitièmement, ad.
Huître, sf. mollusque.
Humain, a. de l'homme.
Humaniser, v. rendre bon.
Humaniste, a. qui étudie.
Humanité, sf. nature hu-
  maine, pl. études.
Humble, a. non orgueilleux.
Humblement, ad.
Humectant, a. qui humecte.
Humectation, sf. action d'
Humecter, v. rendre humide
* Humer, v. avaler.
Humeur, sf. sorte de fluide.
Humide, a. aqueux.
Humidement, ad.
Humidité, sf. état humide.
Humiliant, a. qui humilie.
Humiliation, sf. action d'
Humilier, v. abaisser.
Humilité, sf. soumission.
* Hune, sf. guérite au haut
  du mât.
* Hunier, sm. mât de hune.
* Huppe, sf. oiseau, touffe.
* Huppé, a. qui a une huppe
* Hure, sf. tête de sanglier.
* Hurlement, sm. action de
* Hurler, v. pousser des cris
Hurluberlu, a. et sm. étourdi
* Hutin, sm. mutin, débat.
* Hutte, sf. cabane.
* Hutter (se) v. faire une hutte
Hyacinthe, sf. plante.
Hydraulique, a. de l'eau.
Hydre, sf. serpent aquatique

Hydrocèle, *sf.* maladie.
Hydrocéphale, *sf.* maladie.
Hydrogène, *a.* et *sm.* gaz.
Hydrographe, *a.* versé dans l'
Hydrographie, *sf.* description
  des mers.
Hydrographique, *a.* d'hydro-
  graphie.
Hydromel, *sf.* breuvage.
Hydrophobe, *a.* qui a horreur
  de l'eau.
Hydrophobie, *sf.* rage.

Hydropique, *a.* et *s.* qui a une
Hydropisie, *sf.* maladie.
Hyène, *sf.* quadrupède féroce
Hygiène, *sf.* santé.
Hygiénique, *a.* de l'hygiène.
Hymen, hyménée *sm* mariage
Hymne, *sm.* cantique.
Hyperbole, *sf.* exagération.
Hyperbolique, *a.* d'hyperbole
Hyperboliquement, *ad.*
Hypocondriaque, *a.* chagrin.
Hypocrisie, *sf.* vertu feinte.

Hypocrite, *s.* et *a.* fourbe.
Hypostase *sf.* t. de médecine
Hypostatique, *a.* de l'hypost.
Hypoténuse, *sf.* opposé à
  l'angle droit.
Hypothécaire, *a.* droit à hy-
  pothèque.
Hypothèque, *sf.* droit acquis.
Hypothéquer, *v.* assurer un
  droit.
Hypothèse, *sf.* supposition.

<h3 align="center">I</h3>

I, *sm.* 3e voyelle.
Iambe, *sm.* pied de vers.
Ibidem, *ad.* (*èm*) idem.
Ibis, *sm.* oiseau.
Icelui, icelle, *pr.* lui, elle.
Iconoclaste, *sm.* sectaire.
Idéal, *a.* chimérique.
Idée *sf* notion, image, pensée
Idem *a.* et *s.* (*èm*), le même.
Identifier, *v.* confondre.
Identique, *a.* le même.
Identiquement, *ad.*
Identité, *sf.* état identique.
Idiome, *sm.* langue, dialecte
Idiot, *a.* et *sm.* stupide.
Idiotisme, *sm.* particularité
  d'une langue, aliénation.
Idolâtre, *s.* et *a.* qui idolâtre
Idolâtrer *v.* adorer les idoles
Idolâtrie, *sf.* adoration des
  idoles, amour excessif.
Idole *sf.* figure qu'on adore.
If, *sm.* arbre toujours vert.
Ignare, *a.* ignorant.
Igné, *a.* (*ig*) enflammé.
Ignoble, *a.* bas, vil.
Ignoblement, *ad.*
Ignominie, *sf.* infamie.
Ignomineusement, *ad.*
Ignominieux, se, *a.* vil.
Ignoramment, *ad.*
Ignorance, *sf.* sans étude.
Ignorant, *a.* et *s.* ignare.
Ignorer, *v.* ne savoir pas.
Il, *pr.* de la 3e pers. lui.
Ile, *sf.* terre entourée d'eau.
Iliaque, *a.* des îles.
Illégal, *a.* contre les lois.
Illégalement, *ad.*
Illégitime, *a.* non légitime.
Illégitimement, *ad.*
Illégitimité, *sf.* non légitime
Illicite, *a.* non permis.
Illicitement, *ad.*
Illimité, *a.* sans limites.
Illisible, *a.* mal écrit.
Illuminatif, tive *a.* qui éclaire

Illumination *sf.* act. d'
Illuminer, *v.* éclairer.
Illusion, *sf.* appar. tromp.
Illusoire, *a.* trompeur
Illusoirement, *ad.*
Illustration, *sf.* act. d'illust.
Illustre, *a.* célèbre, éclatant
Illustrer, *v.* rendre illustre.
Illustrissime *a.* très-illustre.
Ilot, *sm.* petite île.
Image, *sf.* estampe.
Imager, *s.* marchand d'imag.
Imaginable, *a.* qu'on peut
Imaginaire *a* idéal [imaginer
Imaginatif ve *a.* qui imagine
Imagination *sf.* idée. [gurer.
Imaginer, *v.* inventer, se fi-
Imberbe, *a.* sans barbe.
Imbécile, *a.* et *s.* stupide.
Imbécilement, *ad.* [d'esprit.
Imbécilité, *sf.* (*il*) faiblesse
Imbiber, *v.* pour mouiller.
Imbroglio *sm.* embrouillem.
Imbu, *a.* pénétré, rempli.
Imitable *a.* qu'on peut imiter
Imitateur, trice, *a.* et *s.*
Imitatif, tive, *a.* qui imite.
Imitation *sf.* act. d' [modèle.
Imiter, *v.* prendre pour
Immaculé, *a.* sans tache. *fig.*
Immanquable, *a.* infaillible.
Immanquablement, *ad.*
Immatérialité *sf* sans matière
Immatériel le, *a* sans matière
Immatériellement, *ad.*
Immatriculer *v.* enregistrer.
Immédiat, *a.* sans intermé-
  diaire, instantané.
Immédiatement, *ad.*
Immémorial, *a.* très-ancien
Immense, *a.* très-étendu.
Immensément, *ad.*
Immensité *sf* grande étendue
Immersif, sive, *a.* par
Immersion *sf* act. de plonger
Immeuble, *a.* et *sm.* bien-
Imminent *a* menaçant [fonds.

Immiscer (s'), *v.* s'ingérer.
Immobile, *a.* sans mouvem.
Immobilier, ère, *a.* des im-
  meubles.
Immobilité *sf.* état immobile
Immodéré *a.* violent, excessif
Immodérément, *ad.*
Immodeste, *a.* sans modestie
Immodestement *ad.*
Immodestie *sf* sans modestie
Immolation, *sf.* action d'
Immoler, *v.* sacrifier, tuer.
Immonde, *a.* impur, sale.
Immondice, *sf.* ordure.
Immoral *a.* contre les mœurs
Immoralité, *sf.* état immoral
Immortaliser, *v.* rendre im-
  mortel.
Immortalité, *sf.* qui ne meurt
  pas.   [mourir.
Immortel, le, *a.* qui ne peut
Immortification *sf.* sensualité
Immortifié, *a.* sensuel.
Immuable, *a.* sans change-
Immuablement, *ad.*   [ment.
Immunité, *sf.* exemption.
Immutabilité, *sf.* sans chan-
  gement.
Impair, *a.* qui n'est pas pair.
Impalpable, *a.* qu'on ne peut
  toucher.   [de pardon.
Impardonnable, *a.* indigne
Imparfait, *a.* non parfait.
Imparfaitement, *ad.*
Impartial, *a.* (*ci*) sans égard.
Impartialement, *ad.* avec
Impartialité, *sf.* sans égard.
Impasse, *sf.* cul de sac.
Impassibilité, *sf.* qui est
Impassible, *a.* ne peut souff.
Impastation, *sf.* réduction en
Impatiemment, *ad.* (*cia*)
Impatience, *sf.* sans patience
Impatient, *a.* non patient.
Impatienter, *v.* fâcher.
Impayable, *a.* inestimable,
  qu'on ne peut payer.

Impeccabilité *sf* être [pécher
Impeccable, *a.* qui ne peut
Impénétrabilité *sf* act. d'être
Impénétrable, *a.* dense, dur,
  qui ne peut être pénétré.
Impénétrablement, *ad.*
Impénitence, *sf.* sans pénit.
Impénitent, *a.* et *s.* endurci.
Impératif, ve, *a.* impérieux.
Impérativement, *ad.*
Impératrice *sf.* femme d'em-
  pereur.   [voit pas.
Imperceptible, *a.* qu'on ne
Imperceptiblement, *ad.*
Imperfection, *sf.* défaut.
Impérial, *a.* de l'empire.
Impérieusement, *ad.* [périr.
Impérissable, *a.* qui ne peut
Impéritie, *sf.* (cie) inhabileté
Imperméable *a* impénétrable
Impersonnel *a* t. de gramm.
Impertinence, *sf.* insolence.
Impertinent, *a.* qui choque.
Imperturbable *a* sans trouble
Imperturbablement, *ad.*
Impétrant, *a.* qui impètre.
Impétration, *sf.* action d'
Impétrer, *v.* obtenir. *fur.*
Impétueusement, *ad.*
Impétueux, se, *a.* violent.
Impétuosité, *sf.* vivacité.
Impie, *a.* et *s.* sans religion.
Impiété, *sf.* vice de l'impie.
Impitoyable, *a.* sans pitié.
Impitoyablement, *ad.*
Implacable, *a.* vindicatif.
Implanter, *v.* planter dans
Implication, *sf.* contradiction
Implicite, *a.* non explicite.
Implicitement, *ad.* compris.
Impliquer, *v.* envelopper.
Implorer, *v.* demander hum-
  blement.
Impoli, *a.* sans politesse.
Impolitesse *sf.* malhonnêteté
Impolitique, *a.* sans politiq.
Importance, *sf.* considérable.
Important, *a.* et *s.* qui imp.
Importation, *sf.* action d'
Importer, *v.* du dehors.
Importun, *a.* et *s.* fâcheux.
Importunément, *ad.*
Importuner, *v.* être import.
Importunité, *sf.* d'importun.
Imposable, *a.* sujet aux imp.
Imposer, *v.* mettre, inspirer.
Imposition, *sf.* act. d'impos.
Impossibilité, *sf.* ce qui est
Impossible, *a.* et *sm.* qu'on
  ne peut faire.
Imposte, *sf.* t. d'architecture
Imposteur, *a.* et *sm.* tromp.
Imposture, *sf.* fausseté.

Impôt, *sm.* droit imposé.
Impotent, *s.* et *a.* estropié.
Impraticable, *a.* non pratic.
Imprécation, *sf.* malédict.
Imprégner, *v.* pénétrer, im-
  biber.   [prendre.
Imprenable, *a.* qu'on ne peut
Imprescriptible, *a.* non pres-
  criptible.
Impression, *sf.* effet.
Imprévoyance, *sf.* manque
  de prévoyance.
Imprévoyant, *a.* sans prévoy.
Imprévu, *a.* non prévu.
Imprimer, *v.* faire empreinte.
Imprimerie, *sf.* art d'impr.
Imprimeur, *sm.* qui imprime.
Improbable, *a.* non probable
Improbateur, trice, *a.* et *s.*
  qui improuve.   [bation.
Improbation, *sf.* désappro-
Impromptu, *sm.* subit.
Impropre, *a.* (mot) non pro-
Improprement, *ad.* [pre.
Improuver, *v.* désapprouver
Improvisateur, trice, *s.*
Improviser, *v.* parler de suite
Improviste (à l'), *ad.* tout à
  coup.
Imprudemment, *ad.* (da).
Imprudence, *sf.* défaut de
  prudence.   [dence.
Imprudent, *a.* et *s.* sans pru-
Impudemment, *ad.* (da).
Impudence, *sf.* effronterie.
Impudent, *a.* et *s.* effronté.
Impudeur, *sf.* défaut de pud.
Impudicité, *sf.* impureté.
Impudique, *a.* et *s.* luxurieux
Impuissance, *sf.* défaut de
  pouvoir.
Impuissant, *a.* sans pouvoir.
Impulsif, ive, *a.* par excita-
  tion.
Impulsion, *sf.* instigation.
Impunément, *ad.*
Impuni, *a.* sans punition.
Impunité, *sf.* manquer de
  punition.
Impur, *a.* qui n'est pas pur.
Impureté, *sf.* luxure.
Imputation, *sf.* accusation.
Imputer, *v.* attribuer.
Inabordable, *a.* non abordab.
Inaccessible, *a.* non access.
Inactif, tive, *a.* sans activité.
Inaction, *sf.* sans mouvem.
Inadmissible, *a.* qu'on ne
  peut admettre.
Inadvertance, *sf.* inattention.
Inaliénable, *a.* qu'on ne peut
  aliéner.   [allier.
Inalliable, *a.* qu'on ne peut

Inaltérable, *a.* qui ne peut
  altérer.
Inamissible, *a.* qui ne peut
  se perdre.   [peut changer.
Inamovibilité, *sf.* qui ne
Inamovible, *a.* non changeant
Inanimé, *a.* sans mouvem.
Inanition, *sf.* faiblesse. [pas.
Inaperçu, *a.* qu'on n'aperçoit
Inapplicable, *a.* non applic.
Inapplication, *sf.* inattention
Inappliqué, *a.* non appliqué.
Inappréciable, *a.* non appréc.
Inaptitude, *sf.* sans aptitude.
Inattaquable, *a.* non attaquab.
Inattendu, *a.* non attendu.
Inattentif, ve, *a.* sans attent.
Inattention, *sf.* défaut d'att.
Inauguration, *sf.* solennité.
Inaugurer, *v.* dédier, sacrer.
Incalculable, *a.* nombreux.
Incapable, *a.* non capable.
Incapacité, *sf.* défaut de ca-
  pacité.
Incarcération, *sf.* action d'
Incarcérer, *v.* emprisonner.
Incarnat, *a.* couleur rouge.
Incarnation, *sf.* action d'
Incarner (s'), *v.* prendre un
  corps.
Incartade, *sf.* brusquerie.
Incendie, *sm.* embrasement.
Incendier, *v.* mettre le feu.
Incertain, *a.* et *s.* non sûr.
Incertitude, *sf.* sans certitude
Incessamment, *ad.*
Inceste, *sm. a.* crime.
Incident, *a.* et *sm.* événem.
Incidenter, *v.* faire naître des
Inciser, *v.* tailler. [obstacles.
Incisif, ve, *a.* mordant.
Incision, *sf.* taillade, fente.
Inciter, *v.* exciter.
Incivil, *a.* impoli.
Incivilité, *sf.* impolitesse.
Inclémence, *sf.* rigueur.
Inclinaison, *sf.* qui varie.
Inclination, *sf.* penchant.
Incliner, *v.* pencher.
Inclus, *a.* enfermé.
Inclusivement, *ad.* y compris
Incognito, *a.* sans être connu
Incohérence, *sf.* sans liaison
Incohérent, *a.* sans liaison.
Incombustible, *a.* qui ne peut
  brûler.   [mesurable.
Incommensurable, *a.* non
Incommode, *a.* gênant.
Incommoder, *v.* gêner.
Incommodité, *sf.* peine.
Incommunicable, *a.* qu'on ne
  peut communiquer. [raison
Incomparable, *a.* sans compa-

Incomparablement, *ad.*
Incompatibilité, *sf.* état
Incompatible, *a.* non compat.
Incompétence, *sf.* manque de
  compétence.
Incompétent, *a.* non compét.
Incomplet, *a.* non complet.
Incomplexe *a.* non complexe
Incompréhensible, *a.* qu'on
  ne peut comprendre.
Inconcevable, *a.* qu'on ne
  peut concevoir.
Inconciliable, *a.* non concil.
Inconduite, *sf.* défaut de
  conduite.
Incongru, *a.* contre l'honnêt.
Incongruité, *sf.* incivilité.
Inconnu, *a.* non connu.
Inconséquence, *sf.* irréflexion
Inconséquent, *a.* et *s.* qui se
  dément. [dence.
Inconsidération, *sf.* impru-
Inconsidéré, *a.* et *s.* étourdi.
Inconsolable, *a.* très-chagrin
Inconstamment, *ad.*
Inconstance, *sf.* sans const.
Inconstant, *a.* et *s.* chang.
Incontestable, *a.* certain.
Incontesté, *a.* non contesté.
Incontinence, *sf.* sans conti-
  nence.
Incontinent, *a.* qui n'est pas
  chaste, *ad.* aussitôt.
Inconvenance, *sf.* incivilité.
Inconvenant, *a.* qui ne con-
  vient pas. [fâcheux.
Inconvénient, *sm.* incident
Incorporation, *sf.* mélange.
Incorporel, le, *a.* spirituel.
Incorporer, *v.* mêler.
Incorrect, *a.* imparfait.
Incorrigible, *a.* qui ne peut
  se corriger.
Incorruptibilité, *sf.* ce qui est
Incorruptible, *a.* qui ne peut
  se corrompre. [pas.
Incrédule, *a.* et *s.* qui ne croit
Incrédulité, *sf.* défaut de foi.
Incréé, *a.* qui n'a pas été
  créé. [croire.
Incroyable, *a.* impossible à
Incrustation, *sf.* action d'
Incruster, *v.* enchâsser.
Inculpation, *sf.* action d'
Inculper, *v.* accuser. [l'esprit
Inculquer, *v.* graver dans
Inculte, *a.* stérile. [guérir.
Incurable, *a.* qu'on ne peut
Incurie, *sf.* manque de soin.
Incursion, *sf.* course.
Indécemment, *ad.*
Indécence, *sf.* contre la déc.
Indécent, *a.* non décent.

Indéchiffrable, *a.* illisible.
Indécis, *a.* irrésolu.
Indécision, *sf.* irrésolution.
Indéclinable, *a.* qu'on ne
  peut décliner.
Indécrottable, *a.* difficile.
Indéfini, *a.* sans bornes.
Indéfiniment, *ad.*
Indélébile, *a.* ineffaçable.
Indélibéré, *a.* irréfléchi.
Indélicat, *a.* non délicat.
Indélicatesse, *sf.* sans délic.
Indemniser, *v.* dédommager.
Indemnité, *sf.* dédommage.
Indépendamment, *ad.*
Indépendance, *sf.* état de l'
Indépendant, *a.* qui ne
  dépend de personne.
Indestructible, *a.* qu'on ne
  peut détruire.
Indéterminé, *a.* non déter.
Indévot, *a.* et *s.* non dévot.
Indévotion, *sf.* défaut de dé-
Index, *sm.* 2ᵉ doigt. [votion.
Indicateur, trice, *a.* qui ind.
Indicatif, *a.* qui indique.
Indication, *sf.* démonstrat.
Indice, *sm.* signe.
Indicible, *a.* inexprimable.
Indiction, *sf.* convocation.
Indifféremment, *ad.*
Indifférence, *sf.* insouciance.
Indifférent, *a.* ni pour ni
  contre.
Indigence, *sf.* pauvreté.
Indigène, *s.* et *a.* du lieu.
Indigent, *a.* nécessiteux.
Indigeste, *a.* difficile à digér.
Indigestion, *sf.* mauvaise di-
  gestion.
Indignation, *sf.* colère.
Indigne, *a.* et *s.* non digne.
Indigner, *v.* irriter, courrou-
Indignité, *sf.* outrage. [cer.
Indigo, *sm.* plante, bleu.
Indiquer, *v.* montrer.
Indirect, *a.* détourné.
Indirectement, *ad.*
Indisciplinable, *a.* incorrigib.
Indiscipliné, *a.* non discipl.
Indiscret, ète, *a.* et *s.* impru-
  dent.
Indiscrètement, *ad.* avec
Indiscrétion, *sf.* imprudence
Indispensable, *a.* nécessaire
Indispensablement, *ad.*
Indisposer, *v.* fâcher.
Indisposition, *sf.* malaise.
Indissoluble, *a.* bien uni.
Indistinct, *a.* confus.
Indistinctement, *ad.*
Individu, *sm.* être, personne
Individuel, le, *a.* personnel.

Individuellement, *ad.*
Indivisibilité, *sf.* qualité de ce
  qui est [diviser.
Indivisible, *a.* qu'on ne peut
Indocile, *a.* insoumis.
Indocilité, *sf.* insoumission.
Indolemment, *ad.* (lñ)
Indolence, *sf.* nonchalance.
Indolent, *a.* nonchalant.
Indomptable, *a.* insoumis.
Indompté, *a.* non dompté.
Indu, *a.* contre la règle.
Indubitable, *a.* assuré.
Indubitablement, *ad.*
Induire, *v.* exciter.
Indulgemment, *ad.* avec
Indulgence, *sf.* bonté.
Indulgent, *a.* qui pardonne.
Indult, *sm.* (t) privilége.
Indûment, *ad.*
Industrie *sf.* adresse, profess.
Industriel, le, *a.* d'industrie.
Industrieux, se, *a.* adroit.
Inébranlable, *a.* ferme.
Inébranlablement, *ad.*
Inédit, *a.* qui n'est pas dit.
Ineffable, *a.* inexprimable.
Ineffaçable, *a.* qu'on ne peut
Inefficace *a.* sans effet [effacer
Inefficacité, *sf.*
Inégal, *a.* pas égal.
Inégalement, *ad.*
Inégalité *sf.* défaut d'égalité
Inéligible, *a.* non éligible.
Inénarrable, *a.* qu'on ne
  peut dire.
Inepte, *a.* sans aptitude.
Ineptie *sf.* absurdité [épuiser.
Inépuisable, *a.* qu'on ne peut
Inerte, *a.* sans ressort.
Inertie, *sf.* (cie) inaction.
Inespéré, *a.* inattendu.
Inestimable, *a.* très-estimé.
Inévitable, *a.* qu'on ne peut
  éviter.
Inexact, *a.* (t) pas exact.
Inexactitude, *sf.* sans exact.
Inexcusable *a.* non excusable
Inexécutable, *a.* qu'on ne
  peut exécuter. [cution.
Inexécution *sf.* défaut d'exé-
Inexorable, *a.* qu'on ne peut
  fléchir. [périence.
Inexpérience *sf.* défaut d'ex-
Inexpérimenté, *a.* sans ex-
  périence. [expliquer.
Inexplicable, qu'on ne peut
Inexprimable, qu'on ne peut
  exprimer.
Inextinguible, *a.* qui ne peut
  s'éteindre. [error.
Infaillibilité, *sf.* qui ne peut
Infaillible, *a.* certain.

Infailliblement, *ad.*
Infaisable *a.* (*fé*) impraticab.
Infamant, *sf.* déshonorant.
Infamation, *sf* note d'infamie
Infâme, *a.* et *s.* honteux,
Infamie *sf* flétrissure. [flétri.
Infanterie, *sf.* fantassins.
Infanticide *sm* tuer un enfant
Infatigable, *a.* courageux.
Infatigablement, *ad.*
Infatuation, *sf.* prévention.
Infatuer, *v.* trop prévenir.
Infect, *a.* puant, corrompu.
Infecter, *v.* rendre infect.
Infection, *sf.* puanteur.
Inférer, *v.* conclure de
Inférieur *a.* et *s.* en dessous
Inférieurement, *ad.*   [de.
Infériorité *sf.* rang inférieur.
Infernal, *a.* d'enfer.
Infertile, *a.* stérile.
Infester, *v.* ravager.
Infidèle, *a.* et *s.* sans foi.
Infidélité, *sf.* manque de fi-
    délité.
Infiltration, *sf.* action de
Infiltrer (s') *v.* passer, filtrer
Infini, *a.* sans bornes.
Infiniment, *ad.* sans bornes.
Infinité, *sf.* qualité infinie.
Infinitif, *sm.* mode du verbe.
Infirmatif, *a.* qui infirme.
Infirme, *a.* et *s.* impotent.
Infirmer, *v.* déclarer nul.
Infirmerie, *sf.* hôpital.
Infirmier, *s.* garde malade.
Infirmité, *sf.* maladie.
Inflammable *a* qui peut s'en-
    flammer.   [flammer.
Inflammation, *sf.* act. d'en-
Inflammatoire *a* qui s'enflam.
Inflexible, *a.* inexorable.
Inflexion, *sf.* act. de fléchir.
Infliger, *v.* imposer.
Influence, *sf.* vertu, pouvoir.
Influencer, *v.* avoir influence
Influer, *v.* être cause que.
Information, *sf.* enquête.
Informe, *a.* mal conformé.
Informer *v.* avertir, prévenir
Infortune, *sf.* malheur.
Infortuné, *a.* malheureux.
Infracteur, *sm.* qui a enfreint
Infraction, *sf.* transgression.
Infructueux, se, *a.* stérile.
Infus, *a.* donné par la nature
Infuser, *v.* faire tremper.
Infusion, *sf.* act. d'infuser.
Ingambe, *a.* dispos, alerte.
Ingénieur, *sm.* off. du génie.
Ingénieusement, *ad.*
Ingénieux, *a.* adroit.
Ingénu, *a.* naïf, simple.

Ingénuité, *sf.* naïveté.
Ingénument, *ad.*
Ingérer, (s') *v.* se mêler.
Ingrat *a* et *s.* sans reconnais-
    sance, stérile. [connaiss.
Ingratitude *sf* manque de re-
Ingrédient, *sm.* partie d'un
Inhabile *a* incapable [mélang
Inhabitable *a.* non habitable.
Inhabité, *a.* non habité.
Inhérence, *sf.* qui est joint.
Inhospitalier, *a.* inhumain.
Inhumain, *a.* cruel.
Inhumanité, *sf.* cruauté.
Inhumation, *sf.* action d'
Inhumer, *v.* enterrer un mort
Inimaginable, *a.* qu'on ne
    peut imaginer.
Inimitable, *a.* parfait.
Inimitié, *sf.* haine. [hensible
Inintelligible, *a.* incompré-
Inique, *a.* injuste.
Iniquement, *ad.*
Iniquité, *sf.* injustice.
Initial, *a.* (*ci*) qui commence
Initiative *sf.* commencement
Initié, *s.* et *a.* qui est initié.
Initier, *v.* admettre.
Injecter, *v.* introduire.
Injonction, *sf.* commandem.
Injure, *sf.* insulte.
Injurier, *v.* dire des injures
Injurieux, se, *a.* diffamant.
Injuste *a* contraire à la justice
Injustement, *ad.*
Injustice, *sf.* action injuste.
Inné, *a.* né avec nous.
Innocemment, *ad.*
Innocence, *sf.* état innocent.
Innocent, *a.* non coupable.
Innocenter, *v.* absoudre.
Innocuité, *sf.* non nuisible.
Innombrable, *a.* (*n*)
Innovateur, *sm.* qui innove.
Innovation, *sf.* action d'
Innover, *v.* introduire.
Inoccupé, *a.* non occupé.
Inoculation, *sf.* action d'
Inoculer, *v.* communiquer.
Inodore, *a.* sans odeur.
Inondation, *sf.* action d'
Inonder, *v.* submerger.
Inopiné, *a.* imprévu.
Inopinément, *ad.*
Inouï, *v.* rare, incroyable.
Inquiet, ète, *a.* soucieux.
Inquiéter, *v.* troubler.
Inquiétude, *sf.* appréhension
Inquisition, *sf.* conquête.
Insaisissable *a* qu'on ne peut
Insalubre, *a.* malsain [saisir.
Insatiable, *a.* qu'on ne peut
    rassasier.

Inscription, *sf.* action d'
Inscrire, *v.* écrire.
Insecte, *sm.* petit animal.
Insensible *a.* et *s.* pas sensib.
Insensiblement, *ad.*
Inséparable *a* non séparable
Inséparablement, *ad.*
Insérer, *v.* mettre parmi.
Insertion, *sf.* act. d'insérer.
Insidieux, se, *a.* trompeur.
Insigne, *a.* signalé. [propre.
Insignifiance *sf.* sans caract.
Insignifiant, *a.* insipide.
Insinuer, *v.* introduire, faire
    croire.
Insipide, *a.* sans goût.
Insister, *v.* faire instance.
Insociable, *a.* sauvage.
Insolence, *sf.* effronterie,
    manque de respect.
Insolent, *a.* et *s.* effronté.
Insoluble *a* non soluble [payer
Insolvable, *a.* qui ne peut
Insomnie *sf* privation de som-
Insouciance *sf* état de l' [meil
Insouciant *a* et *s.* indifférent.
Insoutenable *a* non soutenab
Inspecter, *v.* surveiller.
Inspecteur, *sm.* qui inspecte.
Inspection, *sf.* surveillance.
Inspiration, *sf.* conseil.
Inspirer *v* respirer, suggérer
Instabilité, *sf.* non stable.
Installation, *sf.* action d'
Installer, *v.* mettre en place
Instamment, *ad.*
Instance, *sf.* sollicitation.
Instant, *a.* pressant, moment
Instar, *ad.* à la manière de
Instigateur trice *s* q. suggère
Instigation, *sf.* suggestion.
Instiguer, *v.* exciter à.
Instinct, *sm.* sentiment.
Instituer, *v.* établir.
Institut *sm.* règle, académie.
Instituteur trice *s* qui enseig.
Institution *sf.* chose établie,
    école.
Instructif, ve, *a.* qui instruit.
Instruction, *sf.* éducation.
Instruire, *v.* enseigner.
Instrument, *sm.* outil.
Intrumental *a.* d'instrument
Insu, *ad.* sans qu'on le sache
Insubordination, *sf.* révolte.
Insuffisance, *sf.* manque.
Insuffisant *a.* qui ne suffit pas
Insulaire, *a.* habitant d'une
Insultant, *a.* qui insulte [île.
Insulte, *sf.* injure.
Insulter, *v.* attaquer.
Insupportable *a* désagréable
Insurger, *v.* révolter.

Insurmontable, a. difficile.
Insurrection sf. soulèvement
Intact, a. non touché.
Intarissable, a. inépuisable.
Intégral, a. total.
Intégralité, sf. chose entière
Intégrante, a. (partie).
Intégrité, sf. probité, chose complète.
Intellect, sm. entendement.
Intellectuel, le, a. spirituel.
Intelligemment, ad.
Intelligence, sf. perception.
Intelligent, a. qui comprend.
Intelligible, a. qu'on compr.
Intelligiblement, ad.
Intempérance, sf. débauche.
Intempérant, sm. déréglé.
Intempérie, sf. déréglement
Intempestif, ve, a. à contre-temps.
Intendance sf. administration
Intendant, s. administrateur
Intense, a. grand, fort, vif.
Intensité, sf. degré de force.
Intenter, v. faire un procès.
Intention, sf. volonté, pensée, dessein.
Intercalaire, a. ajouté.
Intercalation, sf. addition.
Intercaler, v. insérer.
Intercéder, v. prier.
Intercepter, v. s'emparer par surprise.
Intercesseur, sm. qui interc.
Intercession, sf. action d'intercéder.
Interdiction, sf. action d'
Interdire, v. prohiber.
Interdit, sm. censure.
Intéressant, a. qui intéresse
Intéresser, v. prendre intérêt
Intérêt, sm. ce qui importe.
Intérieur, a. et sm. au dedans
Intérieurement, ad.
Intérim sm (im) entre-temps
Interjection, sf. terme de grammaire.
Interjeter, v. (appel), en appeler.
Interligne, sm. entre-ligne.
Interligner, v. espacer.
Interlocuteur, sm. qui parle.
Interloquer, v. embarrasser.
Intermédiaire, a. entre.
Interminable, a. sans fin.
Intermittence sf. par période
Intermittent, a. qui cesse et reprend.
Interne, a. au dedans,
Interpellation, sf. action d'
Interpeller, v. sommer.
Interposer, v. entremettre.

Interprétatif, ve, a. qui interprète.
Interprétation sf. explication
Interprète, a. qui explique.
Interpréter, v. expliquer, traduire.
Interrègne, sm. intervalle.
Interrogant, a. (r) d'
Interrogation, sf. question.
Interrogatoire, sm. act. d'
Interroger, v. questionner.
Interrompre, v. faire cesser.
Interruption, sf. cessation.
Intersection, sf. rencontre.
Intervalle, sm. distance.
Intervenir, v. s'intéresser.
Intervention, sf. action d'intervenir.
Intervertir v. changer l'ordre
Intestin a. interne; sm. boyau
Intestinal, a. des intestins.
Intime, a. et s. ami.
Intimement, ad.
Intimer, v. signifier.
Intimider, v. rendre timide.
Intimité, sf. liaison intime.
Intituler, v. donner un titre.
Intolérable, a. non tolérable
Intolérance, sf. défaut de tolérance.
Intolérant, a. non tolérant.
Intolérantisme, sm. intolér.
Intonation, sf. donner le ton
Intraitable, a. difficile.
Intransitif a. terme de grammaire.
Intrépide, a. courageux.
Intrépidité, sf. fermeté.
Intrigant, s. qui se mêle d'
Intrigue, sf. cabale.
Intriguer, v. embarrasser.
Intrinsèque, a. de soi, intér.
Introducteur, trice, s. qui introduit.
Introduction, sf. action d'
Introduire, v. donner entrée
Introït, sm. commencement de la messe.
Intronisation, sf. action d'
Introniser, v. installer.
Introuvable, a. rare.
Intrus, a. usurpateur.
Inusité, a. qui n'est pas d'us.
Inutile, a. qui ne sert à rien.
Inutilité, sf. non utilité.
Invalide, a. soldat estropié.
Invalidité, sf. sans validité.
Invariable, a. fixe.
Invasion, sf. irruption.
Invective, sf. injure.
Invectiver, v. dire des invectives.
Inventaire, sm. examen.

Inventer, v. trouver, découvrir.
Invention, sf. découverte.
Inventorier, v. faire l'inventaire.
Inverse, a. à contre-sens.
Inversion, sf. transposition.
Investir, v. revêtir, cerner.
Investiture, sf. installation.
Invétérer, v. s'enraciner.
Invincible, a. qu'on ne peut vaincre.
Invinciblement, ad.
Inviolable, a. qu'on ne peut violer.
Inviolablement, ad.
Invisible, a. qu'on ne voit pas
Invisiblement, ad.
Invitation, sf. action d'inviter
Inviter, v. prier, exciter.
Invocation sf. act. d'invoquer
Involontaire, a. sans volonté
involontairement, ad.
Invoquer, v. prier, appeler.
Invraisemblable, a. non vraisemblable.
Invraisemblance, sf. contre la vraisemblance.
Invulnérabilité, sf. état.
Invulnérable, a. qu'on ne peut blesser.
Ionique, a. ordre d'architect.
Iota, sm. neuvième lettre de l'alphabet grec.
Irascible, a. qui s'emporte.
Ire, sf. colère.
Iris, sm. (s), arc-en-ciel.
Ironie, sf. raillerie.
Ironique, a. d'ironie.
Ironiquement, ad.
Irraisonnable, a. sans raison
Irréconciliable, a. qu'on ne peut réconcilier.
Irréconciliablement, ad.
Irrécusable, a. qu'on ne peut rejeter.
Irréductible, a. qu'on ne peut réduire.
Irréfléchi, a. étourdi.
Irréformable a. sans réforme
Irréfragable, a. irrécusable.
Irrégularité, sf. manque de régularité.
Irrégulier, a. non régulier.
Irréligieux, se, a. impie.
Irréligion, sf. impiété.
Irrémédiable, a. sans remède
Irrémissible a sans rémission
Irrémissiblement, ad.
Irréparable, a. qu'on ne peut réparer.
Irrépréhensible, a. qui ne peut être blâmé.

Irréprochable, *a.* sans reproche.
Irrésistible, *a.* non résistible
Irrésolu, *a.* indécis.
Irrésolution, *sf.* manque de volonté.
Irrévéremment, *ad.* (ran).
Irrévérence, *sf.* manque de respect.
Irrévérent, *a.* sans respect.
Irrévocabilité, *sf.* ce qui est
Irrévocable, *a.* qu'on ne peut changer.
Irrigation, *sf.* arrosement.

Irritabilité, *sf.* état
Irritable, *a.* susceptible.
Irritation, *sf.* état irrité.
Irriter, *v.* exciter, provoquer
Irruption, *sf.* envahissement
Islamisme *sm.* mahométisme
Isocèle, *a.* triangle à deux côtés égaux.
Isolé, *a.* solitaire, séparé.
Isolement, *sm.* état isolé.
Isolément, *ad.*
Isoler, *v.* séparer de tout.
Israélite, *s.* juif.
Issu, *a.* descendu, originaire

Issue, *sf.* sortie.
Isthme, *sm.* langue de terre.
Italique, *a.* et *sm.* caractère couché.
Item, *ad.* (èm), de plus.
Itinéraire, *sm.* chemin.
Ivoire, *sf.* dent d'éléphant.
Ivraie, *sf.* mauvaise herbe.
Ivre, *a.* troublé par le vin.
Ivresse, *sf.* ivrognerie, enthousiasme.
Ivrogne, *a.* et *s.* buveur.
Ivrogner, *v.* s'enivrer.
Ivrognerie, *sf.* act. de s'eniv.

J

J, *sm.* (ji ou je), 10e lettre.
Jabot, *sm.* ornement.
Jachère, *sf.* terre en repos.
Jacinthe, *sf.* plante.
Jactance, *sf.* vanterie.
Jaculatoire, *a.* (oraison).
Jadis, *ad.* (s), autrefois.
Jaillir, *v.* s'élancer.
Jaillissant, *a.* qui jaillit.
Jaillissement, *sm.* action de jaillir.
Jale, *sf.* grande jatte.
Jalon, *sm.* bâton.
Jalonner, *v.* mett. des jalons.
Jalouser, *v.* avoir de la
Jalousie, *sf.* chagrin, envie, treillis.
Jaloux, se, *a.* et *s.* qui jalouse
Jamais, *ad.* en aucun temps.
Jambage, *sm.* ligne droite.
Jambe, *sf.* du genou au pied.
Jambon, *sm.* cuisse ou épaule de porc salée.
Janissaire, *sm.* soldat turc.
Jante, *sf.* partie d'une roue.
Janvier, 1er mois de l'année.
Japper, *v.* crier, aboyer.
Jaquemar, *sm.* marteau.
Jaquette, *sf.* habillement.
Jardin, *sm.* lieu pour cultiver des fleurs, etc.
Jardinage, *sm.* art de
Jardiner, *v.* trav. le jardin.
Jardinet, *sm.* petit jardin.
Jardinier, *s.* cultivateur.
Jargon, *sm.* mauvais lang.
Jargonner, *v.* parler jargon.
Jarret, *sm.* pli de la jambe.
Jarretière, *sf.* lien.
Jars, *sm.* mâle de l'oie.
Jaser, *v.* babiller, causer.
Jaserie, *sf.* babillement, caquet, *fa.*
Jaseur, euse, *s.* causeur.
Jasmin, *sm.* plante.

Jaspe, *sm.* sorte d'agate.
Jasper, *v.* bigarrer.
Jaspure, *sf.* action de jasper.
Jatte, *sf.* vase rond.
Jauge, *sf.* contenance.
Jaugeage, *sm.* action de
Jauger, *v.* mesurer.
Jaunâtre, *a.* presque jaune.
Jaune, *a.* et *sm.* coul. d'or.
Jaunir, *v.* rendre jaune.
Jaunisse, *sf.* sorte de maladie
Javeler, *v.* mettre en javelles
Javeline, *sf.* dard long.
Javelle, *sf.* poignée de blé scié.
Javelot, *sm.* sorte de dard.
Je, *pron. pers.* 1re pers., *s.*
Jéhovah, *sm.* nom de Dieu.
Jérémiade, *sf.* plainte.
Jésuite, *sm.* religieux.
Jésuitique, *a.* de jésuite.
Jet, *sm.* act. de jeter, ou jaillir.
Jetée, *sf.* digue de pierres.
Jeter, *v.* lancer, produire.
Jeton, *sm.* pièce pr compter
Jeu, *sm.* récréation.
Jeudi, *sm.* 5e jour de la semaine.
Jeun (à), *ad.* sans avoir mangé.
Jeune, *a.* et *s.* peu âgé.
Jeûne, *sm.* abstinence.
Jeûner, *v.* faire abstinence.
Jeunesse, *sf.* âge.
Jeûneur, euse, qui jeûne.
Joaillier, *s.* ouvrier en joyaux
Jocko, *sm.* grand singe.
Joie, *sf.* plaisir.
Joindre, *v.* approcher, réun.
Joint, *sm.* articulation.
Jointure, *sf.* joint du corps.
Joli, *a.* qui plaît à l'œil.
Joliment, *ad.* avec beauté.
Jonc, *sm.* (jon), plante, canne.

Joncher, *v.* parsemer, couvr.
Jonction, *sf.* act. de joindre
Jonglerie, *sf.* charlatanerie.
Jonque, *sf.* vaisseau chinois.
Joue, *sf.* partie du visage.
Jouer, *v.* divertir, s'amuser.
Jouet, *sm.* qui sert à amuser
Joueur, euse, *s.* qui joue.
Joufflu, *a.* qui a de grosses joues.
Joug, *sm.* sujétion, bois pour atteler.
Jouir, *v.* posséder.
Jouissance, *sf.* act. de jouir.
Joujou, *sm.* jouet.
Jour, *sm.* clarté, 24 heures.
Journal, *sm.* relation quotidienne, liv. de commerce.
Journalier, ère, *a.* de chaque jour. [Journal.
Journaliste, *sm.* qui fait un
Journée, *sf.* durée d'un jour.
Journellement, *ad.*
Joute, *sf.* sorte de lutte.
Jouter, *v.* lutter.
Jouvenceau, *sm.* adolescent.
Jovial, *a. sans pl. m.* gai.
Joyau, *sm.* bijou.
Joyeusement, *ad.*
Joyeux, se, *a.* qui est gai.
Jubé, *sm.* tribune d'église.
Jubilation, *sf.* réjouissance.
Jubilé, *sm.* indulgence.
Jucher, *v.* percher.
Judas, *m.* petite ouverture.
Judaïser, *v.* vivre en Juif.
Judaïsme, *sm.* état de Juif.
Judicature, *sf.* état de juge.
Judiciaire, *a.* fait en justice.
Judiciairement, *ad.*
Judicieusement, *ad.*
Judicieux, se, *a.* sage.
Juge, *sm.* magistrat, arbitr.
Jugement, *sm.* sentence.
Juger, *v.* rendre la justice, décider.

Juif , *sm.* et *a.* Hébreu.
Juillet , 7e mois de l'année.
Juin , *sm.* 6e mois de l'année
Juiverie, *sf.* quart. des Juifs.
Jujube, *sm.* fruit du jujubier
Jumeau, melle, *pl. eaux*, né avec un autre.
Jument , *sf.* femelle du chev.
Jupe, *sf.* vêtem. de femme.
Jupon , *sm.* jupe de dessous.
Juré , *sm.* juge.

Jurement , *sm.* serment , blasphème.
Jurer, *v.* affirmer, ratifier.
Jureur, *sm.* qui jure.
Juri ou Jury, *sm.* commission
Juridiction, *sf.* pouvoir, res-
Juridique, *a.* de droit. [sort.
Juridiquement, *ad.* [droit.
Jurisconsulte, *m.* doct. en
Jurisprudence, *sf.* science de
Jus, *sm.* suc exprimé. [droit.

Jusque, *prép.* de lieu.
Justaucorps, *sm.* vêtement.
Juste , *a.* équitable, exact.
Justement, *ad.* avec justice.
Justesse , *sf.* précision.
Justice, *sf.* équité.
Justiciable, *a.* soumis.
Justicier , *v.* rendre justice , *a.* qui rend justice.
Justifier , *v.* prouver l'inno-cence.

K

K , *sm.* (ca ou ka) 11e lettre
Kan *sm* commandant tartare
Kaolin *sm.* terre à porcelaine
Kanguroo , *sm.* quadrupède.
Kermès, *sm.* (s), teinture.
Kilo, *sm.* mille unités.

Kilogramme *sm.* 1000 gram.
Kilomètre, *sm.* 1000 mètres.
Kiosque, *sm.* pavillon.
Kirsch-Wasser *sm.* (*kirsche*) eau-de-vie de cerises sau-vages.

Knout, *sm.* supplice russe.
Koran , *sm.* Alcoran.
Kyrielle, *sf.* litanie de choses ennuyeuses.
Kyste, *sm.* membrane.

L

L *sf.* (elle) et *m.* la 12e lett.
La, *art.* et *pron. rel. fém.*
Là, *ad.*
La la, *ad.* tout beau.
Labarum, *sm.* (om) étendard
Labeur, *sm.* travail.
Labial, *a.* des lèvres.
Labié *a.* découpé en lèvres.
Laboratoire, *sm.* officine.
Laborieusement, *ad.*
Laborieux, se, *a.* travailleur
Labour , *sm.* travail de la
Labourable, *a.* de [terre.
Labourage, *sm.* art de
Labourer, *v.* remuer la terre
Laboureur, *sm.* qui laboure.
Labyrinthe, *sm.* d'où on ne peut sortir.
Lac, *sm.* grand amas d'eau.
Lacer *v.* serrer avec un lacet
Lacération, *sf.* action de
Lacérer, *v.* déchirer.
Lacet *sm* cordon ferré, piége
Lâche , *a.* et *s.* non tendu ,
Lâchement, *ad.* [poltron.
Lâcher, *v.* diminuer.
Lâcheté, *sf.* poltronnerie.
Laconique, *a.* concis.
Laconisme, *sm.* façon brève.
Lacrymal, *a.* des larmes.
Lacrymatoire *sm* vase funér.
Lacs, *sm.* (la) piège.
Lacune, *sf.* espace vide.
Ladre, esse, *a.* et *s.* lépreux.
Ladrerie, *sf.* lèpre, avarice.
Lagune, *sf.* petit lac.
Laic, *a.* et *sm.* V. laïque.
Laid , *a.* désagréable à voir.

Laideur, *sf.* défaut de beauté
Laie, *sf.* fem. du sanglier.
Lainage , *sm.* de laine.
Laine, *sf.* poil de mouton.
Lainer, *v.* donner le lainage.
Laïque, *a.* et *s.* séculier.
Laisse, *sf.* corde, cordon.
Laisser, *v.* quitter, céder.
Lait , *sm.* liq. des mamelles.
Laitage, *sm.* alim. fait de lait
Laiteux, se, *a.* qui a un suc.
Laitière , *sf.* march. de lait.
Laiton , *sm.* cuivre jaune.
Laitue , *sf.* plante potagère.
Lamaneur, *sm.* pilote.
Lambeau, *sm.* pièce déchirée
Lambin, *a.* et *s.* qui lambine
Lambiner, *v.* agir lentement
Lambourde, *sf.* pièce de bois
Lambris, *sm.* revêtement.
Lambrissage , *sm.* act. de
Lambrisser, *v.* couvrir.
Lame, *sf.* feuille, fer d'épée, vague mince.
Lamentable , *a.* déplorable.
Lamentation, *sf* cris plaintifs.
Lamenter, *v.* déplorer.
Laminer, *v.* réduire en lame.
Laminoir *sm* outil à laminer
Lampe, *sf.* vase à huile.
Lampion , *sm.* lampe pour illuminer.
Lampiste *sm.* fab. de lampes.
Lance, *sf.* arme à long bois.
Lancer, *v.* jeter avec force.
Lancette, *sf.* instrument.
Lancier, *sm.* cavalier.
Lande, *sf.* terre inculte.

Langage , *sm.* idiome, style.
Lange, *sm.* morceau d'étoffe.
Langoureux, se, *a.* de lang.
Langue, *sf.* organe, langage
Languette, *sf.* petite pièce.
Langueur, *sf.* abattement.
Languir, *v.* souffrir.
Languissamment, *ad.*
Lanière, *sf.* courroie.
Lanterne, *sf.* falot, tourelle.
Lanterner, *v.* hésiter.
Lantiponner *v* dire des riens
Laper, *v.* manière de boire du chien.
Lapereau , *sm.* jeune lapin.
Lapidaire *sm.* md de pierres précieuses.
Lapidation, *sf.* action de
Lapider, *v.* tuer à coup de
Lapin *sm* quadrup. [pierres.
Laps, *sm.* (s) temps. *a.*
Laquais, *sm.* valet.
Laque, *sf.* gomme, vernis.
Larcin, *sm.* act. de dérober.
Lard, *sm.* graisse de porc.
Larder *v.* mettre des lardons
Lardoire *sf.* ust. pour larder
Lardon, *sm.* morceau de lard
Large, *a.* non étroit.
Largesse, *sf.* libéralité.
Largeur, *sf.* étendue.
Larme, *sf.* eau sort. de l'œil.
Larmier, *sm.* saillie. *arch.*
Larmoiement, *sm.* pleurs.
Larmoyant, *a.* qui pleure.
Larmoyer, *v.* pleurer.
Larron, nesse, *s.* qui vole.
Las, se, *v.* fatigué , ennuyé.

Lascif, ve, *a.* impur.
Lasser, *v.* affaiblir, ennuyer.
Lassitude, *sf.* fatigue.
Latent, *a.* caché.
Latéral, *a.* qui app. au côté.
Latéralement, *ad.* du côté.
Latin, *sm.* langue, pays.
Latiniser, *v.* mettre en latin.
Latinisme, *sm.* locut. latine.
Latiniste, *s.* qui sait le latin.
Latinité, *sf.* langage latin.
Latitude, *sf.* distance de l'éq.
Latrie, *sf.* culte de Dieu seul.
Latrines *sf pl.* lieux d'aisance
Latte, *sf.* bois long et étroit.
Latter, *v.* garnir de lattes.
Laudes, *sf. pl.* office.
Lauréat, *a. et sm.* couronne.
Laurier, *sm.* arbre, symbole
Lavabo, *sm.* linge d'autel.
Lavandière, *sf.* blanchisseuse
Lave, *sf.* matière volcanique
Lavement, *sm.* clystère.
Laver, *v.* nett. avec de l'eau
Lavis, *sm.* coloris.
Lavoir, *sm.* lieu où on lave.
Layetier *sm.* ouvr. en caisses
Layette, *sf.* coffret, tiroir.
Lazaret, *sm.* lieu de quaran-
    taine.
Le, La, Les, *art. et pron.*
Lé, *sm.* largeur d'étoffe.
Lécher, *v.* passer la langue.
Leçon, *sf.* instruction.
Lecteur, trice, *s.* qui lit.
Lecture, *sf.* action de lire.
Légal, *a.* selon la loi.
Légalement, *ad.*
Légalisation, *sf.* act. de
Légaliser *v* rendre authentiq.
Légat, *sm.* envoyé du pape.
Légataire *s* qui reçoit un legs
Légation, *sf.* charge de légat
Légende, *sf.* vie des saints.
Léger, *a.* qui pèse peu.
Légèrement, *ad.* avec légèr.
Légèreté, *sf.* être léger.
Légion, *sf.* corps militaire.
Légionnaire, *sm.* soldat.
Législateur, trice, *s.* aut. de
Législatif, ve, *a.* de   [lois.
Législation, *sf.* gouvernem.
Législature *sf* corps législatif
Légiste, *sm.* jurisconsulte.
Légitime, *a.* légal, équitable.
Légitimer *v.* rendre légitime
Légitimité, *sf.* qualité.
Legs, *sm.* don.
Léguer *v* donner, transmett.
Légume *sm.* plante potagère
Légumineux, se, *a.* de lég.
Lendemain *sm* le jour d'après
Lent, *a.* tardif, sans vitesse.

Lente, *sf.* œuf de pou.
Lentement, *ad.*
Lenteur, *sf.* manq. d'activité
Lentille, *sf.* légume, verre.
Léonin, *a.* de lion.
Léopard, *sm.* quadrupède.
Lèpre, *sf.* maladie.
Lépreux, se, *a.* qui a la lèpre.
Léproserie, *sf.* lieu destiné
    aux lépreux.
Lequel, laquelle, *adj. rel.*
Les, *art. et pron. plur.*
Lèse, dérivé du *v.* léser.
Léser, *v.* faire tort.
Lésine, *sf.* épargne sordide.
Lésiner, *v.* user de lésine.
Lésinerie, *sf.* acte de lésiner.
Lésion, *sf.* tort, blessure.
Lessive, *sf.* eau de cendre.
Lessiver, *v.* faire la lessive.
Lest *sm* poids au f. du navire.
Lestage, *sm.* act. de lester.
Leste, *a.* léger.
Léthargie *sf.* assoupissement
Léthargique, *a.* inanimé.
Lettre, *sf.* figure, écrit.
Leur, *pron. pers.*
Levain, *sm.* ferment.
Levée, *sf.* action de lever.
Lever, *v.* hausser, dresser.
Levier, *sm.* bâton, barre.
Levis, *sm.* (pont) qui se lève.
Lévite, *sm.* prêtre juif.
Levraut, *sm.* jeune lièvre.
Lèvre, *sf.* partie de la bouche
Levrette, *sf.* femelle du
Lévrier, *sm.* chien.
Levûre, *sf.* ferment de bière
Lézard, *sm.* reptile.
Lézardé, *a.* (mur) crevassé.
Liaison, *sf.* union, ce qui lie.
Liard, *sm.* petite monnaie.
Liasse, *sf.* papiers liés.
Libation, *sf.* effusion.
Libelle, *sm.* écrit injurieux.
Libeller, *v.* rédiger.
Libera, *sm. f.* (è) prière pour
    les morts.
Libéral, *a.* qui aime à donner.
Libéralité, *sf.* largesse.
Libérateur, trice, *s.* sauveur.
Libérer, *v.* se décharger.
Liberté, *sf.* pouvoir d'agir.
Libertin, *a. et s.* déréglé.
Libertinage, *sm.* débauche.
Libertiner, *v.* être dissipé.
Libraire, *sm.* md. de livres.
Librairie, *sf.* commerce,
    magasin de livres.
Libre, *sm.* indépendant.
Librement, *ad.* avec liberté.
Lice, *sf.* lieu pour les com-
    bats.

Licence, *sf.* permission, li-
    berté trop grande. [études
Licencié, *sm.* qui a fait ses
Licenciement, *sm.* action de
Licencier, *v.* congédier.
Licencieux, se, *a.* déréglé.
Licitation, *sf.* act. de liciter.
Licite, *a.* permis par la loi.
Licitement, *ad.*
Liciter, *v.* vendre à l'encan.
Licou, Licol, *sm.* lien à la
    tête d'un cheval.   [pris.
Lie, *sf.* dépôt, terme de mé-
Liége, *sm.* arbre, son écorce
Lien, *sm.* ce qui lie.
Lier, *v.* serrer, attacher.
Lieu, *sm.* espace, endroit.
Lieue, *sf.* mesure itinéraire.
Lieutenant, *sm.* officier.
Lièvre, *sm.* quadrupède.
Ligament, *sm.* lien, fibre.
Ligature, *sf.* bandes, nœud.
Ligne, *sf.* trait simple.
Ligue, *sf.* union, cabale.
Liguer, *v.* coaliser.
Ligueur, euse, *s.* factieux.
Lilas, *sm.* arbre, couleur.
Limace, Limas, Limaçons,
    sm. mollusques.
Limaille, *sf.* ce qu'ôte la
    lime.
Limbe, *sm.* bord, — séjour.
Lime, *sf.* citron, outil pour
Limer, *v.* polir avec la lime.
Limier, *sm.* chien de chasse.
Limite, *sf.* borne.
Limiter, *v.* borner.
Limitrophe, *a.* voisin.
Limon, *sm.* boue, citron,
    brancard.
Limonade, *sf.* boisson.
Limonadier, ère, *s.* cafetier.
Limpide, *a.* clair, net.
Lin, *sm.* plante, ses filaments
Linceul, *sm.* drap.
Linéaire, *a.* de lignes.
Linéament, *sm.* trait du vi-
Linge, *sm.* toile.   [sage.
Linger, ère, *s.* md. de linge.
Lingerie, *sf.* lieu où est le
    linge, commerce.
Lingot, *sm.* métal en masse
Liniment, *sm.* émollient.
Linon, *sm.* toile fine.
Linot, te, *s.* oiseau de volière
Linteau, *sm.* dessus de feu.
Lion, ne, *s.* quadrupède.
Liquéfaction, *sf.* (ké) act. de
Liquéfier, *v.* rendre liquide.
Liqueur, *sf.* subs. liquide.
Liquidation, *sf.* acquit.
Liquide, *a. et sm.* qui coule.
Liquider, *v.* rend. clair, pay-

Liquoreux, se, a. qui participe de la liqueur.
Liquoriste, sm. marchand de liqueur.
Lire, v. parcourir des yeux ce qui est écrit.
Liseur, euse, a. qui lit.
Lisible, a. facile à lire.
Lisiblement, ad.
Lisière, sf. bord d'étoffe, extrémité.
Lisse, a. uni et poli.
Lisser, v. rendre lisse.
Liste, sf. catalogue de noms.
Listel, sm. bande. arch.
Lit, sm. meuble pour couch.
Litanie, sf. prières.
Litharge, sf. oxide de plomb.
Lithographe, s. qui exerce la
Lithographie, sf. sorte d'imprimerie.
Lithographier, v. dessiner, imprimer sur pierre.
Litière, sf. chaise couverte, paille d'écurie.
Litige, sf. procès.
Litigieux, se, a. qui peut se
Litre, sm. mesure. |contester
Litron, sm. mesure.
Littéraire, a. des belles lett.
Littéral, a. selon la lettre.
Littéralement, ad. à la lettre
Littérateur, sm. savant.
Littérature, sf. belles lettres
Littoral, a. de rivage.
Liturgie, sf. ordre ecclésiastique.
Livide, a. peau plombée.
Livraison, sf. act. de livrer.
Livre, sm. volume, registre.
Livrée, sf. habits des valets.
Livrer, v. donner, abandonn.
Livret, sm. petit livre.
Local, a. du lieu.
Localité, sf. circonstance locale.
Locataire, s. qui tient à louage.
Locatif, ve, a. qui regarde le locataire.
Location, sf. à louage.
Loch, sm. (lok), instr. pour mesurer la vitesse.
Locomotion, sf. action de se mouvoir.
Locomotive, sf. machine à vapeur.
Locution, sf. façon de parler.
Logarithme, sm. sorte de calcul.
Loge, sf. petite hutte, réduit.
Logeable, a. où l'on peut loger.

Logement, sm. lieu où on loge.
Loger, v. habiter.
Logette, sf. petite loge.
Logeur, euse, s. qui loge.
Logicien, sm. qui sait la logique.
Logique, sf. art de raisonner juste.
Logiquement, ad. [ner juste.
Logis, sm. habitat., maison.
Logogriphe, sm. énigme.
Loi, sf. règle, autorité.
Loin, ad. éloigné.
Lointain, a. et sm. qui est loin
Loisible, a. permis.
Loisir, sm. temps disponible
Lombes, sm. pl. partie du dos.
Long, ue, a. et sm. (lon), étendu.
Longanimité, sf. clémence.
Longe, s. lanière de cuir.
Longer, v. aller le long de.
Longévité, sf. longue vie.
Longimétrie, sf. art de mesurer les longueurs.
Longitude, sf. distance d'un lieu au premier méridien.
Longtemps, ad.
Longuement, ad.
Longueur, sf. étendue, durée
Looch, sm. potion pectorale.
Loquacité, sf. babil.
Loque, sf. pièce, lambeau.
Loquet, sm. sorte de fermet.
Loqueteau, sm. petit loquet.
Lorgner, v. regarder de côté
Lorgnette, sf. petite lunette.
Lorgneur, euse, s. qui lorgne
Lorgnon, sm. lunette à un verre.
Loriot, sm. passereau.
Lors, ad. alors.
Losange, sf. fig. à 4 côtés.
Lot, sm. portion.
Loterie, sf. jeu de hasard.
Lotir, v. faire des lots.
Loto, sm. espèce de loterie.
Louable, a. digne de louange
Louange, sf. éloge.
Louanger, v. flatter.
Louche, a. de travers.
Loucher, v. regarder de travers.
Louer, v. flatter, engager.
Loueur, euse, s. qui loue.
Louis, sm. monnaie d'or.
Loup, sm. quadrupède.
Loup-cervier, sm. V. Lynx.
Loupe, sf. tumeur, lentille.
Loup-garou, sm. sorcier.
Lourd, a. pesant.
Lourdaud, a. grossier.

Lourderie, sf. faute grossière
Lourdeur, sf. pesanteur.
Loutre, sf. quadrupède.
Louve, sf. femelle du loup.
Louveteau, sm. petit loup.
Louvoyer, v. aller çà et là.
Louvre, sm. palais.
Loyal, a. suivant la loyauté.
Loyalement, ad.
Loyauté, sf. fidélité, probité
Loyer, sm. prix du louage.
Lucarne sf. fenêtre sur le toit
Lucide, a. clair.
Lucifer, sm. (èr), chef des démons.
Lucratif, ve, a. qui profite.
Lucre, sm. gain, profit.
Lueur, sf. faible clarté.
Lugubre, a. funèbre.
Lui, pron. de la 3e personne
Luire, v. éclairer, briller.
Luisant, a. qui luit.
Lumière, sf. ce qui éclaire.
Lumignon sm. bout de mèche
Luminaire, sm. cierge.
Lumineux, se, a. de lumière
Lunaire, a. de la lune.
Lunaison, sf. cours de la lune
Lunatique, a. capricieux.
Lundi, sm. deuxième jour de la semaine.
Lune, sf. satellite de la terre
Lunette, sf. verre pour la vue
Luron, onne, s. bon vivant.
Lustrale, a. eau pour purifier
Lustration, sf. act. de purifier
Lustre, sm. éclat, girandole.
Lustrer, v. donner de l'éclat
Lut, sm. enduit pour boucher
Luter, v. mettre du lut.
Luth, sm. ancien instrument de musique.
Luthéranisme, sm. hérésie.
Luthérien, a. hérétique.
Lutin, sm. esprit follet.
Lutrin, sm. pupitre d'église.
Lutte, sf. combat.
Lutter, v. combattre.
Lutteur, sm. qui lutte.
Luxation, sf. déboîtement.
Luxe, sm. somptuosité.
Luxer, v. déboîter un os.
Luxure, sf. incontinence.
Luxurieux, se, a. lascif.
Luzerne, sf. herbe.
Lycée, sm. établissement de sciences et de littérature.
Lynx, sm. quadrupède.
Lyre, sf. inst. de musique.
Lyrique, a. de poésie, de musique.

M

M, sm. treizième lettre de l'alphabet.
Ma, a. poss. sf. de Mon.
Macaron, sm. pâtisserie.
Macaroni, sm. pâte.
Macération, sf. action de
Macérer, v. mortifier.
Mâche, sf. herbe potagère.
Mâchefer, sm. scorie du fer.
Mâchelière, a. et sf. dent.
Mâcher, v. écraser avec les dents.
Machiavélisme, sm. finesse.
Machinal, a. naturel, sans réflexion.
Machinalement, ad.
Machine, sf. instrument.
Machiner, v. comploter.
Mâchoire, sf. os où sont les dents.
Mâchurer, v. barbouiller de noir.
Maçon, sm. qui maçonne.
Maçonner, v. bâtir.
Maçonnerie, sf. bâtisse.
Maculature, sf. feuille maculée, mal tirée.
Maculer, v. tacher.
Madame, sf. titre des femmes
Mademoiselle, sf. titre des filles.
Madré, a. tacheté, et s. rusé
Madrier, sm. ais fort épais.
Magasin, sm. réunion de marchandises, boutique.
Magasinier, sm. garde-mag.
Mage, sm. savant, juge.
Magicien, sm. qui professe la magie.
Magie, sf. illusion.
Magique, a. de la magie.
Magister, sm. (èr), maître d'école.
Magistral, a. de maître.
Magistralement, ad.
Magistrat, sm. officier.
Magistrature, sf. charge.
Magnanime, a. grand d'âme
Magnanimement, ad.
Magnanimité, sf. grandeur d'âme.
Magnésie, sf. sorte de terre.
Magnétique, a. de l'aimant.
Magnétiser, v. donner du magnétisme.
Magnificence sf. somptuosité
Magnifier, v. exalter Dieu.
Magnifique, a. somptueux.
Magnifiquement, ad.

Magot, sm. argent caché, figurine.
Mahométan, a. de Mahomet.
Mai, sm. 5e mois de l'année.
Maigre, a. sans graisse.
Maigrelet, a. maigre.
Maigrement, ad.
Maigreur, sf. état maigre.
Maigrir, v. devenir maigre.
Mail, sm. jeu, promenade.
Maille, sf. nœud, anneau.
Mailler, v. faire des mailles.
Maillet, sm. marteau de bois
Mailloche, sf. gros maillet.
Maillot, sm. enveloppe.
Main, sf. extrémité du bras.
Main-d'œuvre, sf. façon.
Main-forte, sf. aide à la justice.
Mainlevée, s. levée de justice
Maint, e, a. plusieurs.
Maintenant ad. actuellement
Maintenir, v. tenir en état.
Maintien, sm. conservation.
Maire, sm. magistrat.
Mairie, sf. hôtel du maire.
Mais, conj.
Maïs, sm. (s) blé de Turquie
Maison, sf. bâtiment p. loger
Maisonnette sf. petite maison
Maître, esse, s. supérieur, e, propriétaire.
Maîtrise, sf. qualité de maître
Maîtriser, v. se rendre maître
Majesté sf grandeur suprême
Majestueusement, ad.
Majestueux, se, a. qui a de la majesté.
Majeur, e, a. en âge de jouir de ses droits, plus grand.
Major, sm. officier militaire.
Majorité, sf. état de majeur.
Majuscule, a. et sf. grande lettre.
Mal, sm. Maux, pl. malheur
Malade, a. et s. mal portant
Maladie, sf. infirmité.
Maladif, ve, a. souvent mal.
Maladresse, sf. défaut d'adr.
Maladroit, a. et s. qui manque d'adresse.
Maladroitement, ad.
Malaise, a. difficile.
Mal-à-propos, ad.
Malavisé, a. et s. imprudent
Malbâti, a. et s. mal fait.
Malcontent, a. mal satisfait.
Mâle sm. opposé à la femelle
Malédiction, sf. imprécation

Maléfice, sf. sort prétendu.
Malencontre, sf. malheur.
Malencontreux, se, a. fâch.
Malentendu, sm. méprise.
Mal-être sm état de langueur
Malfaire, v. faire du mal.
Malfaisance, sf. malignité.
Malfait a. non selon les form.
Malfaiteur, sm. méchant.
Malgracieux, se, a. incivil.
Malgré, prép. contre le gré.
Malheur, sm. accident.
Malheureusement, ad.
Malheureux se a pas heureux
Malhonnête, a. non honnête.
Malhonnêtement, ad.
Malhonnêteté, sf. incivilité.
Malice sf méchanceté, gaieté
Malicieusement, ad.
Malicieux, se, a. qui a de la
Malignement, ad. [malice.
Malignité sf inclinat. au mal.
Malin, ligne, a. malicieux.
Malingre, a. faible.
Malintentionné, a. et s.
Malle, sf. coffre, valise.
Malmener, v. maltraiter.
Malotru, a. et s. grossier.
Malplaisant, a. désagréable.
Malpropre, a. sale.
Malproprement, ad.
Malpropreté, sf. saleté.
Malsain, a. qui n'est pas sain
Malséant, a. messéant.
Malsonnant, a. choquant.
Maltraité, a. traité durement
Malveillance, sf. haine.
Malveillant, a. et s.
Malversation, sf. act. de
Malverser, v. abuser.
Maman, sf. mère, t. enfantin.
Mamelle, sf. sein.
Mammifère a et s. à mamelle.
Manant, sm. paysan, rustre.
Manche sf du bras, d'un outil
Manchette, sf. ornement.
Manchon, sm. fourrure.
Manchot, sm. estropié d'une main, d'un bras.
Mandat, sm. rescrit, ordre.
Mandataire, sm. chargé de pouvoir.
Mandement, sm. ordre.
Mander, v. faire savoir.
Mandrin, sm. outil. [manger.
Manducation, sf. action de
Manège, sm. ruse, machine, salle d'équitation.
Mânes, sm. pl. âme, ombre.

Mangeable, *a.* qu'on peut m.
Mangeaille, *sf.* nourriture.
Mangeoire *sf.* auge de cheval
Manger, *v.* avaler, détruire.
Mangeur, euse, *s.* qui mange beaucoup.
Maniable, *a.* aisé à manier.
Maniaque, *a.* et *s.* sombre, possédé de manie.
Manie, *sf.* folie, passion.
Maniement, *sm.* action de
Manier, *v.* tâter, gouverner.
Manière, *sf.* façon, usage.
Maniéré *a.* plein d'affectation
Manifestation *sf.* démonstra-
Manifeste, *a.* notoire. [tion.
Manifestement, *ad.*
Manifester *v.* montrer, publ.
Manigance, *sf.* manœuvre.
Manigancer, *v.* tramer.
Manique, *sf.* gant de savetier
Manivelle, *sf.* tourniquet.
Manne, *sf.* panier, suc.
Mannequin, *sm.* panier, *fig.*
Manœuvre *sm.* aide, opérat.
Manœuvrer, *v.* travailler.
Manoir, *sm.* demeure.
Manouvrier, *sm.* aide.
Manque, *sm.* défaut.
Manquement, *sm.* omission.
Manquer, *v.* absenter, faillir.
Mansarde, *sf.* étage sous les combles.
Mansuétude, *sf.* bonté.
Manteau, *sm.* vêtement.
Mantelet *sm* sorte de manteau
Manuel, le, *a.* avec la main.
Manuellement, *ad.*
Manufacture, *sf.* fabrication.
Manufacturer, *v.* fabriquer.
Manufacturier *s.* q. fabrique.
Manuscrit *sm* écrit à la main.
Manutention, *sf.* maintien.
Mappemonde, *sf.* carte géo-graphique.
Maquereau, *sm.* poisson.
Maquignon *sm.* md. de chev.
Maquignonner, *v.* vendre des chev., intriguer.
Maraicher *sm.* cultivateur de
Marais, *sm.* terre humide.
Marasme, *sm.* consomption.
Marâtre, *sf.* belle-mère.
Maraud *s.* coquin, imprudent
Maraude, *sf.* pillage.
Marauder, *v.* voler.
Maraudeur, *a.* qui maraude.
Marbre, *sm.* pierre calcaire.
Marbrer, *v.* imiter le marbre.
Marbrier, *sm.* qui travaille le marbre. [ture.
Marbrure, *sf.* sorte de pein-
Marc, *sm.* poids, résidu.

Marchand, *s.* qui vend.
Marchander, *v.* débattre.
Marchandise *sf* obj. en vente
Marche *sf.* act. de marcher.
Marchepied *sm.* tapis, degré.
Marcher, *v.* aller, venir.
Marcheur euse, *a.* q. marche
Mardi *sm.* 3e jour de la sem.
Mare, *sf.* (â) eau stagnante.
Marécage, *sm.* lieu humide.
Marécageux se, *a.* humide.
Maréchal, *s.* qui ferre, grade
Maréchaussée *sf* gendarmer.
Marée, *sf.* flux et reflux.
Marge, *sf.* blanc autour de la page.
Margelle *sf* rebord d'un puits
Marger *v* marquer les marges
Marginal, *a.* en marge.
Marguerite, *sf.* plante, fleur
Marguillier, *sm.* fabricien.
Mari, *sm.* époux.
Mariage, *sm.* union légale.
Marier, *v.* unir par mariage.
Marin, *a.* qui navigue.
Marine, *sf.* de mer, force na-
Mariner *v* assaisonner. [vale.
Marinier, *sm.* batelier.
Marionnette, *sf.* petite figure mobile.
Maritime, *a.* de la mer.
Marmaille *sf.* petits enfants
Marmelade *sf.* fruits cuits.
Marmite, *sf.* ust. de cuisine.
Marmiton *sm* valet de cuisine
Marmot *sm* singe, pet. garçon
Marmotte, *sf.* quadrupède.
Marmotter, *v.* parler entre les dents.
Marmouset, *sm.* grotesque.
Marne, *sf.* terre calcaire.
Maroquin *sm.* peau de chèvre
Maroquiner, *v.* façonner en maroquin.
Maroufle, *sm.* fripon, rustre
Marque, *sf.* tache, signe.
Marquer, *v.* mett. une marq.
Marqueter, *v.* tacheter.
Marqueur, euse, *s.* qui marq.
Marquis, *s.* titre de dignité.
Marquisat, *sm.* dignité.
Marraine *sf.* celle qui tient sur les fonds baptismaux.
Marri, *a.* fâché.
Marron *sm* fruit du marronn.
Marronner, *v.* murmurer.
Marronnier, *sm.* arbre.
Mars, *sm.* (s) dieu, 3e mois.
Marsouin, *sm.* cétacé.
Marteau, *sm.* outil de fer.
Marteler *v* frapper du mart.
Martial, *a.* (ci) guerrier.
Martinet, *sm.* petit fouet.

Martyr, *sm.* confess. de la foi
Martyre, *sm.* mort de martyr.
Martyriser, *v.* faire souffrir.
Martyrologe, *sm.* catalogue des martyrs.
Mascarade, *sf.* déguisement.
Mascaron, *sm.* tête, masq.
Masculin, *a.* du mâle.
Masque, *sm.* faux visage.
Masquer, *v.* cacher, déguis.
Massacre, *sm.* carnage.
Massacrer, *v.* tuer, gâter.
Masse, *sf.* totalité, massue.
Masser, *v.* faire une masse.
Massif, ve, *a.* épais, lourd.
Massivement, *ad.*
Massue, *sf.* sorte de bâton.
Mastic, *sm.* colle, enduit.
Mastication, *sf.* act. de mâc.
Mastiquer, *v.* mettre du mastic.
Masure, *sf.* maison en ruine.
Mat, *a.* (t) sans lustre.
Mât, *sm.* (md) grande pièce
Matador, *sm.* homme riche.
Matamore, *sm.* fanfaron.
Matelas, *sm.* grand coussin.
Matelasser, *v.* garnir de matelas. [matelas.
Matelassier, *a.* qui fait des
Matelot, *sm.* marin.
Matelotte, *sf.* mets de poiss.
Mater, *v.* rendre mat.
Mâter, *v.* garnir de mâts.
Matérialisme, *sm.* syst. du
Matérialiste, *s.* qui n'admet que la matière.
Matérialité, *sf.* matière.
Matériaux, *sm. pl.* matières diverses.
Matériel, le, *a.* grossier.
Maternel, *a.* de la mère.
Maternité, *sf.* qual. de mère
Mathématicien, *s.* qui suit les
Mathématiques, *sf. pl.* scienc.
Mathématiquement, *ad.*
Matière, *sf.* substance.
Matin, *sm.* et *ad.* de bonne heure.
Mâtin, *sm.* gros chien.
Matinal, *a.* qui se lève matin.
Matinée, *sf.* du matin à midi.
Matines, *sf. pl.* office.
Matineux, se, *a.* du matin.
Matois, *a.* et *sm.* rusé. *fam.*
Matrice, *sf.* moule, étalons.
Matricule, *sf.* registre, liste.
Maturité, *sf.* qui est mûr.
Maudire, *a.* imprécations.
Mausolée, *sm.* tombeau.
Maussade, *a.* désagréable.
Mauvais, *a.* et *s.* méchant.
Mauve, *sf.* plante médicin.

Mauviette, *sf.* alouette.
Maxime, *sf.* proposition.
Maximum, *sm.* le plus haut.
Mazette, *sm.* mauvais.
Mécanicien, *s.* qui pratiq. la
Mécanique, *sf.* science des
  lois du mouvement.
Méchamment, *ad.*
Méchanceté, *sf.* malice.
Méchant, *a. et s.* mauvais.
Mèche, *sf.* coton, amadou.
Mécompte, *sf.* erreur.
Mécompter (se), *v.* se trom-
  per.
Méconnaissable, *a.* changé.
Méconnaissance, *sf.* ingra-
  titude.
Méconnaissant, *a.* ingrat.
Méconnaître, *v.* nier.
Mécontent, *a. et s.* fâché.
Mécontenter, *v.* fâcher.
Mécréant, *sm.* incrédule.
Médaille, *sf.* pièce de métal
Médaillon, *sm.* écusson.
Médecin, *sm.* qui exerce la
Médecine, *sf.* art de guérir,
  potion.   [remèdes.
Médeciner, *v.* donner des
Médiat, *a.* par intermédiaire
Médiateur, trice, *s.* interméd.
Médiation, *sf.* intervention.
Médical, e, *a.* de la médec.
Médicament, *sm.* remède.
Médicamenter, *v.* prendre
  des remèdes.
Médiocre, *a.* passable.
Médiocrement, *ad.*
Médiocrité, *sf.* état médioc.
Médire, *v.* dire du mal.
Médisance, *sf.* action du
Médisant, *a. et s.* qui médit
Méditatif, ve, *a.* qui médite.
Méditation, *sf.* considération
Méditer, *v.* délibérer en soi.
Méditerranée, *a. et sf.* mer.
Méfiance, *sf.* soupçon en mal
Méfiant, *a.* qui se méfie.
Méfier (se), *v.* ne pas se fier.
Mégarde, *sf.* inattention.
Mégère, *sf.* furie.
Mégisserie, *sf.* métier de
Mégissier, *s.* qui prépare les
  peaux.
Meilleur, *a.* préférable.
Mélancolie, *sf.* tristesse.
Mélancolique, *a. et s.* triste.
Mélancoliquement, *ad.*
Mélange, *sm.* choses mêlées.
Mélanger, *v.* faire un mél.
Mélasse, *sf.* résidu du sucre.
Mêlée, *sf.* combat, dispute.
Mêler, *s.* brouiller.
Mélodie, *sf.* harmonie.

Mélodieusement, *ad.*
Mélodieux, se, *a.* de mélod.
Melon, *sm.* fruit.
Membrane, *sf.* enveloppe.
Membre, *sm.* partie du corps
Membrure, *sf.* t. de menuis.
Même, *a.* semblable.
Mêmement, *ad.*
Mémento, *sm.* souvenir.
Mémoire, *sf.* faculté de l'âme
Mémorable, *a.* extraordin.
Mémoratif, ve, *a.* dont on se
  souvient.
Mémorial, *sm.* placet.
Menace, *sf.* parole ou geste.
Menacer, *v.* inspir. la crainte
Ménage, *sm.* gouvernement
  domestique.
Ménagement, *sm.* égard.
Ménager, *v.* épargner.
Ménager, ère, *a. et s.* écon.
Ménagerie, *sf.* loges d'ani-
  maux.
Mendiant, *s.* qui mendie.
Mendicité, *sf.* action de
Mendier, *v.* demander l'au-
Mener, *v.* conduire.   [mône.
Meneur, euse, *s.* qui mène.
Menotte, *sf.* fers aux mains.
Mensonge, *sm.* tromperie.
Mensonger, *a.* faux, tromp.
Mensuel, elle, *a.* du mois.
Mental, *a.* de l'esprit.
Mentalement, *ad.*
Menterie, *sf.* mensonge.
Menteur, euse, *a. et s.* qui
  ment.
Menthe, *sf.* plante aromatiq.
Mention, *sf.* commémoration
Mentionner, *v.* rappeler.
Mentir, *v.* dire un mensonge
Menton, *sm.* bas du visage.
Mentor, *sm.* guide.
Menu, *a.* délié.
Menuiserie, *sf.* art du
Menuisier, *sm.* ouv. en bois.
Méphitisme, *sm.* exhalaison.
Méprendre (se), *v.* se tromp.
Mépris, *sm.* mésestime.
Méprisable, *a.* dig. de mépris
Méprise, *sf.* erreur.
Mépriser, *v.* avoir du mépris
Mer, *sf.* amas d'eau.
Mercantile, *a.* du commerce.
Mercenaire, *a.* intéressé.
Mercenairement, *ad.*
Mercerie, *sf.* marchandises.
Merci, *s.* remercîment,
  miséricorde.
Mercier, ère, *s.* marchand.
Mercredi, *sm.* 4ᵉ jour de la
  semaine.
Mercure, *sm.* planète, métal.

Mercuriale, *sf.* réprimande,
  prix des grains.
Mère, *sf.* qui a mis au mond.
Méridion, *a.* du midi.
Mérinos, *sm.* (s) laine.
Mérise, *sf.* fruit.
Mérisier, *sm.* cerisier des bois
Mérite, *sm.* qualit., valeur.
Mériter, *v.* se rendre digne.
Méritoire, *a.* profitable.
Méritoirement, *ad.*
Merlan, *sm.* poisson.
Merle, *sm.* oiseau.
Merlin, *sm.* sorte de hache.
Merluche, *sf.* morue sèche.
Merveille, *sf.* chose rare.
Merveilleusement, *ad.*
Merveilleux, se, *a.* admirab.
Mes, *pronom.* V. Mon.
Mesquin, *a.* chiche, pauvre.
Mesquinement, *ad. sm.* de
Mesquinerie, *sf.* avarice.
Message, *sm.* char.
Messager, *sm.* envoyé.
Messagerie, *sf.* voit. publiq.
Messe, *sf.* sacrifice.
Messéance, *sf.* inconvenance
Messéant, *a.* inconvenant.
Messie, *sm.* le Christ promis
Messieurs *sm pl.* de Monsieur
Messire, *sm.* titre d'honneur.
Mesurable *a.* qu'on peut mes.
Mesurage *sm* act. de mesurer
Mesure, *sf.* règle, moyen.
Mesurer *v.* dét. une quantité.
Mesureur, *sm.* qui mesure.
Mésuser, *v.* abuser.
Métairie, *sf.* ferme.
Métal, *sm.* subst. minérale.
Métallique, *a.* de métal.
Métamorphose, *sf.* changem.
Métamorphoser, *v.* changer.
Métaphore, *sf.* fig. de rhétor.
Métaphysique, *sf.* science.
Métaphysiquer, *v. fam.*
Métayer, *s.* fermier.
Métempsycose *sf* transmigra-
  tion prétendue des âmes.
Météore, *sm.* phénomène.
Méthode, *sf.* règle, usage.
Méthodique, *a.* sel. les règles
Méthodiquement, *ad.*
Méthodiste, *s.* sectaire.
Méticuleux, se, *a.* craintif.
Métier *sm.* profess. d'artisan.
Métope, *sf.* ornem. d'arch.
Mètre, *sm.* mesure de long.
Métrique, *a.* de mètre.
Métropole, *a. et sf.* capitale.
Métropolitain *a.* archevêque.
Mets, *sm.* ce qu'on mange.
Mettable *a* qu'on peut mettre
Mettre, *v.* poser.

Meuble, *sm.* qui garnit.
Meubler, *v.* garnir de meub.
Meule *sf.* pierre à aiguiser, à
Meulière *sf* (pierre). [broyer
Meunier, ère, *s.* qui a un
  moulin.
Meurtre, *sm.* homicide.
Meurtrier, *a.* qui tue.
Meurtrir, *v.* contusionner.
Meurtrissure *sf.* contusion.
Meute, *sf* troupe de chiens.
Mis, particule indécl., demi.
Miasmes, *sm. pl.* vapeurs.
Miauler, *v.* cri du chat.
Miche, *sf.* petit pain.
Micmac, *sm.* intrigue.
Microscope, *sm.* instrument
  d'optique.
Midi *sm* milieu du jour, sud.
Mie, *sf.* part. molle du pain.
Miel *sm* suc doux des abeilles
Mielleux, se, *a.* de miel.
Mien, ne, *pr. a.* qui est à moi.
Miette, *sf.* parcelle de pain.
Mieux, *ad.* plus.
Mièvre, *a.* vif, remuant.
Mignard, *a.* mignon, gentil.
Mignardement, *ad.*
Mignarder *v* dorloter, caress.
Mignardise, *sf.* cajolerie.
Mignon, ne, *a.* délicat, joli.
Mignonnement, *ad.*
Migraine, *sf.* mal de tête.
Migration, *sf.* émigration.
Mil, *a.* num. pour la date.
Mil, Millet, *sm.* plante.
Milan, *sm.* oiseau de proie.
Milice, *sf.* corps de troupe.
Milicien, *sm.* soldat de milice
Milieu, *sm.* centre.
Militaire *a* et *sm* de la guerre
Militairement, *ad.* en soldat.
Militante, *a.* qui combat.
Militer, *v.* combattre *palais.*
Mille *a* num. i. (*t*) 10 fois 100
Millénaire, *a.* (*ll*) de mille.
Millepertuis, *sm.* herbe.
Millésime, *sm.* (*ll*) date.
Milliard, *sm.* mille millions.
Millième, *a.* la 1000ᵉ partie.
Millier, *sm.* mille.
Milligramme *sm* 1000ᵉ partie
  du gramme.
Million, *sm.* mille fois mille.
Millionième, *a.* ord. (partie)
Millionnaire, *a.* et *s.* riche à
Milord *sm* V. Lord. [millions
Minauderie, *sf.* affectation.
Mince *a.* peu épais. [terrain.
Mine *sf.* apparence, lieu sou-
Miner, *v.* creuser une mine.
Minerai, *sm.* métal.
Minéral, *sm.* corps solide.

Minéralogie, *sf.* science des
  minéraux.
Minet, tte, *s.* petit chat.
Mineur, *sm.* en tutelle, qui
  trav. aux mines.
Miniature, *sf.* dessin.
Minime, *a.* et *sm.* petit.
Minimum, *sm.* le moindre.
Ministère, *sm.* emploi.
Ministériel, le, *a.* de ministre
Ministre, *sm.* qui gouverne.
Minois, *sm.* visage.
Minorité, *sf.* de mineur.
Minot, *sm.* mesure.
Minuit, *sm.* milieu de la nuit.
Minuscule *sf* et *a.* pet. lettre.
Minute, *sf.* 60ᵉ de l'heure,
  original).
Minuter, *v.* faire la minute.
Minutie, *sf.* (cie) bagatelle.
Minutieux, se, *a.* vétilleux.
Miracle, *sm.* prodige.
Miraculeux se *a.* merveilleux
Mire, *sf.* point pour regarder
Mirer, *v.* viser.
Mirmidon, *sm.* petit homme.
Miroir, *sm.* glace p' se mirer
Miroitier, *sm.* marchand de
  miroirs.
Misanthrope, *s.* et *a.* qui hait
  les hommes.
Misanthropie, *sf.* haine.
Mise, *sf.* ce qu'on met.
Misérable, *a.* malheureux.
Misérablement, *ad.*
Misère, *sf.* pauvreté.
Miséricorde, *sf.* pardon.
Miséricordieusement, *ad.*
Miséricordieux se *a.* clément
Missel, *sm.* livre de messe.
Mission, *sf.* chargé de faire.
Missionnaire *sm* prédicateur
Missive, *sf.* (lettre).
Mitaine, *sf.* gant sans doigts
Mite, *sf.* insecte.
Mitigation *sf.* adoucissement
Mitiger, *v.* adoucir une loi.
Miton *sm* gant d'avant-bras.
Mitonner, *v.* faire tremper.
Mitoyen, ne, *a.* au milieu.
Mitraille, *sf.* ferraille.
Mitrailler, *v.* tirer à mitraille
Mitre, *sf.* bonnet d'évêque.
Mitron *sm* garçon boulanger
Mixte, *a.* mélangé.
Mixtiligne, *a.* de diff. lignes.
Mixtion, *sf.* (*li*) mélange.
Mixtionner, *v.* mélanger.
Mnémonique, Mnémotechnie
  sf. art. d'aider la mémoire
Mobile, *a.* qui se meut.
Mobilier, ère, *a.* des meubles
Mobiliser, *v.* rendre mobile.

Mobilité, *sf.* état mobile.
Mode, *sf.* manière, ton.
Modèle, *sm.* exemple.
Modeler, *v.* imiter.
Modérateur, trice, *a.* et *s.*
  qui modère.
Modération, *sf.* retenue.
Modérer, *v.* tempérer.
Moderne, *a.* nouveau.
Moderner, *v.* restaurer.
Modeste, *a.* retenu.
Modestement, *ad.*
Modestie, *sf.* retenue.
Modicité, *sf.* état modique.
Modificatif, ve, *a.* et *sm.* qui
  modifie.
Modifier, *v.* modérer.
Modillon, *sm.* console.
Modique, *a.* peu considérable
Modiquement, *ad.*
Module, *sm.* diamètre.
Moduler, *v.* former un chant.
Moelle *sf.* substance du bois,
  des os.
Moelleusement, *ad.*
Moelleux, se, *a.* douceur.
Moellon, *sm.* pierre à bâtir.
Mœurs, *sf. pl.* habitude.
Moi, pronom de la 1re pers.
Moignon, *sm.* reste d'une
  main, d'un bras coupé.
Moindre, *adj.* plus petit.
Moine, *sm.* religieux.
Moineau, *sm.* passereau.
Moins, *ad.* pas autant.
Moire, *sf.* apprêt, étoffe.
Moirer, *v.* onder.
Mois, *sm.* 12ᵉ partie de l'an.
Moisir, *v.* corrompre.
Moisissure, *sf.* altération.
Moisson, *sf.* réc. des grains.
Moissonner, *v.* faire la mois.
Moissonneur, euse, *s.* qui
  moissonne.
Moite, *a.* un peu humide.
Moiteur, *sf.* légère humidité.
Moitié, *sf.* portion d'une
  chose divisée en deux.
Molaire, *a.* dent.
Molécule, *sf.* petite partie.
Molester, *v.* tourmenter.
Molette, *sf.* étoile d'éperon.
Molasse, *a.* trop mou.
Mollement, *ad.*
Mollesse, *sf.* sans vigueur.
Mollet, *sm.* gras de jambe.
Molleton, *sm.* étoffe.
Mollir, *v.* devenir mou.
Moment, *sm.* instant.
Momentané, *a.* instantané.
Momentanément, *ad.*
Momerie, *sf.* hypocrisie.
Mon, ma, mes, *a. possessif.*

Monacal, *a.* de moine.
Monarchie, *sf.* état.
Monarchique, *a.* gouv. royal.
Monarque, *sm.* souverain.
Monastère, *sm.* couvent.
Monastique, *a.* de monastère.
Monceau, *sm.* amas.
Mondain, *a.* et *s.* du monde.
Mondainement, *ad.* avec
Mondanité, *sf.* vanité.
Monde, *sm.* l'univers, la so-
   ciété.
Monder, *v.* nettoyer.
Monétaire, *sm.* de la monn.
Moniteur, *sm.* qui avertit.
Monition, *sf.* avertissement.
Monnaie, *sf.* (aie) argent de
   cours.
Monnayer, *v.* battre monn.
Monnayeur, *sm.* qui bat mon.
Monogramme, *sm.* lettres
   initiales en écusson. [seul.
Monologue, *sm.* disc. d'un
Monopole, *sm.* exclusif.
Monopoleur, *sm.* qui fait le
   monopole.
Monosyllabe, *sf.* d'une syll.
Monotone, *a.* ennuyeux.
Monotonie, *sf.* uniformité.
Monseigneur, *sm.* tit. d'hon.
Monsieur, *sm.* Messieurs, *pl.*
Monstre, *sm.* contre nature.
Monstrueusement, *ad.*
Monstrueux, se, *a.* excessif.
Monstruosité, *sf.*
Mont, *sm.* montagne.
Montagne, *sf.* hauteur.
Montée, *sf.* escalier.
Monter, *v.* s'élever.
Monticule, *sm.* petit mont.
Montre, *sf.* horloge portativ.
Montrer, *v.* faire voir.
Montueux, se, *a.* qui monte.
Monture, *sf.* bête p' monter.
Monument, *sm.* édifice.
Moquer (se), *v.* railler.
Moquerie, *sf.* raillerie.
Moqueur, *a.* qui se moque.
Moral, *a.* de mœurs.
Moralement, *ad.*
Moraliser, *v.* inst. reprendre.
Moraliste, *s.* écrivain sur les
   mœurs.
Moralité, *sf.* sens.
Morbide, *a.* malade.
Morceau, *sm.* partie.
Morceler, *v.* diviser.
Mordicus, *ad.* obstinément.
Mordre, *v.* serrer, médire.
Morfil, *sm.* barbe qui reste à
   une lame aiguisée.
Morfondre, *v.* refroidir.
Morgue, *sf.* fierté.

Moribond, *a.* qui va mourir.
Morigéner, *v.* reprendre.
Morille, *sf.* champignon.
Morne, *a.* triste, sombre.
Morose, *a.* chagrin, maladif.
Morosité, *sf.* caract. morose.
Mors, *sm.* fer de bride.
Morsure, *sf.* incision faite
   avec les dents.
Mort, *sf.* fin de la vie.
Mortaise, *sf.* entaillure.
Mortalité, *sf.* de mort.
Mortel, le, *a.* sujet à la mort.
Mortellement, *ad.*
Mortier, *sm.* vase, pièce
   d'artillerie.
Mortification, *sf.* privation.
Mortifier, *v.* affliger.
Mortuaire, *a.* des morts.
Morue, *sf.* poisson de mer.
Morve, *sf.* humeur du nez,
   maladie des chevaux.
Morveux, se, *a.* qui a la mor.
Mosquée, *sf.* temple turc.
Mot, *sm.* assemblage de lett.
Motet, *sm.* chant d'église.
Moteur, trice, *s.* force.
Motif, *sm.* qui meut.
Motion, *sf.* proposition.
Motiver, *v.* dire pourquoi.
Motte, *sf.* morceau de terre.
Motus, *interj.* ne dites pas
   mot.
Mou, *sm.* poumon de veau.
Mou, Molle, *a.* sans consist.
Mouchard, *sm.* espion.
Mouche, *sf.* insecte.
Moucher, *v.* ôter la morve.
Moucheron, *sm.* petite mouc.
Moucheter, *v.* marqueter.
Mouchettes, *sf. pl. s.* de cis.
Moucheture, *sf.* act. de mou-
   cheter.
Moucheur, *sm.* qui mouche.
Mouchoir, *sm.* linge.
Moudre, *v.* broyer.
Moue, *sf.* grimace.
Moufle, *sm.* poulies.
Mouillage, *sm.* act. de
Mouiller, *v.* humecter.
Mouillette, *sf.* tranc. de pain
Moule, *sm.* modèle.
Mouler, *v.* jeter en moule.
Moulin, *sm.* mach. à moudr.
Mouliner, *v.* préparer la soie.
Moulinet, *sm.* petit moulin.
Moulure, *sf.* ornem. d'arch.
Mourir, *v.* cesser de vivre.
Mousquet, *sm.* fusil.
Mousqueterie, *sf.* fusillade.
Mousqueton, *sm.* fusil court.
Mousse, *sm.* jeune matelot,
   plante, écume.

Mousseline, *sf.* toile fine.
Mousser, *v.* écumer.
Mousseux, se, *a.* qui mousse.
Mousson, *sf.* vent des Ind.
Moustache, *sf.* barbe sur la
   lèvre supérieure.
Moutarde, *sf.* sénevé.
Mouton, *sm.* bélier.
Moutonner, *v.* s'agiter, friser
Mouture, *sf.* act. de moudre.
Mouvant, *a.* qui meut.
Mouvement, *sm.* transport.
Mouver, *v.* remuer la terre.
Mouvoir, *v.* remuer.
Moyen, ne, *a.* médiocre, qui
Moyennant, *ad.*   [sert à
Moyennement, *ad.* médiocr.
Moyeu, *sm.* au milieu de la
Muable, *a.* inconstant. [roue
Mucilage, *sm.* subst. vis-
   queuse.
Mucosité, *sf.* sécrétion.
Mue, *sf.* act. de muer.
Muer, *v.* changer de peau,
   de plumes.
Muet, te, *s.* privé de la parole
Mufle, *sm.* museau.
Mufti, *sm.* chef mahométan.
Mugir, *v.* crier.
Mugissement, *sm.* cri aigu.
Muguet, *sm.* plante.
Muid, *sm.* mesure.
Mulâtre, *a.* race mêlée.
Mule, *sf.* mulet femelle, pan-
   toufle.
Mulet, *sm.* animal métis.
Muletier, *sm.* conducteur de
   mulets.
Mulot, *sm.* espèce de rat.
Multiple, *a.* qui contient plu-
   sieurs fois.   [multiplier.
Multipliable, *a.* qu'on peut
Multiplicande, *sm.* à multipl.
Multiplicateur, *sm.* qui mul-
   tiplie.
Multiplication, *sf.* opération
   d'arithmétique.
Multiplicité, *sf.* grand nomb.
Multiplier, *v.* augmenter.
Multitude, *sf.* gr. nombre.
Municipal, *a.* officier de
Municipalité, *sf.* mairie.
Munificence, *sf.* grande li-
   béralité.
Munir, *v.* s'approvisionner.
Munition, *sf.* provision.
Mur, *sm.* clôture.
Mûr, *a.* en maturité.
Muraille, *sf.* long mur.
Mural, *a.* de mur.
Mûre, *sf.* fruit du mûrier.
Mûrement, *ad.*
Murer, *v.* entourer de murs.

Mûrier, *sm.* arbre fruitier.
Mûrir, *v.* devenir mûr.
Murmure, *sm.* bruit sourd.
Murmurer *v* grond. sourdem.
Musc, *sm.* parfum.
Muscade, *a.* noix aromatique
Muscadin, *sm.* fat, pédant.
Muscle, *sm.* fibre.
Muse, *sf.* déesse de la fable.
Museau *sm.* la gueule, le nez
Musée, *sm.* collection.
Museler, *v.* mettre une
Muselière *sf* obj. p. museler
Musette, *sf.* inst. champêtre
Muséum, *sm.* musée.

Musical, *a.* de la musique.
Musicalement, *ad.*
Musicien, *s.* qui sait la
Musique, *sf.* science des sons
Musquer, *v.* parfumer.
Mutabilité, *sf.* état muable.
Mutation, *sf.* changement.
Mutilation, *sf.* act. de
Mutiler, *v.* couper.
Mutin, *a.* obstiné, séditieux.
Mutiner (se), *v.* se révolter.
Mutuel, le, *a.* réciproque.
Mutuellement, *ad.*
Myope, *s.* qui a la vue courte
Myopie, *sf.* état de myope.

Myriagramme *sm.* 10,000 gr.
Myriamètre, *sm.* 10,000 mèt.
Myrrhe, *sf.* gomme odorante
Myrte, *sm.* arbrisseau.
Mystère, *sm.* secret caché.
Mystérieusement, *ad.*
Mystérieux, se, *a.* secret.
Mysticité, *sf.* grande dévotion
Mystificateur *sm.* qui mystifie
Mystification, *sf.* act. de
Mystifier, *v.* faire croire.
Mystique, *a.* allégorique.
Mystiquement, *ad.* [dieux.
Mythologie, *sf.* science des
Mythologique, *a.* de la myth.

N

N, *sm.* quatorzième lettre.
Nacelle, *sf.* petit bateau.
Nacre, *sf.* coquille brillante.
Nadir, *sm.* opposé au zénith
Nage, *sf.* act. de nager.
Nageoire, *sf.* membrane du poisson.
Nager, *v.* mouvoir sur l'eau.
Nageur, se, *s.* qui nage.
Naguère, *ad.* autrefois.
Naïf, *a.* naturel, sans fard.
Nain, *a.* de très-petite taille
Naissance, *sf.* act. de naître
Naître, *v.* venir au monde.
Naïvement, *ad.*
Naïveté, *sf.* ingénuité.
Nankin, *sm.* étoffe.
Nantir, *v.* donner des gages
Nantissement, *sm.* caution.
Nappe, *sf.* linge de table.
Nard, *sm.* plante.
Nargue, *sf.* mépris.
Narguer, *v.* faire nargue.
Narine, *sf.* ouverture du nez.
Narration, *sf.* discours.
Narré, *sm.* récit.
Narrer, *v.* raconter.
Nasal, *a.* du nez.
Naseau, *sm.* narine d'anim.
Nasiller, *v.* parler du nez.
Nasse, *sf.* panier de pêche.
Natal, *a.* lieu où on est né.
Natation, *sf.* art de nager.
Natif, ve, *a.* né.
Nation, *sf.* habitants.
National, *a.* de la nation.
Nativité, *sf.* naissance.
Natte *sf* tissu de jonc, tresse
Natter, *v.* tresser.
Naturalisation, *sf.* act. de
Naturaliser *v.* rendre naturel
Naturaliste, *sm.* savant.
Nature, *sf.* l'univers.
Naturel, le, *a.* selon la nature

Naturellement, *ad.*
Naufrage, *sm.* submersion.
Naufragé, *a.* qui a péri.
Nausée, *sf.* envie de vomir.
Nautique, *a.* de la navigation
Nautonier *sm.* cond. de barq.
Naval, *a.* de mer.
Navet, *sm.* plante potagère.
Navette, *sf.* inst. de tisserand
Navigable, *a.* qui porte bat.
Navigateur, *sm.* qui navigue
Navigation, *sf.* act. de
Naviguer, *v.* aller sur l'eau.
Navrer, *v.* blesser, affliger.
Ne, particule nég.
Néanmoins, *ad.* pourtant.
Néant, *sm.* rien. [nuages.
Nébuleux, se, *a.* couvert de
Nécessaire, *a.* essentiel.
Nécessairement, *ad.*
Nécessité, *sf.* contrainte.
Nécessiter, *v.* contraindre.
Nécessiteux, se, *a.* pauvre.
Nectar, *sm.* breuvage.
Nef, *sf.* partie d'église.
Négatif, ve, *a.* qui nie.
Négation, *sf.* act. de nier.
Négativement, *ad.*
Négligemment, *ad.*
Négligence, *sf.* nonchalance
Négligent, *v.* sans soin.
Négliger, *v.* ne pas soigner.
Négoce, *sm.* commerce.
Négociable, *a.* qui peut se négocier.
Négociant *sm* qui fait le nég.
Négociateur, trice *s.* qui nég.
Négociation, *sf.* action de
Négocier, *v.* faire négoce.
Nègre, Négresse, *s.* noir.
Neige, *sf.* eau gelée.
Neiger, *v.* neige qui tombe.
Nenni, *ad.* de négation.
Néoménie, *sf.* nouvelle lune.

Néophyte, *a.* nouv. converti.
Néphrétique, *a.* colique.
Nerf, *sm.* organ. des sensat.
Nerver, *v.* garnir de nerf.
Nerveux, se *a.* plein de nerfs
Net, Nette, *a.* propre.
Nettement, *ad.*
Netteté, *sf.* propreté.
Nettoiement, *sm.* act. de
Nettoyer, *v.* rendre net.
Neuf, *a.* num. sm.
Neuf, ve, *a.* qui n'a pas servi
Neutralement, *ad.*
Neutralisation, *sf.* action de
Neutraliser, *v.* rendre nul.
Neutralité, *sf.* état de neutre
Neutre, *a.* sans parti.
Neuvaine *sf.* prière de 9 jours
Neuvième, *a. ord. sm.*
Neuvièmement, *ad.*
Neveu, *sm.* fils de frère.
Névralgie, *sf.* mal. des nerfs
Nez, *sm.* partie du visage.
Ni, particule conj. et nég.
Niable, *a.* qui peut être nié.
Niais, *a.* idiot.
Niaisement, *ad.*
Niaiser, *v.* s'amuser.
Niaiserie, *sf.* bagatelle.
Niche, *sf.* espièglerie.
Nicher, *v.* faire son nid.
Nichée, *sf.* petits dans le nid
Nicotiane, *sf.* (ci), tabac.
Nid, *sm.* logem. des oiseaux
Nièce, *sf.* fille de frère.
Nielle, *sf.* mauvaise herbe.
Nieller, *v.* gâter par la nielle
Nier, *v.* dire non.
Nigaud, *a.* et *s.* sot.
Nigauder, *v.* faire des
Nigauderie, *sf.* niaiserie.
Nimbe, *sm.* auréole.
Nipper, *v.* fournir de nippes.
Nique, *sf.* signe de moquerie

Nitouche (sainte), *sf.* hypoc.
Nitre, *sm.* salpêtre.
Nitreux, se, *a.* de nitre.
Niveau, *sm.* instrument.
Niveler, *v.* aplanir.
Niveleur, *sm.* qui nivelle.
Nivellement, *sm* act. de niv.
Noble, *a.* et *s.* de haut rang.
Noblement, *ad.*
Noblesse, *sf.* qualité noble.
Noce, *sf.* mariage.
Nocher, *sm.* pilote.
Nocturne. *a.* de nuit.
Nodus, *sm.* (s) tumeur.
Noël, *sm.* fête de la nativité
  de J.-C., cantique.
Nœud, *sm.* (neu) enlacem.
Noir, *a.* et *s.* livide, obscur.
Noirâtre, *a.* tirant sur le noir.
Noiraud, *a.* un peu noir.
Noirceur, *sf.* atrocité.
Noircir, *v.* rendre noir.
Noise, *sf.* querelle.
Noisetier, *sm.* arbre.
Noisette, *sf.* fruit.
Noix, *sf.* fruit, glande.
Nom, *sm.* mot pour désigner
Nomade, *a.* et *s.* errant.
Nombre, *sm.* coll. d'unités.
Nombrer, *v.* compter.
Nombreux, se, *a.* beaucoup.
Nombril, *sm.* cavité.   [tion.
Nomenclature, *sf.* classifica-
Nominal, *a.* de nom.
Nominateur, *sm.* qui nomme
Nominativement, *ad.*
Nomination, *sf.* act. de
Nommer, *v.* dire le nom.
Non, *ad.* et *sm.* négation.
Nonagénaire, *a* âgé de 90 ans
Nonante, *a.* num. 90.

Nonce, *sm.* ambass. du pape.
Nonchalamment, *ad.*
Nonchalance, *sf.* indolence.
Nonchalant, *a.* et *s.* lent.
None, *sf.* office.
Nonobstant, *prép.* malgré.
Nonpareil, le, *a.* sans pareil.
Nord, *sm.* septentrion.
Normal, e, *a.* qui règle.
Nostalgie, *sf* maladie du pays
Nota, *sm.* remarque.
Notable, *a.* remarquable.
Notablement, *ad.*
Notaire, *sm.* officier public.
Notamment, *ad.*
Notariat, *sm.* étude de not.
Notarié, *a.* par notaire.
Note, *sf.* marque, souvenir.
Noter, *v.* remarquer.
Notice, *sf.* catalogue, extrait
Notification, *sf.* signification,
  ordre.
Notifier, *v.* faire savoir.
Notion, *sf.* connaissance.
Notoire, *a.* manifeste.
Notoirement, *ad.*
Notoriété, *sf.* évidence.
Notre, *a. pos.* qui est à nous.
Nouer, *v.* faire un nœud.
Noueux, se, *a.* bois à nœuds
Nourrice, *sf.* qui allaite.
Nourricier, ère, *a.* qui nour.
Nourrir, *v.* sustenter, fournir
Nourrissant, *a.* qui nourrit.
Nourrisson, *sm.* enfant en
  nourrice.
Nourriture, *sf.* ce qui nourrit
Nous, *pron.* de la 1re pers. *pl.*
Nouveau, Nouvel, le, *a.* non
  ancien.
Nouvelle, *sf.* avis, conte.

Nouveauté, *sf* ce qui est nouv.
Nouvellement, *ad.*
Nouvelliste, *s* qui dit des nou-
  velles, curieux d'en savoir
Novateur, *sm.* qui innove.
Novelles, *sf. pl.* droit rom.
Novembre, *sm.* 11e mois.
Novice, *a.* et *s.* nouveau.
Noviciat, *sm.* état de novice.
Noyau, *sm.* partie dure des
  fruits.   [arbre.
Noyer, *v* mourir dans l'eau, *s.*
Nu, *a.* qui n'est pas vêtu.
Nuage, *sm.* amas de vapeurs.
Nuance, *sf.* couleur.
Nuancer, *v.* assortir les cou-
Nudité, *sf.* état nu.   [leurs.
Nue, *sf.* nuage.
Nuée, *sf.* nuage, multitude.
Nuire, *v.* faire tort.
Nuisible, *a.* qui nuit.
Nuit, *sf.* temps d'obscurité.
Nuitamment, *ad.* de nuit.
Nul, Nulle, *a.* pas un.
Nullement, *ad.*
Nullité, *sf.* défaut qui annulle
Numéraire, *a* espèces, *s.* arg.
Numérateur, *sm.* nombre
  d'une fraction.   [brer.
Numération, *sf.* act. de nom-
Numérique, *a.* des nombres.
Numéro, *sm.* pour compter.
Numéroter, *v.* marquer avec
  des chiffres.
Nuptial, *a.* (ci) des noces.
Nuque, *sf.* derrière de la tête.
Nutation, *sf.* balancement.
Nutritif, *a.* qui nourrit.
Nutrition, *sf.* aliment.
Nymphe, *sf.* divinité fab.

O

O, *sm.* signe du vocatif.
Oasis, *sm.* île fertile au mi-
  lieu des sables.
Obédience, *sf.* obéissance.
Obéir, *a.* se soumettre.
Obéissance, *sf.* act. d'obéir.
Obélisque, *sm.* pyramide.
Obérer, *v.* endetter.
Obier, *sm.* arbrisseau.
Objecter, *v.* alléguer.
Objectif, ve, *sm.* et *a.* verre.
Objection, *sf.* difficulté.
Objet, *sm.* ce qu'on voit.
Oblation, *sf.* offrande.
Obligation, *sf.* devoir.
Obligatoire, *a.* qui contraint.
Obligeamment, *ad.*
Obligeance, *sf.* service.

Obliger, *v.* rendre service,
Oblique, *a.* incliné.   [forcer.
Obliquement, *ad.* de biais.
Obliquité, *sf.* inclinaison.
Oblong, gue, *a.* en long.
Obole, *sf.* anc. monnaie.
Obreptice, *a.* par surprise.
Obreption, *sf.* réticence.
Obscène, *a.* impur.
Obscénité, *sf.* même sens.
Obscur, *a.* sombre, vil.
Obscurcir, *v.* rendre obscur.
Obscurcissement, *sm.*
Obscurément, *ad.* avec
Obscurité, *sf.* déf. de clarté.
Obséder, *v.* tourmenter.
Obsèques, *sf. pl.* enterrem.
Observance, *sf.* pratique.

Observateur, trice, *s.* qui fait
Observation, *sf.* remarque.
Observatoire, *sm.* pour
Observer, *v.* épier, considér.
Obsession, *sf.* act. d'obséder.
Obstacle, *sm.* empêchement.
Obstination, *sf.* opiniâtreté
Obstinément, *ad.*
Obstiner, *v.* opiniâtrer.
Obstruction, *sf.* act. d'
Obstruer, *v.* interposer.
Obtempérer, *v.* obéir, défér.
Obtenir, *v.* se faire accorder.
Obtention, *sf.* d'obtenir.
Obtus, *a.* peu spirituel, angle
  de plus de 90 degrés.
Obtusangle, *a.* à ang. obtus.
Obus, *sm.* (z) petite bombe.

Obusier, *sm.* mortier.
Occasion, *sf.* conjoncture.
Occasionnel, le, *a.* qui occ.
Occasionnellement, *ad.*
Occasionner, *v.* causer.
Occident, *sm.* couchant.
Occidental, *a.* qui est à l'oc.
Occision, *sf.* tuerie, meurtre
Occulte, *a.* caché.
Occupation, *sf.* emploi, trav.
Occuper, *v.* remplir.
Occurrence, *sf.* rencontre.
Occurrent, *a.* qui survient.
Océan, *sm.* la grande mer.
Océanie *sf* 5e partie du monde
Ocre, *sf.* terre jaune.
Octant, *sm.* inst. de 45 deg.
Octave, *sf.* huitaine.
Octavo, (in) *sm.* format en
    8 feuillets.
Octobre, 10e mois.
Octogénaire *a.* et *s.* de 80 ans.
Octogone, *a.* et *sm.* à 8 ang.
Octroi, *sm.* impôt.
Octroyer, *v.* concéder.
Oculaire *a* (témoin) qui a vu.
Oculairement, *ad.*   [yeux.
Oculiste, *s.* et *a.* médecin des
Ode, *sf.* poëme lyrique.
Odeur, *sf.* senteur.
Odieusement, *ad.*
Odieux, se, haïssable.
Odorant, *a.* qui a de l'odeur.
Odorat, *sm.* sens. [l'odeur.
Odoriférant, *a.* qui répand
Œcuménique, *a.* universel.
Œil, *sm.* organe de la vue.
Œil-de-bœuf *sm.* pet. fenêt.
Œillade, *sf.* regard.
Œillet, *sm.* plante.
Œillette, *sf.* graine de pavot.
Œuf, *sm.* corps pondu.
Œuvre, *sf.* ouvrage.
Offensant, *a.* qui offense.
Offense, *sf.* injure, outrage.
Offenser, *v.* outrager.
Offensif, *a.* qui attaque.
Offertoiresm part. de la messe
Office, *sm.* assistance, emp.
Office, *sf.* garde-manger.
Official, *sm.* qui juge.
Officiel, le, *a.* authentique.
Officiellement, *ad.*
Officier, *v.* faire l'office divin
Officier, *sm.* qui a un grade.
Officieusement, *ad.* d'
Officieux, se, *a.* obligeant.
Offrande, *sf.* ce qu'on offre.
Offre, *sf.* act. d'offrir.
Offrir, *v.* présenter.
Offusquer, *v.* empêcher.
Ognon, ou Oignon, *sm.* ra-
    cine bulbeuse.

Ogre, ogresse, *s.* monstre ima-
Oh! *interj.*   [ginaire.
Oie, *sf.* oiseau de basse cour
Oindre, *v.* frotter d'huile.
Oint, *sm.* qui est oint.
Oiseau, *sm.* bipède ailé.
Oiseler, *v.* dresser un oiseau
Oiseleur, *a.* et *sm.* chasseur.
Oiseux, *a.* oisif, inutile.
Oisif, *a.* qui ne fait rien.
Oisivement, *ad.*
Oisiveté, *sf.* état oisif.
Oléagineux, se, *a.* huileux.
Olibrius *sm* (s) pédant faquin
Oligarchie, *sf.* gouvernement
    d'un petit nombre.
Olivâtre, *a.* couleur d'olive.
Olive, *sf.* fruit de l'olivier.
Olivier, *sm.* arbre.
Olographe, *a* écrit par l'aut.
Olympe, *sm.* le ciel. *poét.*
Olympiade *sf.* esp. de 4 ans.
Ombrage *sm* ombre, soupç.
Ombrager, *v.* faire ombre.
Ombrageux, se, *a.* peureux.
Ombre, *sf.* obscurité.
Ombrer *v.* mettre les ombres
Oméga, *sm.* dernière lettre
    de l'alphabet grec.
Omelette *sf* œufs battus cuits
Omettre, *v.* manquer.
Omission, *sf.* manquement.
Omnibus, *sm.* voiture publ.
On, *pron. indéfini.*
Once, *sf.* ancien poids.
Oncle, *sm.* frère du père.
Onction, *sf.* act. d'oindre.
Onctueusement, *ad.*
Onctueux, se, *a.* huileux.
Onctuosité *sf.* act. d'être onc-
Onde, *sf.* flot, la mer. [tueux.
Ondé, *a.* façonné en onde.
Ondée, *sf.* averse passagère
Ondoyer, *v.* baptiser, flotter.
Ondulation *sf* mouv. d. ondes
Onduler, *v.* façonner en onde
Onéreux, se, *a.* à charge.
Ongle, *sm.* corne des doigts.
Onglé, *a.* qui a des ongles.
Onglée *sf* engourd. aux doigts
Onguent, *sm.* médicament.
Onze, *a. num.* dix et un
Onzième, *a. ord. sm.*
Onzièmement, *ad.*
Opacité, *sf.* qualité opaque.
Opaque, *a.* non transparent.
Opéra, *sm.* drame lyrique.
Opération, *sf.* act. d'opérer.
Opérer *v.* produire, calculer.
Opiner, *v.* dire son avis.
Opiniâtre, *a.* et *s.* obstiné.
Opiniâtrement, *ad.*
Opiniâtrer, *v.* soutenir avec

Opiniâtreté, *sf.* entêtement.
Opinion, *sf.* croyance.
Opportun, *a.* à propos.
Opportunité, *sf.* à propos.
Opposer, *v.* faire obstacle.
Opposite, *sm.* l'opposé.
Opposition, *sf.* obstacle.
Oppresser *v.* presser fortem.
Oppresseur, *sm.* tyran.
Oppressif, *a.* qui opprime.
Oppression, *sf.* action d'
Opprimer, *v.* tyranniser.
Opprobre, *sm.* ignominie.
Opter, *v.* choisir.
Opticien, *s.* qui sait l'optiq.
Option, *sf.* action d'opter.
Optique *a.* science de la vis.
Opulence, *sf.* richesse.
Opulent, *a.* très-riche.
Opuscule *sm* petits ouvrages
Or, *sm.* métal jaune, *conj.*
Oracle, *sm.* réponse, décis.
Orage, *sm.* tempête.
Orageux, se, *a.* d'orage.
Oraison, *sf.* discours, prières
Oral, *a.* et *sm.* transmission
    par la parole.
Orange, *sf.* fruit, sa couleur
Orangé, *a.* et *sm.* en orange.
Orangeade, *sf.* boisson.
Oranger, *sm.* arbre.
Orangerie, *sf.* où l'on place
    les orangers.
Orang-outang, *sm.* singe.
Orateur, *sm.* qui harangue.
Oratoire, *a.* et *s.* d'orateur.
Orbiculaire, *a.* rond.
Orbite, *sf.* cercle.
Orchestre, *sm.* chœur de m.
Ordinaire, *a.* de coutume.
Ordinairement, *ad.*
Ordinal, *a.* marque l'ordre.
Ordination, *sf.* consécr. des
    prêtres.   [divin.
Ordo, *sm.* livret pour l'office
Ordonnance, *sf.* disposition.
Ordonnancer, *v.* ordonner.
Ordonner, *v.* disposer.
Ordre, *sm.* disposition.
Ordure, *sf.* excréments.
Oreille, *sf.* organe de l'ouïe.
Oreiller, *sm.* coussin de lit.
Oremus, *sm.* (s) prière.
Orfèvre, *sm.* qui trav. l'or.
Orfèvrerie, *sf.* art. de l'orfèv.
Organe, *sm.* sens.
Organique, *a.* d'organe.
Organisation *sf* constitution
Organiser, *v.* arranger.
Organiste *s.* qui joue de l'org.
Orge, *sf.* sorte de grain.
Orgie, *sf.* débauche.
Orgue, *sm.* inst. de mus.

6*

Orgueil , *sm.* vanité.
Orgueilleusement, *ad.*
Orgueilleux , se , *a.* hautain.
Orient, *sm.* levant.
Oriental, *a.* d'Orient.
Orienter, *v.* disposer.
Orifice, *sm.* ouverture.
Oriflamme, *sf.* étendard.
Originaire, *a.* d'origine.
Originairement, *ad.*
Original, *a.* l'origine, unique
Originalement, *ad.*
Originalité, *sf.* caractère.
Origine, *sf.* principe.
Originel, le , *a.* d'origine.
Originellement, *ad.*
Orme, *sm.* arbre forestier.
Ormeau , *sm.* petit orme.
Ornement, *sm.* décoration.
Orner, *v.* parer, embellir.
Ornière, *sf.* trou de la roue.
Orphelin, *a.* et *s.* sans par.
Orteil, *sm.* gros doigt du p.
Orthodoxe, *a.* et *sm.* catholiq.
Orthodoxie, *sf.* catholicité.
Orthographe, *sf.* act. d'
Orthographier, *v.* écrire se-
   lon les règles.
Orthographique, *a.* sel. l'ort.
Orthopédie , *sf.* art de gué-
   rir les difformités du corps.
Ortie, *sf.* plante, insecte mar.
Ortolan , *sm.* petit oiseau.

Os, *sm.* partie dure du corps.
Oscillation , *sf.* mouvement.
Oscillatoire, *a.* d'oscillation.
Osciller, *v.* se balancer.
Osé, *a.* hardi, effronté.
Oseille, *sf.* plante.
Oser, *v.* avoir la hardiesse.
Osier, *sm.* arbrisseau.
Osselet, *sm.* petit os.
Ossement, *sm.* d'os.
Osseux, se , *a.* qui a des os.
Ostensible, *a.* visible.
Ostensiblement, *ad.*
Ostensoir ou oirè, *sm.* vase
   pour exposer l'hostie.
Ostentation, *sf.* présomption
Ostracisme, *sm.* bannissem.
Otage, *sm.* garant.
Oter, *v.* enlever.
Ottoman , *a.* Turc.
Ou, *conj. alternative.*
Où , *ad.* en quel lieu.
Ouaille, *sf.* brebis, fidèle.
Oubli, *sm.* manque de mém.
Oublier, *v.* perdre le souv.
Oublieur, euse, *s.* qui oublie.
Oublieux, se , *a.* sujet à l'oub.
Ouest, *sm.* couchant.
Ouf, *int.* de douleur.
Oui, *ad.* d'affirmation.
Ouï-dire, *sm.* nouvelles,
Ouïe, *sf.* organe.
Ouïr, *v.* recevoir les sons.

Ouragan , *sm.* orage.
Ourdir, *v.* disposer.
Ourdissoire , *sm.* outil.
Ourler, *v.* faire un ourlet.
Ourlet, *sm.* repli.
Ours, *sm.* quadrupède.
Outil, *sm.* instrument.
Outiller, *v.* garnir d'outils.
Outrage, *sm.* injure grave.
Outrager, *v.* faire outrage.
Outrageusement , *ad.*
Outrageux, se, *a.* outrageant
Outrance, *sf.* à l'excès.
Outre, *sf.* sac, nonobstant.
Outrecuidance, *sf.* présomp-
   tion.   [tueux.
Outrecuidant, *a.* présomp-
Outremer, *sm.* coul. bleue.
Outre mesure, *ad.* à l'excès.
Ouverture, *sf.* fente.
Ouvrable, *a.* jour de travail.
Ouvrage, *sm.* façon.
Ouvrer, *v.* travailler.
Ouvrier, *s.* qui travaille.
Ouvrir, *v.* rendre ouvert, ou
   opposé à fermer.
Ouvroir, *sm.* atelier.
Ovale, *a.* rond et oblong.
Ovipare, *a.* prod. par l'œuf.
Oxyde, *sm.* rouille.
Oxyder, *v.* rouiller.
Oxygène (gaz), *a.* air vital.
Oxymel, *sm.* miel et vinaig.

P.

P, *sm.* douxième consonne.
Pacha, titre turc.
Pacificateur, *sm.* qui pacific,
Pacification, *sf.* action de
Pacifier, *v.* établir la paix.
Pacifique, *a.* qui aime la paix
Pacifiquement , *ad.* en paix.
Pacotille, *sf.* marchandises.
Pacte, *sm.* convention.
Padou , *sm.* sorte de ruban.
Paganisme , *sm.* idolâtrie.
Page, *sm.* servit., *f.* feuillet.
Pagination , *sf.* numéroter
   les pages.
Pagode, *sf.* temple ou idole.
Payement, *sm.* act. de payer.
Payen, enne, *a.* et *s.* idolât.
Paillasse , *sf.* sac de paille.
Paillasson , *sm.* natte.
Paille , *sf.* tuyau de blé.
Paillet, *sm.* (vin) rouge pâle.
Paillette, *sf.* parcelle de mét.
Pailleux, se, *a.* métal.
Pain, *sm.* aliment de farine.
Pair, *a.* et *sm.* (père) égal.
Paire, *sf.* couple.
Pairie , *sf.* dignité.

Paisible , *a.* pacifique.
Paisiblement, *ad.* sans troub.
Paître , *v.* brouter l'herbe.
Paix , *sf.* tranquillité.
Palais , *sm.* maison de roi.
Palanquin *sm.* litière indienn.
Pâle , *a.* blême, peu coloré.
Palefrenier, *sm.* valet d'écur.
Palet, *sm.* pierre plate.
Palette , *sf.* raquette , outil
   de peintre.
Pâleur, *sf.* couleur pâle.
Palier, *sm.* repos d'escalier.
Palinodie , *sf.* rétractation.
Pâlir, *v.* devenir pâle.
Palissade, *sf.* clôt. de pieux.
Palissader, *v.* clore.
Palliatif, ve , *a.* et *sm.* qui
   soulage.
Palliation, *sf.* action de
Pallier, *v.* déguiser, excuser.
Pallium, *sm.* (om) orn. eccl.
Palme, *sf.* branche du palm.
Palmette, *sf.* petite palme.
Palmier, *sm.* arbre exotique.
Palpable , *a.* qu'on touche.
Palpablement, *ad.* clairem.

Palper, *v.* toucher, sentir.
Palpitation, *sf.* mouvement.
Palpiter, *v.* trembler.
Pâmer, *v.* défaillir.
Pâmoison, *sf.* défaillance.
Pampe, *sf.* feuille de blé.
Pamphlet , *sm.* brochure.
Pampre, *sm.* branc. de vig.
Pan, *sm.* partie d'un mur,
   d'un vêtement.
Panache, *sm.* plumet. [mets.
Panacher, *v.* mettre des plu-
Panade, *sf.* pain mitonné ,
   soupe.   [cinc.
Panais, *sm.* plante, sa ra-
Panaris, *sm.* mal au doigt.
Pancarte, *sf.* affiche , écrit.
Pané, *a.* couvert de pain.
Panégyrique, *a.* et *sm.* éloge
Panégyriste, *s.* qui loue.
Paner, *v.* couvrir de pain.
Panier, *sm.* ustensile d'osier
Panique *a.* terreur. [nuiserie
Panneau, *sm.* pièce de me-
Panneton, *sm.* part. d'une clef
Panorama, *sm.* collection de
   tableaux.

Pansement, sm. action de
Panser, v. soigner une plaie.
Pantalon, sm. culotte long.
Panthéon, sm. temple.
Pantin, sm. mannequin.
Pantomime, a. et s. jeu muet.
Pantoufle, sf. chaussure.
Paon, sm. (pan), oiseau.
Papa, sm. père.
Papal, a. du pape.
Papauté, sf. dignité du pape
Pape, sm. souv. pontife.
Paperasse, sf. tas de papier.
Paperasser, v. feuilleter.
Papeterie, sf. manufacture.
Papelier, sm. qui fait du pap.
Papier, sm. feuille pour écr.
Papillonner, v. voltiger.
Papillotte, sf. enveloppe de
  cheveux.   [les yeux.
Papilloter, v. friser, cligner
Paquebot, sm. navire.
Papyrus, sm plante d'Egypte
Pâque, sf. fête.
Paquet, sm. assemblage.
Par, prép.
Parabole, sf. allégorie.
Parachever, v. achever.
Parachute, sm. machine.
Paraclet, sm. le Saint-Esp.
Parade, sf. act. de parer.
Paradis, sm. jardin délicieux
Paradoxe, sm. et a. opposé.
Parafe ou paraphe, sm marq.
Parafer, ou Parapher, v.
Paragraphe, sm. section d'un
  discours.
Paraître, v. se montrer.
Parallèle, a. et sf. ligne.
Parallélement, ad.
Parallélipipède, sm. solide.
Parallélisme, sm. qui est pa-
  rallèle.   [géom.
Parallélogramme, sm. t. de
Paralyser, v. rendre immob.
Paralysie, sf. maladie.
Paralytique, a. et s. malade.
Parapet, sm. mur d'appui.
Paraphrase, sf. glose.
Paraphraser, v. gloser.
Parapluie, sm. petit pavill.
Parasite, sm. gourmand.
Parasol, sm. petit pavillon.
Paratonnerre, sm. baguette.
Paravent, sm. abri.
Parc, sm. enclos.
Parcelle, sf. petite partie.
Parce que, conj. à cause que.
Parchemin, sm. peau prép.
Parcheminier, s. marchand
  de parchemin.
Parcimonie, sf. avarice.
Parcimonieux, se, a. avare.

Par conséquent, ad. par suite
Parcourir, v. aller et venir.
Pardon, sm. rémission.
Pardonnable, a. qu'on peut
Pardonner, v. remettre.
Pareil, le, a. et sm semblable
Pareillement, ad. de même.
Parement, sm. qui pare.
Parent, s. uni par le sang.
Parenté, sf. qualité de par.
Parenthèse, sf. crochet,
  phrase incidente.
Parer, v. décorer, orner.
Paresse, sf. fainéantise.
Paresser, v. faire le paress.
Paresseux, se, a. et s.
Parfaire, v. achever.
Parfait, a. complet.
Parfaitement, ad.
Parfois, a. quelquefois, fa.
Parfum, sm. (un) senteur.
Parfumer, v. embaumer.
Parfumeur, euse, s.
Pari, sm. gageure.
Parier, v. faire un pari.
Parieur, euse, s. qui parie.
Parité, sf. égalité.
Parjure, sm. faux serment.
Parjurer, (se), v. se maudire
Parlement, sm. conc. d'état.
Parlementaire, a. et sm.
Parlementer, v. négocier.
Parler, v. articuler des mots
Parleur, euse, s. qui parle.
Parloir, sm. lieu pour parler.
Parmi, prép.
Parodie, sf. imitat. burlesq.
Parodier, v. faire une parod.
Paroi, sf. mur, côté.   [cure.
Paroisse, sf. territoire d'une
Paroissial, a. de la paroisse.
Paroissien, enne, s. fidèle.
Parole, sf. mot prononcé.
Parpaing, sm. qui soutient.
Parquer, v. m. dans un parc.
Parquet, sm. compartiment.
Parquetage, sm. ouvr. de p.
Parqueter, v. mettre un par-
  quet.   [fonts baptismaux.
Parrain, sm. qui tient sur les
Parricide, a. et s. qui tue
  son père.
Parsemer, v. répandre, jeter
Part, sf. portion, intérêt.
Partage, sm. division.
Partager, v. faire le partage
Parterre, sm. jardin à fleurs.
Parti, sm. union.
Partial, a. injuste.
Partialement, ad.
Partialité, sf. préférence.
Partibus, (in) ad. tit. d'évêq.
Participation, sf. qui a part.

Participe, sm. t. de gram.
Participer, v. prendre part.
Particulariser, v. détailler.
Particularité, sf. circonst.
Particule, sf. petite partie.
Particulier, a. individu.
Particulièrement, ad.
Partie, sf. portion d'un tout.
Partiel, le, a. (ci).
Partiellement, ad. par part.
Partir, v. se mett. en chem.
Partisan, sm. qui est d'un
  parti.
Partitif, ve, a. mot qui part.
Partout, ad. en tous lieux.
Parure, sf. ce qui pare.
Parvenir, a. arriv. à ses fins
Parvis, sm. place.
Pas, sm. mouvement.
Pascal, a. de Pâques.
Pasquinade, sf. raillerie.
Passable, a. admissible.
Passablement, ad.
Passage, sm. chem., citation
Passager, ère, a. et s. qui
Passagèrement, ad.   [passe.
Passavant, sm. permis de
  passer.
Passe-droit, sm. injustice.
Passementer, v. chamarrer.
Passementier, ère, s. ouvrier
Passe-partout, sm. clef.
Passe-port, sm. permission.
Passer, v. al. d'un lieu à l'aut.
Passereau, sm. moineau.
Passe-temps, sm. amusem.
Passeur, s. batelier.
Passible, a. qui peut souffrir.
Passif, ve, a. et sm. opposé
  d'actif.
Passion, sf. souffrance, incli-
  nation violente.
Passionnément, ad.
Passionner, v. intéresser.
Passivement, ad. sans agir.
Passoire, sf. ust. de cuisine.
Pasteur, sm. berger.
Pastille, sf. comp. de pâte.
Pastoral, a. des pasteurs.
Pastoralement, ad.
Patache, sf. pet. navire, voit.
Pataraffe, sf. écriture infor.
Patate, sf. pomme de terre.
Pâte, sf. farine pétrie.
Pâté, sm. pâtisserie.
Patelin, a. et s. flatteur.
Pateliner, v. agir en patelin.
Patène, sf. vase sacré.
Patenôtre, sf. prière.
Patent, a. et sf. visible.
Patente, sf. impôt.
Patenté, a. qui paye patente
Pater, sm. (ère) prière.

Paternel, le, a. de père.
Paternellement, ad. en père.
Paternité, sf. état de père.
Pâteux, se, a. en pâte.
Pathétique, a. et sm. tou-
Pathétiquement, ad. [chant.
Patibulaire, a. de gibet.
Patiemment, ad. (cia) de
Patience, sf. résignation.
Patient, a. doué de patience.
Patienter, v. prendre patien.
Patin, sm. soulier p' glisser.
Patiner, v. glisser.
Patineur, sm. qui patine.
Pâtir, v. souffrir.
Pâtisserie, sf. pâte assaison.
Pâtissier, ère, a. et s.
Patois, sm. langage rustiq.
Patraque, sf. machine usée.
Pâtre, sm. berger.
Patriarchal, a. de patriarc.
Patriarchat, sm. dignité de
Patriarche, sm. prélat, chef
  de famille.
Patricien, ne, a. et sm. noble
Patrie, sf. lieu où l'on est né.
Patrimoine, sm. biens du père
Patrimonial, a. de père. [patr.
Patriote, a. et sm. ami de la
Patriotique, a. de patriote.
Patriotisme, sm. amour de
  la patrie.
Patron, ne, s. protecteur,
  maître.
Patronage, sm. protection.
Patronal, a. du patron.
Patrouille, sf. ronde de sold.
Patrouiller, v. faire patrouil.
Patte, sf. pied des anim.
Pâturage, sm. lieu p' paître.
Pâture, sf. nourriture.
Pâturer, v. brouter l'herbe.
Paume, sf. dedans de la main,
Pause, sf. arrêt. [balle.
Pauser, v. faire une pause.
Pauvre, a. et s. indigent.
Pauvrement, ad.
Pauvreté, sf. indigence.
Pavage, sm. act. de paver.
Pavaner (se), v. march. fière-
Pavé, sm. pierre. [mont.
Paver, v. couvrir de pierres.
Paveur, sm. qui pave.
Pavie, sm. sorte de pêche.
Pavillon, sm. log., étendard.
Pavot, sm. plante soporifiq.
Payable, a. qui doit être payé
Paye, sf. solde, salaire.
Payer, v. acquitter.
Pays, sm. (péi), région.
Paysage, sm. étend., aspect.
Paysan, anne, s. homme,
  femme de campagne.

Péage, sm. droit. [cuir.
Peau, sf. enveloppe du corps,
Peaussier, sm. md de peaux.
Peccable, a. (kk), qui peut
  pécher.
Peccadille, sf. faute légère.
Péché, sm. transgression.
Pêche, sf. fruit, art.
Pécher, v. transgress. la loi.
Pêcher, sm. arbre, v. prend.
  du poisson.
Pêcherie, sf. lieu de pêche.
Pécheur, esse, s. qui péche.
Pêcheur, sm. qui pêche.
Pécore, sf. animal, sot.
Pectoral, a. de la poitrine.
Péculat, sm. concussion.
Pécule, sm. profit d'indust.
Pécune, sf. argent.
Pécuniaire, a. d'argent.
Pédagogie, sf. éducation.
Pédagogique, a. de l'éduc.
Pédagogue, sm. qui enseig.
Pédale, sf. gros tuyau d'org.
Pédant, sm. faux savant.
Pédanterie, sf. manière.
Pédantesque, a. de pédant.
Pédantesquement, ad.
Pédantisme, sm. air pédant.
Peigne, sm. instrum. à dents
Peigné, a. ajusté, soigné.
Peigner, v. démêler. [peigner
Peignoir, sm. linge pour se
Peindre, v. enduire de coul.,
  représenter.
Peine, sf. douleur, punition,
Peiner, v. chagriner.
Peintre, sm. qui peint.
Peinture, sf. art de peindre,
  couleur.
Pêle-mêle, ad. confusém.
Peler, a. ôter le poil, la peau
Pèlerin, s. voyageur.
Pèlerinage, sm. voy. de dé-
Pélican, sm. oiseau. [votion.
Pelisse, sf. vêtement.
Pelle, sf. inst. à manche.
Pellée, Pellerée, Pelletée, sf.
Pelleterie, sf. com. de peaux.
Pellicule, sf. peau t.-mince.
Pelote, sf. boule, coussinet.
Peloter, v.
Peloton, sm. pelote, escouad.
Pelotonner, v. réunir.
Pelouse, sf. gazon.
Pelure, sf. écorce.
Pénal, a. des peines légales.
Pénates, a. dieux domestiq.
Penchant, a. qui penche,
  inclinaison.
Penchement, sm. act. de
Pencher, v. incliner.
Pendable, a. bon à pendre.

Pendant, a. qui pend pr.
  durant.
Pendre, v. suspendre.
Pendule, sf. horloge, sm.
  balancier.
Pêne, sm. partie de serrure.
Pénétratif, ve, a. qui pénèt.
Pénétration, sf. sagacité.
Pénétrer, v. passer à travers
Pénible, a. difficile.
Péniblement, ad.
Péninsule, sf. presqu'île.
Pénitence, sf. repentir.
Pénitent, a. et s. qui fait
  pénitence.
Pénitentiel, sm. de pénitence
Pensée, sf. idée, fleur.
Penser, v. imaginer, croire.
Penseur, euse, s. qui pense.
Pensif, ve, a. même sens.
Pension, sf. école, rente.
Pensionnaire, s. en pension.
Pensionnat, sm. pension.
Pensionner, v. donner une
  pension.
Pensum, sm. punition.
Pentagone, a. et s. à 5 côtés
Pentateuque, sm. les 5 livr.
  de Moïse.
Pente, sf. penchant, inclin.
Pentecôte, sf. fête chrétien.
Penture, sf. bande de fer.
Pénultième, a. et s. avant
Pénurie, sf. disette. [dernier.
Pépie, sf. malad. des oiseaux
Pépin, sm. semence de fruit.
Pépinière, sf. plantation de
  jeunes arbres. [pépinière.
Pépiniériste, sm. qui a une
Percée, sf. ouverture.
Percement, sm. act. de perc.
Percepteur, sm. receveur.
Perceptibilité, sf. faculté.
Perceptible, a. qu'on perç.
Perception, sf. act. de percev.
Percer, v. pénétrer, s'avanc.
Percevoir, v. recevoir.
Perche, sf. mesure, gaule,
  poisson.
Percher, v. élever.
Perclus, a. impotent.
Perçoir, sm. pour percer.
Percussion, sf. choc.
Perdition, sf. dégât, réproba-
Perdre, v. être privé. [tion.
Perdrix, sf. (dri) oiseau.
Père, sm. qui a engendré.
Péremptoire, a. décisif.
Péremptoirement, ad.
Perfection, sf. qualité parf.
Perfectionnement, sm. act. de
Perfectionner, v. rend. parf.
Perfide, a. et s. traître.

Perfidement, *ad.* avec
Perfidie. *sf.* déloyauté.
Perforation, *sf.* act. de
Perforer, *v.* percer, t. d'*art.*
Péricliter, *v.* dépérir.
Péril, *sm.* risque, danger.
Périlleusement, *ad.*
Périlleux, se, *a.* dangereux.
Périmètre, *sm.* contour.
Période, *sf.* révolution.
Périodique, *a.* par époque.
Périodiquement, *ad.*
Périphrase, *sf.* circonlocut.
Périr, *v.* mourir.
Périssable, *a.* sujet à périr.
Péristyle, *sm.* galerie.
Perle, *sf.* coquill. précieux.
Permanence, *sf.* stabilité.
Permanent, *a.* stable. [trav.
Perméable, *a.* qu'on peut
Permettre, *v.* accorder.
Permis, *a.* juste, non défend.
Permission, *sf.* accord.
Permutation, *sf.* act. de
Permuter, *v.* changer.
Pernicieusement, *ad.*
Pernicieux, se, *a.* nuisible.
Péroraison, *sf.* conclusion.
Pérorer, *v.* discourir.
Perpendiculaire, *a.* vertical.
Perpendiculairement, *ad.*
Perpendicularité, *sf.* état.
Perpétuel, le, *a.* continuel.
Perpétuellement, *ad.*
Perpétuer, *v.* rendre perpét.
Perpétuité, *sf.* continuité.
Perplexité, *sf.* irrésolution.
Perquisition, *sf.* recherche.
Perron, *sm.* escalier extér.
Perroquet, *sm.* oiseau,
Perruche, *sf.* perr. femelle.
Perruque, *sf.* faux cheveux.
Perruquier, *s.* coiffeur.
Persécuter, *v.* vexer, inquiét.
Persécuteur trice s q. perséc.
Persécution, *sf.* vexation.
Persévéramment, *ad.*
Persévérance, *sf.* persistance
Persévérer, *v.* persister.
Persienne, *sf.* volet.
Persiflage, *sm.* raillerie fine.
Persifler, *v.* railler finement.
Persifleur, *sm.* qui persifle.
Persil, *sm.* (si) plante potag.
Persistance, *sf.* act. de
Persister, *v.* insister.
Personnage *sm* homme, rôle.
Personnalité, *sf.* qualité.
Personne *sf.* homme, femme.
Personnel, le, *a.* de la pers.
Personnellement, *ad.*
Personnifier, *v.* donner la
  qualité de personne.

Perspectif, ve, *sf.* aspect.
Perspicacité, *sf.* pénétration
Persuader, *v.* convaincre.
Persuasif, ve, *a.* qui persuade
Persuasion *sf* act. de persuad.
Perte *sf* privation, dommage
Pertinemment, *ad.* (*na*)
Pertinent, *a.* convenable.
Pertuis, *sm.* ouverture.
Perturbateur, trice, *s.* qui
  trouble.
Perturbation, *sf.* trouble.
Pervers, *a.* et *sm.* méchant.
Perversion, *sf.* dépravation.
Perversité, *sf.* méchanceté.
Pervertir, *v.* changer en mal.
Pesamment, *ad.*
Pesanteur, *sf.* lourdeur.
Pesée, *sf.* action de
Peser, *v.* évaluer le poids.
Peste *sf* maladie épidémique.
Pester *v* exhaler son humeur
Pestiféré, *a.* qui a la peste.
Pestilence, *sf.* air corrompu.
Pétard, *sm.* pièce d'artifice.
Pétaudière, *sf.* désordre.
Pétillement, *sm.* act. de
Pétiller, *v.* éclater avec bruit
Petit, *a.* de peu d'étendue.
Petit fils, Petite fille, *s.*
Petit-lait *sm.* sérosité du lait
Petit-maître, *sm.* fat, pédant
Petitement, *ad.*
Petitesse, *sf.* peu d'étendue.
Pétition, *sf.* demande.
Pétitionnaire, *s.* qui demande
Pétrification, *sf.* act. de
Pétrifier *v.* changer en pierre
Pétrir, *v.* faire de la pâte.
Pétrissage, *sm.* act. de pétrir
Pétrisseur, euse, *s.* qui pét.
Pétulance, *sf.* impétuosité.
Pétulant, *a.* brusque.
Peuplade, *sf.* tribut, habit.
Peuple, *sm.* nation, populace
Peupler, *v.* remplir d'habit.
Peur, *sf.* crainte, frayeur.
Peureux, se, *a.* ombrageux.
Phalanges *sf* corps d'infanterie
Phare, *sm.* gr. fanal de mer.
Pharisaïque, *a.* qui tient du
Pharisaïsme, *sm.* hypocrisie.
Pharisien, *s.* sectaire.
Pharmacie, *sf.* dépôt de mé-
  dicaments.
Pharmacien, *s.* apothicaire.
Phase *sf.* aspect des planètes
Phénix, *sm.* oiseau fabuleux
Phénomène *sm* chose extrao.
Philanthrope *s.* ami des hom.
Philanthropique *a* même sens
Philosophe, *sm.* savant, sage
Philosopher, *v.* raisonner.

Philosophie, *sf.* science.
Phosphore, *sm.* subst. chim.
Phosphoreux se *a* du phosph.
Phosphorique, *a.* de phosph.
Phrase, *sf.* partie d'un disc.
Phraser, *v.* faire des phrases
Phthisie, *sf.* consomption.
Phthisique, *a.* étique.
Phylactère, *sm.* bandelette.
Physicien *s* qui sait la physiq.
Physionomie, *sf.* air, figure.
Physique, *sf.* science.
Physiquement, *ad.*
Piailler, *v.* criailler, *fam.*
Piaillerie, *sf.* criaillerie.
Piano, *sm.* inst. de musique.
Piastre, *sf.* monnaie.
Piauler, *v.* cri des poulets.
Pic, *sm.* instrument acéré.
Picorée, *sf.* maraude.
Picorer, *v.* aller en maraude.
Picotement, *sm.* act. de
Picoter, *v.* chatouiller.
Picotin, *sm.* mesure.
Pie, *sf.* oiseau.
Pie-grièche, *sf.* oiseau.
Pièce, *sf.* portion, chambre.
Pied, *sm.* (*pié*) membre du
  corps pour marcher, mes.
Pied-à-terre, *sm.* log. pass.
Piédestal, *sm.* support.
Piédouche, *sm* orn. d'arch.
Piége *sm.* machine, embûche
Pierre, *sf.* caillou.
Pierreries, *sf. pl.* diamants.
Pierreux se *a.* plein de pierr.
Pierrier, *sm.* petit canon.
Piété, *sf.* dévotion.
Piétiner, *v.* remuer les pieds
Piéton, *s.* qui va à pied.
Piètre, *a.* chétif. *fa.*
Piètrement, *ad.* chétivement
Pieu, *sm.* bois pointu.
Pieusement, *ad.* av. piété.
Pieux, se, *a.* plein de piété.
Pigeon, *sm.* oiseau domest.
Pigeonneau, *sm.* jeune pig.
Pigeonnier, *sm.* colombier.
Pignon, *sm.* mur en pointe.
Pilastre, *sm.* colonne carrée
Pile, *sf.* amas.
Piler, *v.* écraser.
Pilier, *sm.* sorte de colonne.
Pillage, *sm.* action de piller.
Pillard, *a.* qui pille.
Piller, *v.* voler.
Pilleur, *sm.* pillard, voleur.
Pilon, *sm.* inst. pour piler.
Pilori *sm.* poteau de diffamat
Pilotage, *sm.* art de la navig.
Pilote, *sm.* conduct. de vaiss.
Piloter, *v.* enfoncer des
Pilotis, *sm.* gros pieu ferré.

Pilule, *sf.* boule médicinale.
Pin, *sm.* arbre résineux.
Pinacle, *sm.* faîte.
Pinceau *sm.* faisceau de poil
Pincée *sf* ce qu'on tient entre
Pincer, *v.* serrer. [les doigts.
Pincettes *sf pl.* inst. de foyer
Pinson, *sm.* oiseau.
Pinte, *sf.* mesure de liquides
Pioche, *sf.* inst. aratoire.
Piocher, *v.* fouir la terre.
Pique, *sf.* brouillerie, arme.
Piquer, *v.* percer.
Piquet, *sm.* petit pieu, jeu.
Piquette, *sf.* petit vin.
Piqûre, *sf.* légère blessure.
Pirate, *sm.* voleur de mers.
Pirater, *v.* voler en mer.
Piraterie, *sf.* métier de pirate
Pire, *a.* plus mauvais.
Pirouetter, *v.* tourner.
Pis *sm.* plus mauv., mamelle
Piscine, *sf.* fontaine.
Pissat *sm* urine des animaux
Pisser, *v.* uriner.
Pistache, *sf.* fr. du pistachier
Piste, *sf.* vestiges de pas.
Pistole, *sf.* monnaie.
Pistolet, *sm.* arme à feu.
Piston, *sm.* cylindre.
Piteux, se, *a.* digne de pitié.
Pitié, *sf.* compassion.
Piton, *sm.* fiche à tête.
Pitoyable, *a.* piteux.
Pitoyablement, *ad.*
Pittoresque, *a.* effet naturel.
Pituite, *sf.* humeur visqueuse
Pituiteux, se, *a.* qui a la pit.
Pivot, *sm.* support.
Pivoter, *v.* tourner.
Placard, *sm.* affiche, armoire
Placarder, *v.* coller des plac.
Place, *sf.* lieu, endroit.
Placement *sm.* mise en place
Placer, *v.* situer, fixer.
Placet, *sm.* demande.
Plafond *sm.* ciel de chambre
Plafonner *v.* mett. le plafond
Plafonneur, *sm.* qui plafonne
Plage, *sf.* rivage, contrée.
Plagiaire, *a.* qui pille.
Plagiat, *sm.* act. du plagiaire
Plaider, *v.* contester.
Plaideur, euse, *s.* qui plaide.
Plaidoirie, *sf.* art de plaider.
Plaidoyer *sm.* écrit de procès
Plaie, *sf.* blessure, cicatrice.
Plain, *a.* uni, plat.
Plain-chant *sm* chant d'église
Plaindre, *v.* avoir pitié.
Plaine, *sf.* plate campagne.
Plain-pied (de), *ad.* uni.
Plaintes *sf.* lamentation, grief

Plaintif, ve, *a.* dolent.
Plaintivement, *ad.*
Plaire, *v.* agréer à.
Plaisamment, *ad.* pour rire.
Plaisance, *sf.* lieu, maison.
Plaisant, *a.* agréable.
Plaisanter *v.* railler, badiner
Plaisanterie, *sf.* raillerie.
Plaisir *sm.* sensation agréab.
Plan, *sm.* plat, projet.
Planche *sf.* morc. de bois plat
Planchéier *v.* mett. des planc.
Plancher, *sm.* sol en bois.
Planchette, *sf.* petite planche
Plane, *sm.* outil.
Planer, *v.* se soutenir en l'air
Planétaire, *a.* et *sm.* de
Planète, *sf.* astro. [plans.
Planimétrie, *sf.* mesure des
Plantain, *sm.* plante. [d'arb.
Plantation, *sf.* terrain planté
Plante, *sf.* végétal.
Planter, *v.* mettre des végé-
   taux en terre, enfoncer.
Plantoir, *sm.* instr. aratoire.
Plaque, *sf.* table de métal.
Plaquer, *v.* appliquer.
Plastron, *sm.* corselet. [tron
Plastronner *v* garn. d'un plas-
Plat, *sm.* grande assiette.
Plat, te, *a.* uni, insipide.
Platane, *sm.* arbre.
Plateau, *sm.* terrain plat.
Platebande, *sf.* bordure.
Plateforme, *sf.* toit plat.
Platement, *ad.*
Platine, *sm.* métal.
Platitude, *sf.* bassesse.
Plâtras, *sm.* débris de plâtre
Plâtre, *sm.* sorte de pierre.
Plâtrer, *v.* enduire, déguiser
Plâtrier, *s.* qui fait le plâtre.
Plausible, *a.* spécieux.
Plébéien, ne, *a.* et *s.* du peup.
Plein, *sm.* l'opposé du vide.
Pleinement, *ad.*
Plénière, *a.* entière.
Plénipotentiaire *sm.* ministre
Plénitude, *sf.* de plein.
Pléonasme, *sm.* redondance.
Pleurer, *v.* verser des larmes
Pleurésie, *sf.* inflammation.
Pleureur, euse, *s.* qui pleure
Pleurs, *sm. pl.* larmes.
Pleuvoir, *v.* chute de pluie.
Pli, *sm.* double, habitude.
Pliable, *a.* pliant, flexible.
Plier, *v.* courber, doubler.
Plieur, euse, *s.* qui plie.
Plinthe, *sf.* ou *m.* socle.
Plioir, *sm.* couteau de bois.
Plissement, *sm.* act. de
Plisser, *v.* faire des plis.

Plissure, *sf.* man. de plisser
Plomb, *sm.* métal.
Plomber, *v.* appesantir.
Plomberie, *sf.* de plombeur.
Plombier, *sm.* ouv. en plomb
Plongeon, *sm.* act. de
Plonger, *v.* se jeter à l'eau.
Plongeur, *sm.* qui plonge.
Ployer, *v.* courber.
Pluie, *sf.* eau qui tombe.
Plumasseau, *sm.* houssoir.
Plumage, *sm.* de plume.
Plume, *sf.* ce qui couvre les
   oiseaux et sert pour écrire
Plumeau, *sm.* houssoir.
Plumer, *v.* ôter les plumes.
Plumet, *sm.* panache.
Plupart (la) *loc. ad.* beaucoup
Pluralité, *sf.* plusieurs.
Pluriel, *a.* et *sm.* plusieurs.
Plus, *ad.* et *sm.* davantage.
Plusieurs *a.* et *s.* cert. nomb.
Plutôt, *ad.* préférablement.
Pluvieux, se *a.* abond. en pluie
Pneumatique, *a.* de l'air.
Poche, *sf.* petit sac. [voile.
Poêle, *sm.* chauffoir, drap,
Poêlier, *s.* qui fait des poêles
Poêlon, *sm.* petite poêle.
Poème, *sm.* ouvrage en vers
Poésie, *sf.* art du poète.
Poète, *s.* qui fait des vers.
Poétique, *a.* de vers.
Poids, *sm.* pesanteur.
Poignant, *a.* piquant.
Poignard, *sm.* arme.
Poignarder, *v.* assassiner.
Poignée, *sf.* plein la main.
Poignet, *sm.* joint du bras.
Poil, *sm.* fils déliés.
Poinçon *sm.* pointe, tonneau
Poindre, *v.* paraître.
Poing, *sm.* main fermée.
Point *sm.* tissu, ponctuation
Pointe, *sf.* côté aigu.
Pointer, *v.* diriger.
Pointiller, *v.* disputer.
Pointilleux, se, *a.* difficile.
Poiré, *sm.* cidre de poire.
Pois, *sm.* légume. [neuse.
Poison, *sm.* substance véné-
Poisser, *v.* enduire de poix.
Poisson, *sm.* animal aquatiq.
Poissonnerie, *sf.* marché au
   poisson. [poisson.
Poissonneux, se, *a.* qui a du
Poissonnier, ère, *s. m.* de p.
Poitrail *sm.* poitrine du chev.
Poitrinaire, *a.* et *s.* malade.
Poitrine, *sf.* cavité qui ren-
   ferme les poumons.
Poivre, *sm.* sorte d'épicerie.
Poivrer, *v.* mettre du poivre.

Poix, sf. suc résineux.
Polaire, a. des pôles. [globe
Pôle sm. extrém. de l'axe du
Polémique, a. de dispute.
Poli, a. uni et luisant.
Police, sf. ordre d'une ville.
Policer, v. établir la police.
Polichinelle sm. marionnette
Poliment, ad. avec politesse
Polir, v. rendre poli.
Polisseur, euse, s. qui polit.
Polissoir, sm. inst. pour polir
Polissoire, sf. brosse.
Polisson, ne, a. petit vagab.
Polissonner v. faire le poliss.
Polissonnerie, sf. de polisson
Polissure, sf. action de polir
Politesse, sf. civilité.
Politique, sf. art de gouvern,
Politiquer v. parler politique
Polluer, v. souiller.
Poltron a. et s. sans courage
Poltronnerie, sf. lâcheté.
Polyèdre, sm. fig. géométr.
Polygame s marié à plusieurs
Polygamie, sf. état du polyg.
Polygarchie, sf. gouverne-
    ment de plusieurs.
Polygone, a et sm fig. géom.
Polytechnique, a. de plu-
    sieurs arts.
Polytyper, v. clicher.
Polythéisme, sm. paganisme
Pommade, sf. graisse, parf.
Pomme, sf. fruit.
Pommeau, sm. pom. d'épée.
Pommier, sm. arbre.
Pompe, sf. inst., vanité.
Pomper, v. tirer de l'eau.
Pompeusement, ad.
Pompeux, se, a. majestueux.
Pompier, sm. ouv. en pompe
Pompon, sm. touffe en laine.
Pomponner, v. met. en touf.
Ponce, sf. pierre t. légère.
Poncer, v. marquer.
Poncis, sm. dessin poncé.
Ponction, sf. tirer l'eau.
Ponctualité, sf. exactitude.
Ponctuation, sf. art de ponc-
Ponctuel, le, a. exact. [tuer.
Ponctuellement, ad.
Ponctuer, v. mett. les points.
Pondre, v. faire un œuf.
Pont, sm. pass. sur l'eau.
Pontif, sm. dignité ecclés.
Pontifical, a. et sm. de pont.
Pontificalement, ad.
Pontificat, sm. dignité.
Populace, sf. le bas peuple.
Populaire, a. du peuple.
Populairement, ad.
Populariser, v. vulgariser.

Popularité, sf. de populaire.
Population, sf. les habitants.
Populeux, se, a. très-peuplé
Porc, sm. cochon.
Porcelaine, sf. pâte vitrifiée.
Porceux, se, a. qui a des
    pores.   [et des végétaux.
Pore, sm. trou de la peau.
Porosité, sf. qualité poreuse
Port, sm. relâches des nav.
Portable, a. qu'on peut port.
Portail, sm. façade de l'égl.
Portatif, ve, a. aisé à porter.
Porte, sf. ouverture p' pass.
Porte-clefs, sm anneau, geô-
    lier.   [de crayon.
Porte-crayon, sm. pour fixer
Porte-croix, sm. qui porte
    la croix.   [la crosse.
Porte-crosse, sm. qui porte
Portée, sf. distance.
Portefaix, sm. porteur de
    fardeaux.
Porte-feuille, sm. carnet.
Porte-manteau, sm. valise.
Porte-mouchettes, sm. pla-
Porter, v. soutenir.   [teau.
Porteur, se, s. qui porte.
Porte-voix, sm. instrument.
Portier, ère, s. concierge.
Portion, sf. partie d'un tout.
Portique, sm. sorte de galer.
Portrait, sm. image.
Pose, sf. act. de poser.
Posément, ad.
Poser, v. mettre, placer.
Positif, ve, a. certain.
Position, sf. situation.
Positivement, ad. [pouvoir.
Posséder, v. avoir en son
Possesseur, sm. qui possède
Possessif, ve, a. qui marque
Possession, sf. act. de pos-
    séder.
Possibilité, sf. état possible.
Possible, a, et sm. qui se
    peut.
Postcommunion, sf. prière.
Poste, sm. emploi, relais.
Poster, v placer dans un lieu.
Postérieur, a. opposé à an-
    térieur.
Postérieurement, ad.
Postérité, sf. les descendants
Posthume, a. et sm. né après
    la mort de son père.
Postiche, a. et sm. ajouté,
    faux.
Postillon, sm. valet de poste
Post-scriptum, sm. après
    l'écrit.
Postulant, sf. qui postule.
Postulation, sf. demande.

Postuler, v. demand. aspirer
Posture, sf. situation.
Pot, sm. vase p' div. usages.
Potable, a. qu'on peut boire
Potage, sm. soupe.
Potasse, sf. subst. chim.
Poteau, sm. pièce de bois.
Potence, sf. inst. de suppl.
Potentat, sm. souverain.
Poterie, sf. vaisselle.
Potier, sm. qui fait la poter.
Potion, sf. (ci) breuvage.
Potiron, sm. citrouille.
Pou, sm. vermine.
Pouce, sm. le plus gros doigt
Poudre, sf. pous. compos.
Poudrer, v. couvr. de poudre
Poudreux, se, a. couvert de
    poussière.   [poudre.
Poudrière, sf. magasin de
Pouf, sm. bruit sourd.
Pouffer, v. éclater de rire.
Poulain, sm. jeune cheval.
Poule, sf. femelle du coq.
Poulet, sm. petit de la poule.
Poulie, sf. petite roue.
Pouls, sm. battement des ar-
    tères.   [respiration.
Poumon, sm. organe de la
Poupe, sf. l'arrière d'un nav.
Poupée, sf. petite figure.
Poupon, sm. enfant potelé.
Pour, prép. et conj.
Pourboire, sm. gratification.
Pourceau, sm. cochon.
Pourparler, sm. conférence.
Pourpoint, sm. anc. vêtem.
Pourpre, sm. rouge foncé.
Pourrir, v. gâter, corrompre
Pourriture, sf. corruption.
Poursuite, sf. act. de
Poursuivre, v. courir après.
Pourtant, ad.
Pourtour, sm. circuit, arch.
Pourvoir, v avoir soin, garnir
Pourvoyeur, sm. qui pourvoit
Pourvu que, conj. à condit.
Pousse, sf. bourgeons.
Poussée, sf. act. de pousser.
Pousser, v. presser, exciter.
Poussier, sm. espèce de
Poussière, sf. terre pulvéris.
Poussif, ve, a. à courte hal.
Poussin, sm. petit poulet.
Poussoir, sm. instrument.
Poutre, sf. pièce de bois.
Poutrelle, sf. petite poutre.
Pouvoir, v. avoir autorité,
    sm. puissance.
Pragmatique, a. sanction,
Prairie, sf. grand pré. [et sf.
Praticable, a. qu'on peut
    pratiquer.

Praticien, *sm.* expérimenté.
Pratique, *sf.* opp. à théorie.
Pratiquer, *v.* exercer.
Pré, *sm.* petite prairie.
Préalable, *a.* et *sm.* avant.
Préalablement, *ad.* av. tout.
Préambule, *sm.* av. propos.
Préau, *sm.* espace découvert
Prébende, *sf.* canonicat.
Précaire, *a.* incertain.
Précairement, *ad.*
Précaution, *sf.* prévoyance.
Précautionner, *v.* prémunir.
Précédemment, *ad.* (*da*).
Précédent, *a.* qui précède.
Précéder, *v.* aller devant.
Précepte, *sm.* règle, conseil.
Précepteur, *sm.* qui instruit.
Prêche, *sf.* sermon, temple.
Prêcher, *v.* annoncer la pa-
  role de Dieu.
Précieusement, *ad.*
Précieux, se, *a.* grand prix.
Précipice, *sm.* gouffre.
Précipitamment, *ad.*
Précipitation, *sf.* vitesse.
Précipité, *sm.* dissolution.
Précipiter, *v.* jeter, hâter.
Préciput, *sm.* avantage.
Précis, *a.* fixe, formel, juste.
Précisément, *ad.*
Préciser, *v.* déterminer.
Précision, *sf.* exactitude.
Précoce, *a.* prématuré.
Précocité, *sf.* qualité préc.
Préconiser, *v.* louer extraor.
Préconiseur, *a.* qui préconise
Précurseur, *sm.* q. précède.
Prédécesseur *sm.* venu avant
Prédestination, *sf.* salut.
Prédestiner *v.* dest. au salut.
Prédicateur, *sm.* qui prêche.
Prédication *sf* act. de prêcher
Prédiction *sf.* act. de prédire
Prédilection, *sf.* préférence.
Prédire, *v.* annoncer l'av.
Prédominer, *v.* prévaloir.
Prééminence, *sf.* supériorité
Prééminent, *a.* qui excelle.
Préface *sf* disc. préliminaire.
Préfecture *sf.* habit. de Préf.
Préférable, *a.* plus estimable
Préférablement, *ad.*
Préférence, *sf.* act. de
Préférer *v* donner l'avantage
Préfet, *sm.* magistat.
Préjudice *sm* tort, dommage
Préjudiciable, *a.* nuisible.
Préjudicielle, *a* à juger avant
Préjudicier, *v.* nuire.
Préjugé *sm* opinion hasardée
Prélat, *sm.* dignitaire eccl.
Prélever *v.* lever une somme

Préliminaire *a* et *sm* précéd.
Préliminairement, *ad.*
Prélude, *sm.* ce qui précède.
Préluder, *v.* annoncer.
Prématuré, *a.* avant le temps
Prématurément, *ad.*
Préméditer, *v.* prévoir d'av.
Prémices, *sf. pl.* prem. fruits
Premier ère, *a.* av. les autres
Premièrement, *ad.*
Prémunir, *v.* mettre en garde
Prendre, *v.* saisir, avaler.
Prénom *sm* nom de Baptême
Préoccupation, *sf.* prévent.
Préoccuper, *v.* inquiéter.
Préopinant, *sm.* qui a opiné.
Préopiner, *v.* dire son avis.
Préparatif, *sm.* apprêt.
Préparation, *sf.* action de
Préparer, *v.* disposer.
Prépondérance, *sf.* influence
Prépondérant, *a.* influent.
Préposer, *v.* commettre pour
Préposition *sf.* partie du disc.
Prérogative, *sf.* privilége.
Près, *prép.* non loin.
Présage, *sm.* augure, signe.
Présager, *v.* indiquer.
Presbytère *sm* maison curiale
Presbytérianisme, *sm.* secte
  protestante.
Presbytérien, ne, *a.* sectaire
Prescriptible, *a.* de
Prescription, *sf.* droit de long
  usage, ordonnance.
Prescrire, *v.* ordonner.
Préséance, *sf.* (s) prérogat.
Présence, *sf.* (z) act. d'être.
Présent, *a.* et *sm.* être là.
Présentable, *a.* de
Présentation, *sf.* act. de pré-
Présentement, *ad.* [senter.
Présenter, *v.* offrir.
Préservatif, ve, *sm.* et *a.* de
Préserver, *v.* garantir.
Présidence, *sf.* qualité de
Président, *s.* qui préside.
Présider *v* dominer, diriger.
Présomptif, ve, *a.* (héritier).
Présomption, *sf.* conjecture.
Présomptueux *a.* et *s.* fat.
Presque, *ad.* peu s'en faut.
Presqu'île, *sf.* V. péninsule.
Pressamment, *ad.*
Pressant, *a.* qui presse.
Presse, *sf.* foule, machine.
Pressentiment *sm.* sentiment
Pressentir, *v.* prévoir.
Presser, *v.* serrer avec force.
Pression, *sf.* act. de presser.
Pressoir *sm* instr. p. presser.
Pressurer *v* press. des fruits.

Prestance, *sf.* bonne mine.
Prestation, *sf.* redevance.
Prestige, *sm.* illusion.
Presto, *ad.* vite. *mus.*
Présumer, *v.* supposer.
Présure, *sf.* ce qui fait cailler
Prêt, e, *a.* disposé. [le lait.
Prétendre, *v.* aspirer.
Prétention, *sf.* droit, espoir.
Prête-nom *sm* qui représente
Prêter, *v.* donner à charge.
Prétérit *sm.* (*t*) temps passé.
Prétexte, *sm.* motif supposé
Prétexter, *v.* alléguer.
Prétoire, *sm.* tribunal.
Prêtre, *sm.* ministre cathol.
Prêtrise, *sf.* sacerdoce.
Preuve, *sf.* témoignage.
Prévaloir, *v.* tirer avantage.
Prévaricateur, *sm.* de
Prévarication, *sf.* act. de
Prévariquer, *s.* manquer à
  son devoir.
Prévenance, *sf.* obligeance.
Prévenir, *a.* avertir avant.
Prévention, *sf.* préjugé.
Prévenu, *a.* et *sm.* accusé.
Prévision, *sf.* vue de l'avenir
Prévoir, *v.* voir l'avenir.
Prévôt, *sm.* juge surveillant.
Prévoyance *sf* act. de prévoir
Prie-dieu, *sm.* (*i*) sorte de
  pupitre pour prier.
Prier, *v.* demander.
Prière, *sf.* action de prier.
Primaire, *a.* du 1er degré.
Primat, *sm.* prélat.
Primauté, *sf.* premier rang.
Prime abord (de), *ad.*
Primer, *v.* dominer.
Primitif, ve, *a.* le premier.
Primitivement, *ad.*
Primordial, *a.* et *s.* primitif.
Prince, Princesse, *s.* dignité
Principal, *a.* maître, titre.
Principalement, *ad.*
Principalité *sf.* office du prin-
Principauté *sf* dignité. [cipal
Principe, *sm.* règle.
Printanier, ère, *a.* du
Printemps, *sm.* 1e saison.
Prisée, *sf.* estimation.
Priser, *v.* mettre le prix.
Priseur, *sm.* qui prise.
Prisme, *sm.* solide terminé
  par 2 bases.
Prison, *sf.* lieu de détention
Prisonnier, ère, *a.* et *s.* en
  prison.
Privation *sf.* perte.
Privé, *a.* qui manque, fa-
Priver, *a.* ôter. [milier.
Privilége, *sm.* avantage.

Privilégié, *a. et sm.* qui jouit d'un privilége.
Prix, *sm.* valeur.
Probabilité *sf.* vraisemblance
Probablement, *ad.*
Probation, *sf.* épreuve.
Probe, *a.* qui a de la probité.
Probité *sf.* droiture de cœur.
Problématique, *a.* douteux.
Problématiquement, *ad.*
Problème, *sm.* question.
Procédé, *sm.* manière d'agir
Procéder, *v.* prévenir.
Procédure, *sf.* discussion.
Procès *sm* instance judiciaire
Procession *sf.* cérémonie rel.
Processionnellement, *ad.*
Prochain, *a.* proche.
Prochainement, *ad.*
Proche, *a.* voisin, parent.
Proclamation *sf.* publication
Proclamer, *v.* publier.
Procurateur, trice, *s.* chargé de procuration.
Procuration, *sf.* pouvoir.
Procureur, *sm.* procurateur.
Prodigalité, *sf.* profusion.
Prodige *sm* effet surprenant.
Prodigieusement *ad* à l'excès
Prodigieux, se, *a.* extraordin.
Prodigue *a. et s.* dissipateur.
Prodiguer *v* donner avec prof.
Production, *sf.* ouvrage.
Produire, *v.* causer.
Produit, *sm.* résultat.
Profanateur, *sm.* qui profane
Profanation *sf.* action de profaner.
Profane, *a.* cont. au respect.
Profaner, *v.* souiller.
Préférer, *v.* prononcer.
Profès, Professe, *a. et s.* religieux qui a fait des vœux.
Professer *v.* avouer, enseign.
Professeur, *sm.* qui enseigne
Profession, *sf.* déclaration, état.
Profil, *sm.* contour.
Profiler, *v.* faire le profil.
Profit, *sm.* gain, utilité.
Profitable, *a.* utile.
Profiter, *v.* gagner, croître.
Profond, *a.* très-creux, sav.
Profondément, *ad.*
Profondeur, *sf.* étend., esp.
Profusément, *ad.* avec
Profusion, *sf.* excès de dép.
Progéniture, *sf.* les enfants.
Programme, *sm.* descript.
Progrès, *sm.* mouvement.
Progressif, ve, *a.* qui avance.
Progression, *sf.* progrès.
Progressivement, *ad.*

Prohiber, *v.* défendre.
Prohibitif, ve, *a.* défendu.
Prohibition, *sf.* défense.
Proie, *sf.* butin.
Projection, *sf.* dessin.
Projet, *sm.* dessein.
Projeter, *v.* former le dess.
Prolétaire, *sm.* citoyen.
Prolixe, *a.* trop long.
Prolixité, *sf.* diffusion.
Prolongation, *sf.* extension.
Prolongement, *sm.* act. de
Prolonger, *v.* étend. la durée
Promenade, *sf.* act. de se
Promener, *v.* aller çà et là.
Promenoir, *sm.* pour se promener.
Promesse, *sf.* assurance.
Promettre, *v.* s'eng. à faire.
Promission, *sf.* (terre de)
Promontoire, *sm.* pointe de
Promotion, *sf.* élect. [terre.
Prompt, *a.* diligent, colère.
Promptement, *ad.*
Promptitude, *sf.* diligence.
Promulgation, *sf.* act. de
Promulguer, *v.* publ. une loi.
Prône, *sm.* instr. chrétienne
Prôner, *v.* vanter.
Prôneur, euse, *s.* qui prône,
Pronom, *sm.* partie du disc.
Pronominal, *a.* de pronom.
Prononcer, *v.* articuler.
Prononciation, *sf.* manière de parler.
Pronostic, *sm.* conjecture.
Pronostiquer, *v.* prévoir.
Propagateur, *sm.* qui propag.
Propagation, *sf.* accroissem.
Propager, *v.* étendre.
Propension, *sf.* pente natur.
Prophète, esse, *s.* qui prédit.
Prophétie, *sf.* (cie) prédict.
Prophétique, *a.* de prophèt.
Prophétiser, *v.* prédire.
Propice, *a.* favorable.
Propitiation, *sf.* sacrifice.
Propitiatoire, *a.* qui rend propice.
Proportion, *sf.* rapport.
Proportionnel, *a.*
Proportionnellement, *ad.*
Proportionnément, *ad.*
Proportionner, *v.* garder la
Propos, *sm.* disc. [proportion
Proposer, *v.* soumettre.
Proposition, *sf.* chose prop.
Propre, *a.* convenable, net.
Proprement, *ad.* convenable
Propreté, *sf.* netteté.
Propriétaire, *sm.* qui poss.
Propriété, *sf.* qui appartient.
Prorata (au), *ad.* à proport.

Propagation, *sf.* délai.
Proroger, *v.* prolonger.
Proscription, *sf.* action de
Proscrire, *v.* condamner.
Prose, *sf.* discours, prière.
Prosélyte, *a. et s.* nouveau partisan.
Prospectus *sm.* programme.
Prospère, *a.* propice, heur.
Prospérité, *sf.* état heureux.
Prosternation, *sf.* action de
Prosternement, *sm.* act. de
Prosterner (se), *v.* à genoux.
Prote, *sm.* chef d'imprimerie
Protecteur, trice, *a. et s.* qui protége.
Protection, *sf.* action de
Protéger, *v.* prend. la défens.
Protestant, *a. et s.* sectaire.
Protestation, *sf.* déclaration.
Protester, *v.* assurer.
Protêt, *sm.* recours en just.
Protocole, *sm.* formulaire.
Prototype, *sm.* original.
Protubérance, *sf.* éminence.
Prouesse, *sf.* act. de valeur.
Prouver, *v.* constat. la vérité
Provenir, *v.* émaner.
Proverbe, *sm.* maxime.
Proverbial, *a.* de proverbe.
Proverbialement, *ad.*
Providence, *sf.* sagesse de Dieu.
Provigner, *v.* couch. les ceps
Provin, *sm.* rejeton provigné
Province, *sf.* portion d'état.
Provincial, *a. et s.* de prov.
Proviseur, *sm.* chef de coll.
Provision, *sf.* amas.
Provisoire, *a.* préalable.
Provisoirement, *ad.*
Provocation, *sf.* action de
Provoquer, *v.* inciter, défier.
Proximité, *sf.* voisinage.
Prudemment, *ad.* (da).
Prudence, *sf.* circonspection
Prune, *sf.* fruit du prunier.
Pruneau, *sm.* prune sèche.
Prunelle, *sf.* pupille de l'œil.
Prunier, *sm.* arbre fruitier.
Prytanée, *sm.* palais, coll.
Psalmodier, *v.* chanter.
Psalmodie, *sf.* chant.
Psaume, *sm.* cantique.
Psautier, *sm.* liv. de psaum.
Puanteur, *sf.* mauv. odeur.
Public, que, *a.* notoire.
Publicain, *sm.* fermier.
Publication, *sf.* manifestat.
Publiciste, *sm.* qui publie.
Publicité, *sf.* notoriété.
Publier, *v.* rendre public.
Publiquement, *ad.*

Puce, *sf.* insecte.
Pudeur, *sf.* chasteté.
Puer, *v.* sentir mauvais.
Puérile, *a.* de l'enfance.
Puérilement, *ad.*
Puérilité, *sf.* chose puérile.
Puiné, *a.* et *s.* né après.
Puis, *ad.* ensuite.
Puisard, *sm.* puits de citern.
Puiser, *v.* prendre de l'eau.
Puisque, *conj.* parce que.
Puissamment, *ad.*
Puissance, *sf.* pouvoir.
Puissant, *a.* qui a du pouv.
Puits, *sm.* trou profond.
Pulluler, *v.* multiplier.
Pulmonaire, *a.* du poumon.

Pulmonie, *sf.* maladie.
Pulmonique, *a.* et *s.* malade du poumon. [pouls.
Pulsation, *sf.* battement du
Pulvérisation, *sf.* action de
Pulvériser, *v.* réd. en poud.
Punaise, *sf.* insecte puant.
Punir, *v.* châtier.
Punissable, *a.* qui mérite
Punition, *sf.* châtiment.
Pupitre, *sm.* meub. p' écrire.
Pur, *a.* sans mélange.
Purée, *sf.* pâte tirée des lég.
Purement, *ad.*
Pureté, *sf.* qualité pure.
Purgatif, ve, *a.* qui purge.
Purgation, *sf.* évacuation.

Purgatoire, *sm.* lieu d'ex-
Purger, *v.* purifier. [piation.
Purificatoire, *sm.* linge d'ég.
Purifier, *v.* rendre pur.
Pus, *sm.* humeur corrompue
Pusillanime, *a.* (ll) craintif.
Pusillanimité, *sf.* déf. de cou-
Pustule, *sf.* tumeur. [rage.
Putatif, ve, *a.* réputé.
Putréfaction, *sf.* corruption.
Putréfait, *a.* corrompu.
Putréfier, *v.* corrompre.
Putride, *a.* pourri.
Putridité, *sf.* état putride.
Pygmée, *sm.* nain.
Pyramide, *sf.* corps solide.
Pythonisse, *sf.* devineresse.

Q

Q, *sm.* 17° lettre de l'alphab.
Quadragénaire, *a.* qui a 40 ans
Quadragésimal, *a.* du carême
Quadragésime, *sf.* premier dim. du carême.
Quadrangulaire, *a.* à 4 angl.
Quadrature, *sf.* réduct. géom.
Quadrilatère, *a.* et *sm.* carré
Quadrupède, *sm.* et *a.* à 4 pieds.
Quadruple, *a.* et *sm.* 4 fois.
Quadrupler, *v.* multipl. par 4
Quai, *sm.* levée.
Qualification, *sf.* action de
Qualifier, *v.* attribuer une
Qualité, *sf.* caractère.
Quand, *ad.*
Quant à, *locut. ad.*
Quantième, *sm.* et *a.* rang.
Quantité, *sf.* qu'on peut éval.
Quarantaine, *sf.* 40 jours.
Quarante, *a. num.* 4 fois dix.
Quarantième, *a.* et *s.*
Quart, *sm.* le 4° d'un tout.
Quarto ou Quarantaine, *sf.*
Quarteron, *sm.* quart.
Quartier, *sm.* quart, caserne
Quartier-maitre, *sm.* officier
Quarto (in), *sm.* format.
Quasi, *ad.* presque. [l'âques.
Quasimodo, *sf.* dim. d'après

Quatorze, *a.* nombre dix et 4
Quatorzième, *a.* et *sm.*
Quatrain, *sm.* stances de 4 vers.
Quatre, *a. num.* 2 fois 2.
Quatre-temps, *sm. pl.* jeûne
Quatrième, *a.* 4.
Quatrièmement, *ad.*
Que, *pron. conj.* ou *absolu.*
Quel, le, *a.* pour demander.
Quelconque, *a.* quel qu'il soit
Quelque, *a.* et *ad.*
Quelquefois, *ad.* parfois.
Quelqu'un, *a.* et *sm.*
Qu'en dira-t-on, *sm.*
Quenouille, *sf.* baguette pour filer.
Querelle, *sf.* vive contestation
Quereller, *v.* faire querelle.
Querelleur, euse, *a.* et *s.*
Quérir, *v.* chercher.
Questeur, *sm.*
Question, *sf.* (si) demande.
Questionnaire, *sm.*
Questionner, *v.* interroger.
Quête, *sf.* collecte.
Quêter, *v.* faire une collecte
Quêteur, euse, *s.* qui quête.
Queue, *sf.* extrémité.
Qui, *pron. rel.* et *interrog.*
Quiconque, *pron.* indéfini.

Quidam, *sm.* (kidam), in-
connu.
Quiétude, *sf.* repos.
Quille, *sf.* cône de bois.
Quincaille, *sf.* ust. de fer.
Quincaillerie, *sf.* marchandise
Quinconce, *sm.* plant en échiquier.
Quinquet, *sm.* lampe.
Quinquina, *sm.* écorce fébrif
Quintal, *sm.* 100 liv. pesant.
Quintessence, *sf.* l'essentiel.
Quintuple, *a.* et *sm.* 5 fois.
Quintupler, *v.* mult. par 5.
Quinzaine, *sf.* quinze fois.
Quinzième, *a. ord. sm.*
Quiproquo, *sm. f.* méprise.
Quittance, *sf.* acte d'acquit.
Quittancer, *v.* donner quitt.
Quitte, *a.* libéré de sa dette.
Quitter, *v.* se séparer.
Qui va-là? Qui vive? *sm.*
Quoi *pron. rel. int.* et *interj.*
Quoique, *conj.* bien que.
Quolibet, *sm.* basse plaisant.
Quote-part, *a. f.* la part de chacun.
Quotidien, ne, *a.* journalier.
Quotient, *sm.* (ci) résultat de la division.
Quotité, *sf.* part individuelle.

R

R, *sm.* 18° lettre de l'alphab.
Rabâchage, *sm.* act. de
Rabâcher, *v.* répéter trop.
Rabâcheur, euse, *s.* qui rép.
Rabais, *sm.* diminution.
Rabaissement, *sm.* rabais.
Rabaisser, *v.* déprécier, avil.

Rabat, *sm.* collet rabattu.
Rabat-joie, *sm.* ennemi de la joie.
Rabattre, *v.* rabaisser.
Rabbin, *sm.* docteur juif.
Raboter, *v.* polir avec le rabot
Raboteux, se, *a.* inégal.

Rabougri, *a.* mal conformé.
Rabougrir, *v.* mal venir.
Raboutir, *v.* met. bout à b.
Racaille, *sf.* populace, rebut
Raccommodage, *sm.* act. de
Raccommoder, *v.* réparer.
Raccordement, *sm.*

Raccorder, v. faire le raccor.
Raccourcir, v. accourcir.
Raccourcissement, sm.
Raccrocher, v. accrocher de nouveau.
Race, sf. espèce, nature.
Rachat, sm. action de
Racheter, v. délivrer.
Racine, sf. principe, origine
Racler, v. ratisser.
Racleur, sm. qui racle.
Raclure, sf. ce qu'on a raclé.
Raconter, v. faire un récit.
Raconteur, euse, s. qui rac.
Racornir, v. rendre dur.
Rade, sf. abri des vaisseaux.
Radeau, sm. train de bois.
Radial, a. formé de rayons.
Radiation, sf. act. de
Radier, v. effacer.
Radieux, se, a. joyeux.
Radis, sm. sorte de raifort.
Radotage, sm. act de
Radoter, v. extravaguer.
Radoteur, euse, a. qui rad.
Radoterie, sf. extravagance.
Radoucir, v. rend. plus doux.
Radoucissement, sm.
Raffermir, v. devenir ferme.
Raffermissement, sm.
Raffinage, sm act. de raffiner
Raffinement, sm.
Raffiner, v. subtiliser.
Raffinerie, sf. où l'on raffine.
Raffineur, sm. qui raffine.
Raffoler, v. passionner.
Rafle, sf. grappe, act. de
Rafler, v. emporter tout.
Rafraîchir, v. réparer.
Rafraîchissement, sm.
Rage, sf. hydrophobie, fur.
Ragoût, sm mets appétissant
Ragoûtant, a. qui ragoûte.
Ragoûter, v. donner du goût.
Ragrandir, v. rendre grand.
Raide, a. fort tendu, difficile
Raideur, sf. qualité raide.
Raidir, v. rendre raide.
Raie, sf. trait, ligne, poisson
Raifort, sm. plante.
Railler, v. plaisanter.
Raillerie, sf. moquerie.
Railleur, euse, a. et s.
Rainette, Reinette, sf. fruit.
Rainure, sf. entaille.
Raiponce, sf. plante.
Rais, sm. rayon de roue.
Raisin, sm. fruit de la vigne.
Raisiné, sm. confit. de raisin
Raison, sf. faculté.
Raisonnable a. doué de raison
Raisonnablement, ad.
Raisonnement, sm argument

Raisonner, v. discuter.
Raisonneur, euse, a. et s.
Rajeunir, v. rendre jeune.
Rajustement, sm. act. de
Rajuster, v. ajuster de nouv.
Râle sm. bruit fait en râlant
Râlement, sm. râle.
Ralentir v. devenir plus lent.
Ralentissement sm relâchem.
Râler, v. respirer avec bruit.
Ralliement, sm. action de
Rallier, v. rassembler.
Rallongement, sm. act. de
Rallonger v rendre plus long
Rallumer v. allumer de nouv.
Ramadan, sm. jeûne turc.
Ramage, sm. rameau, chant
Ramas, sm. amas.
Ramasser v. relever, réunir.
Ramassis sm amas sans choix
Rame, sf. support, papier.
Rameau, sm. branche.
Ramener v. amener de nouv.
Ramer, v. tirer à la rame.
Rameur, sm. qui rame.
Rameux, se, a. à branches.
Ramification, sf. embranch.
Ramifier (se), v. se partager
Ramollir, v. rendre mou.
Ramonage, sm. action de
Ramoner, v. nettoyer la cheminée.
Ramoneur, sm. qui ramone.
Rampe, sf. balustrade.
Ramper, v. se traîner.
Rance a. et sm. gâté, odeur.
Rancir, v. devenir rance.
Rançon, sf. prix pour la délivrance.
Rançonnement, sm. act. de
Rançonner, v. exiger trop.
Rancune, sf. ressentiment.
Rancunier, ère, a. et s.
Rang sm ordre, dignité place
Rangée sf rang sur une ligne
Ranger, v. mettre en rang.
Ranimer v. rendre la vie, en-
Rapace, a. avide. [courager.
Rapacité, sf. avidité.
Rapatrier, v. réconcilier.
Râpe, sf. ustensile dentelé.
Râper, v. pulvériser.
Rapetasser, v. rapiécer.
Rapetisser, v. devenir petit.
Rapide, a. avec vitesse.
Rapidement, ad.
Rapidité, sf. grande célérité
Rapine, sf. pillage.
Rapiner, v. piller.
Rappareiller, v. assortir.
Rappel, sm. action de
Rappeler, v. faire revenir, appeler de nouv.

Rapport, sm. revenu, récit.
Rapporter v remettre au lieu
Rapporteur euse, s. qui rapporte, instr. de géométrie.
Rapprochement, sm. act. de
Rapprocher, v. approcher.
Rapsode, sm. chantre.
Rapsoder v. mal raccommod.
Rapsodie, sf. amas d'écrits.
Rapsodiste, s. qui rapsode.
Râpure, sf. ce que la râpe enlève.
Raquette, sf. inst. p. jouer.
Rare, a. précieux.
Raréfier, v. dilater, étendre
Rarement, ad.
Rareté sf disette, qui est rare
Ras, a. à poil court.
Rasade, sf. verre tout plein.
Raser, sm. ust. pour raser.
Rassasiement, sm. satiété.
Rassasier, v. satisfaire.
Rassemblement, sm.
Rassembler, v. réunir.
Rasseoir v asseoir de nouv.
Rassis, a. calme.
Rassurer, v. raffermir.
Rat, sm. petit quadrupède.
Ratafia, sm. liqueur.
Ratatiner (se), v. rapetisser.
Râteau sm. outil de jardinier
Râtelée, sf. coup de râteau.
Râteler, v. ramasser.
Râteleur, sm. qui râtelle.
Râtelier, sm. balustrade p.
Rater, v. manquer. [le foin.
Ratier, a. et s. capricieux.
Ratification, sf. act. de
Ratifier, v. approuver.
Ration, sf. portion de vivres.
Rationnel, le, a. logique.
Ratisser v. racler les ordures
Ratissure, sf. ce qu'on ôte.
Rattacher v. attacher de nouv
Rattraper, v. reprendre.
Rature, sf. act. de
Raturer, v. effacer.
Rauque, a. voix rude.
Ravage sm. dommage, dégât
Ravager, v. faire du ravage.
Ravalement, sm. act. de
Ravaler, v. avaler, crépir.
Ravaudage, sm. raccomm.
Ravauder, v. raccommoder.
Ravauderie, sf. niaiseries.
Ravaudeur, euse, sf, qui ra-
Rave, sf. plante. [vaude.
Ravigoter v. remett. en force
Ravin, sm. chemin pierreux.
Ravine, sf. torrent subit.
Ravir, v. enlever, charmer.
Raviser (se), v changer d'av.
Ravissement sm. admiration

Ravisseur, *sm.* qui ravit.
Ravitaillement, *sm.* act. de
Ravitailler, *v.* donner des vi-vres.
Raviver, *v.* ranimer.
Ravoir, *v.* avoir de nouveau.
Rayer, *v.* faire des raies.
Rayon, *sm.* trait de lumière.
Rayonnement, *sm.* act. de
Rayonner, *v.* briller.
Rayure, *sf.* marque en long.
Ré, *sm.* note de musique.
Réactif, ve *a* et *sm* qui réagit.
Réaction, *sf.* act. de réagir.
Réalisation, *sf.* act. de
Réaliser, *v.* rendre réel.
Réalité, *sf.* existence réelle.
Rebâtir, *v.* bâtir de nouveau
Rebattre, *v.* battre de nouv.
Rebelle, *a.* et *sm.* insoumis.
Rebeller (se), *v.* se révolter.
Rébellion, *sf.* révolte. [veau.
Reblanchir *v* blanch. de nou-
Rebondir, *v.* faire un bond.
Rebord, *sm.* bordure.
Reborder *v.* border de nouv.
Reboucher, *v.* boucher de nouveau.
Rebouillir *v* bouillir de nouv.
Rebours (au), *ad.* à contre sens. [de nouveau.
Reboutonner, *v.* boutonner
Rebrousser, *v.* ret. en arrière
Rebuffade *sf* mauvais accueil
Rebut, *sm.* action de
Rebuter, *v.* rejeter, déplaire
Récalcitrant, *a.* rétif.
Récapitulation, *sf.* résumé.
Récapituler, *v.* résumer.
Recèlement, act. de
Recéler, *v.* cacher.
Receleur, euse, *a.* qui recèle
Récemment, *ad.* (ça)
Recensement, *sm.* dénom-brement.
Recenser *v.* relever les noms
Récent, *a.* nouveau.
Récépissé, *sm.* reçu.
Réceptacle, *sm.* lieu de rassemblement.
Réception *sf* act. de recevoir
Recette, *sf.* ce qu'on reçoit.
Recevable, *a.* admissible.
Receveur, euse, *s.* qui reçoit
Recevoir *v.* prendre, admet.
Rechampir *v.* man. de peind.
Rechange, *sm.* nouv. change
Rechanger, *v.* ch. de nouveau
Réchapper, *v.* être délivré.
Recharger *v.* charg. de nouv.
Réchaud, *sm.* inst. p. chauff.
Réchauffer *v.* ch. de nouveau
Réchauffoir, *sm.* fourneau.

Recherche, *sf.* perquisition.
Rechercher *v.* ch. de nouveau
Rechigner, *v.* gronder.
Rechute, *sf.* nouvelle chute.
Récidive, *sf.* rechute.
Récidiver, *v.* recommencer.
Récif, Rescif, *sm.* écueils.
Récipiendiaire, *s.* aspirant.
Récipient, *sm.* vase à distill.
Réciprocité *sf.* mutuellement
Réciproque, *a.* mutuel.
Réciproquement, *ad.*
Récit, *sm.* narration.
Récitateur, *sm.* qui récite.
Récitation, *sf.* action de
Réciter, *s.* dire par cœur.
Réclamation, *sf.* action de
Réclamer, *v.* exiger.
Reclouer, *v.* clouer de nouv.
Reclus, *a.* et *s.* enfermé.
Réclusion, *sf.* détention.
Recoin, *sm.* coin caché.
Récolte, *sf.* action de
Récolter, *v.* recueillir.
Recommandation, *sf.* act. de
Recommander, *v.* demander
Recommencer *v.* commencer de nouveau.
Récompense, *sf.* prix.
Récompenser, *v.* d. un prix.
Recomposer *v* comp. de nouv.
Recompter, *v.* compter de nouveau.
Réconciliateur, trice, *a.* de
Réconciliation, *sf.* action de
Réconcilier, *v.* raccommoder
Reconduire, *v.* ramener.
Reconfort, *sm.* consolation.
Réconforter, *v.* fortifier.
Reconnaissance *sf.* gratitude
Reconnaître, *v.* se rappeler, avouer.
Reconquérir *v.* conq. de nouv.
Reconstitution *sf.* réorganis.
Reconstruction, *sf.* act. de
Reconstruire, *v.* rebâtir.
Recopier, *v.* copier de nouv.
Recoquillement, *sm.* act. de
Recoquiller, *v.* retrousser.
Recorriger, *s.* corr. de nouv.
Recoucher *v.* couch. de nouv.
Recoudre, *v.* coudre de nouv.
Recourber, *v.* courber.
Recourir, *v.* implorer.
Recours *sm.* refuge, pourvoi
Recouvrer, *v.* retrouver, percevoir.
Recouvrir *v.* couvrir de nouv.
Récréatif, ve, *a.* amusant.
Récréation, *sf.* action de se
Récréer, *v.* réjouir, divertir.
Recréer, *v.* créer de nouveau
Récrépir, *v.* crépir de nouv.

Recreuser *v.* creuser de nouv.
Récrier (se), *v.* se plaindre.
Récrimination, *sf.* action de
Récriminer, *v.* se lamenter.
Recroqueviller (se), *v.* recoquiller.
Recru, *sm.* harassé, las.
Recrue, *sf.* conscrit.
Recrutement, *sm.* action de
Recruter, *v.* faire des recrues
Recruteur, *sm.* qui recrute.
Recta, *ad.* ponctuellement.
Rectangle *a* et *sm* fig. géom.
Rectangulaire, *a.* à angl. dr.
Recteur *sm.* chef d'académie
Rectifier, *v.* redresser.
Rectiligne, *a.* en lig. droites
Rectitude, *sf.* équité.
Recto *sm.* 1re page du feuillet
Recueil, *sm.* collection.
Recueillement, *sm.* act. de se
Recueillir, *v.* ramasser.
Recuire, *v.* cuire de nouveau
Recuit, *a.* trop cuit.
Reculer, *v.* tirer, pousser.
Reculons (à), *ad.* en arrière
Récupérer, *v.* recouvrer.
Récuser, *v.* rejeter.
Rédacteur, *sm.* qui rédige.
Rédaction, *sf.* act. de rédiger
Reddition, *sf.* act. de rendre
Redemander, *v.* demander de nouveau.
Rédempteur, *sm.* qui rachète
Rédemption, *sf.* rachat.
Redevance, *sf.* dette.
Redevenir *v.* deven. de nouv.
Redevoir, *v.* devoir.
Rédiger, *v.* mettre par écrit.
Rédimer (se), *v.* se racheter.
Redingote, *sf.* vêtement.
Redire, *v.* dire de nouveau.
Redite, *sf.* répétition.
Redondance, *sf.* superfluité.
Redonder, *v.* surabonder.
Redoubler, *v.* réitérer.
Redouter, *v.* craindre fort.
Redresser, *v.* rendre droit.
Réduction, *sf.* action de
Réduire, *v.* restreindre.
Réel, le, *a.* et *sm.* vrai.
Réellement, *ad.*
Refaire, *v.* faire de nouveau
Réfection, *sf.* réparation.
Réfectoire, *sm.* salle à mang.
Refend, *sm.* cloison.
Refendre, *v.* fendre de nouv.
Référendaire *sm.* rapporteur
Référer, *v.* rapporter.
Refermer *v.* fermer de nouv.
Réfléchir *v.* penser, renvoyer
Reflet, *sm.* act. de
Refléter, *v.* envoyer la lum.

Réflexion, *sf.* réverbération. méditation.

Refiner, *v.* retourner vers.

Reflux, *sm.* mouvement de la mer.

Refondre, *v.* fondre de nouv.

Refonte, *sf.* act. de refondre

Réforme, *sf.* rétablissement

Réfractaire, *a.* et *sm.* rebelle

Refrain, *sm.* répétition.

Refrogner (se), *v.* rider.

Refroidir, *v.* rendre froid.

Refroidissement, *sm.* diminution de chaleur.

Refuge, *sm.* asile, retraite.

Réfugier (se) , *v.* se mettre en lieu sûr.

Refuser, *v.* ne pas accorder.

Réfutation, *sf.* discours pour

Réfuter, *v.* combattre.

Regagner, *v.* gagn. de nouv.

Régal, *sm.* festin.

Régaler, *v.* donner un régal

Regard, *sm.* action de la vue

Regarder, *v.* jeter la vue.

Régence, *sf.* dignité.

Régénérer, *v.* réformer.

Régent, *sm.* qui gouverne.

Régenter, *v.* enseigner.

Régicide , *sm.* assassin d'un prince.

Régie, *sf.* administration.

Regimber, *v.* ruer , résister.

Régime, *sm.* conseil , règle.

Régiment, *sm.* compagnie.

Région, *sf.* étendue, pays.

Régir, *v.* gouverner.

Registre, *sm.* livre.

Règle, *sf.* instrum., principe

Règlement, *sm.* statut.

Réglément, *ad.* avec règle.

Régler, *v.* mettre en règle.

Réglisse , *sf.* plante.

Règne, *sm.* gouvernement.

Régner, *v.* gouverner.

Régnicole, *a.* du royaume.

Regorger, *v.* abonder.

Regret, *sm.* chagrin.

Regretter, *v.* s'affliger.

Régulariser, *v.* rendre régul.

Régularité, *sf.* état régulier.

Régulier, *a.* selon les règles

Réhabiliter, *v.* remettre dans le même état.

Rehausser, *v.* relever.

Réimprimer, *v.* imprimer de nouveau.

Rein, *sm.* viscère.

Reine, *sf.* femme de roi.

Réinstaller, *v.* installer de nouveau.

Réintégrer, *v.* rétablir.

Réitérer, *v.* dire de nouveau.

Rejaillir, *v.* jaillir de nouv.

Rejaillissement, *sm.* act. de rejaillir.

Rejet, *sm.* action de

Rejeter, *v.* repousser.

Rejeton, *sm.* jet, descendant

Rejoindre, *v.* réunir.

Réjouir, *v.* divertir.

Réjouissance, *sf* amusement

Relâche, *sm.* repos. [tendre.

Relâcher, *v.* se ralentir, dé-

Relais, *sm.* changement.

Relancer, *v.* lancer de nouv.

Relaps, *a.* et *s.* (s) apostat.

Rélargir, *v.* élargir de nouv.

Relater, *v.* raconter.

Relatif, ve, *a.* qui a rapport.

Relation, *sf.* rapport.

Relativement, *ad.*

Relaver, *v.* laver de nouv.

Relaxation, *sf.* relâchement.

Relaxer, *v.* remettre.

Reléguer, *v.* exiler.

Relever, *v.* remettre.

Relier, *v.* cercler, coudre.

Relieur, euse, *s.* qui relie.

Religieusement, *ad.* avec

Religion, *sf.* culte, foi.

Reliquaire, *sm.* boîte à reliq.

Reliquat, *sm.* reste.

Relique, *sf.* reste de saint.

Reluire, *v.* briller.

Remanier, *v* manier de nouv.

Remarque, *sf.* observation.

Remarquer, *v.* observer.

Rembourrer, *v.* bourrer.

Rembourser, *v.* payer.

Rembrunir, *v.* rendre brun.

Remède, *sm.* qui sert à guérir

Remédier, *v.* app. remède.

Remêler, *v.* mêler de nouv.

Remémoratif, ve, *a.* qui fait

Remémorer, *v.* rappeler.

Remercier, *v.* rendre grâces.

Remercîment, *sm.* act. de grâces.

Remettre, *v.* rétablir, rendre

Remeubler, *v.* meubler de nouveau.

Remise, *sf.* abri, retraite.

Rémission, *sf.* pardon.

Remmener, *v* emm. de nouv.

Remonte, *sf.* chevaux.

Remonter, *v* monter de nouv.

Remontrance, *sf.* act. de

Remontrer, *v.* représenter.

Remords, *sm.* chagrin.

Rémouleur, *sm.* qui émoud.

Rempailler, *v.* empailler.

Rempailleur, euse, *s.* qui rempaille.

Rempart, *sm.* fortification.

Remplacer, *v.* tenir lieu.

Remplir, *v.* emplir.

Remplissage, *sm* act. d'empl.

Remporter, *v.* reprendre.

Remuer, *v.* et *pr.* déplacer.

Rémunérateur, trice, *a. s.*

Renaître, *v.* naître de nouv.

Renard, *sm.* quadrupède.

Renchérir, *v.* enchérir.

Rencontre, *sf.* aventure, duel

Rencontrer, *v.* trouver.

Rendez-vous, *sm.* invitation.

Rendre, *v.* remettre.

Rêne, *sf.* courroie.

Renégat, *sm.* apostat.

Renfermer, *v.* enfermer.

Renflement, *sm.* action de

Renfler, *v.* grossir.

Renfoncement, *sm.* cavité.

Renfoncer, *v.* enfoncer.

Renforcer, *v.* fortifier.

Renfort, *sm.* secours. [tant.

Rengorger (se) faire l'impor-

Renier, *v.* désavouer.

Renifler, *v.* respirer fort.

Renom, *sm.* réputation.

Renommée, *sf.* renom.

Renommer, *s.* nommer avec éloge, nommer de nouv.

Renoncer, *v.* renier.

Renonciation, *sf.* abandon.

Renouement, *sm.* act. de

Renouer, *v.* renouveler.

Renouveler, *v* faire de nouv.

Renouvellement, *sm.* de

Rénovation, *sf.* act. de renouveler.

Renseignement, *sm.* indice.

Rente, *sf.* revenu annuel.

Renter, *v.* créer des rentes.

Rentier, *s.* qui a des rentes.

Rentrée, *sf.* act. de

Rentrer, *v.* revenir.

Renverse (à la), *ad.* de

Renversement, *sm.* de

Renverser, *v.* jeter par terre

Renvoi, *sm.* action de

Renvoyer, *v.* congédier.

Réorganiser, *v.* organiser de nouveau.

Repaire, *sm.* retraite de voleurs, de bêtes.

Répandre, *v.* verser.

Reparaître, *v.* paraître de n.

Réparateur, trice, *a.* et *s.* qui répare.

Réparer, *v.* rétablir.

Répartie, *sf,* réplique.

Répartir, *v.* répliquer.

Répartir, *v.* partager.

Répartition, *sf.* distribution.

Repas, *sf.* nourriture réglée.

Repassage, *sm.* action de

Repasser, *v.* aiguiser.

Repaver, *v.* paver de nouv.
Repeindre, *v.* peindre de n.
Repentance, *sf.* repentir.
Repentir, *sm.* regret.
Répercussion, *sf.* action de
Répercuter, *v.* réfléc. le son.
Répertoire, *sm.* liste, lég.
Repeser, *v.* peser de nouv.
Répéter, *v.* réciter.
Répétiteur, *sm.* qui fait rép.
Répétition, *sf.* redite.
Repeupler, *v.* peupler.
Répit, *sm.* relâche, délai.
Replacer, *v.* placer de nouv.
Replanter, *v.* planter de n.
Replâtrer, *v.* recrépir.
Replet, ète, *a.* gras.
Replétion, *sf.* plénitude.
Repli, *sm.* ourlet.
Replier, *v.* plier de nouv.
Réplique, *sf.* réponse.
Répliquer, *v.* répondre.
Replonger *v.* plong. de nouv.
Repolir, *v.* polir de nouv.
Répondre, *v.* répartir.
Répons, *sm.* prière d'église.
Réponse, *sf.* réplique.
Report, *sm.* action de
Reporter, *v.* porter de nouv.
Repos, *sm.* cessation de trav.
Reposer, *v.* poser, cesser.
Reposoir, *sm.* autel.
Repousser, *v.* rejeter.
Repoussoir, *sm.* pour re-
  pousser.
Répréhensible, *a.* digne de
Répréhension, *sf.* blâme.
Reprendre, *v.* gronder.
Représentation, *sf.* observer
Représenter, *v.* présenter.
Répressif, ve, *a.* qui réprime
Répression, *sf.* action de
Réprimande, *sf.* reproche.
Réprimander, *v.* gronder.
Réprimer, *v.* corriger.
Reprise, *sf.* act. de reprend.
Réprobation, *sf.* action de
Reproche, *sm.* réprimande.
Reprocher, *v.* objecter.
Reproduire, *v.* produire.
Réprouver, *v.* condamner.
Reptile, *a. sm.* anim. ramp.
Républicain, *a.* et *s.* de
République, *sf.* gouvernem.
Répudier, *v.* divorcer.
Répugner, *v.* être opposé.
Répulsif, ve, *a.* qui repousse.
Répulsion, *sf.* action de re-
  pousser.
Réputation, *sf.* renommée.
Réputer, *v.* présumer.
Requérir, *v.* prier, demand.
Requête, *sf.* demande.

Requiem, *sm.* (*rékuième*),
  prière pour les morts.
Requin, *sm.* poisson. [trop.
Requinquer (se), *v.* se parer
Requis, *a.* exigé.
Réquisition, *sf.* requête.
Rescription, *sf.* mandat.
Rescrit, *sm.* réponse.
Réserve, *sf.* except., discret.
Réserver, *v.* garder, except.
Réservoir, *sm.* pour réserv.
Résidence, *sf.* habitation.
Résider, *v.* habiter.
Résidu, *sm.* le restant.
Résigner, *v.* se soumettre.
Résiliation, *sf.* action de
Résilier, *v.* casser un contr.
Résine, *sf.* matière inflamm.
Résineux, se, *a.* de résine.
Résipiscence, *sf.* repentir.
Résistance, *sf.* action de
Résister, *v.* ne pas céder.
Résolu, *a.* et *s.* décidé.
Résolûment, *ad.*
Résolution, *sf.* décision.
Résolvant, *a.* et *sm.* qui rés.
Résonnement, *sm.* act. de
Résonner, *v.* renvoyer le son
Résoudre, *v.* détr., déterm.
Respect, *sm.* (*èt*), vénérat.
Respecter, *v.* révérer.
Respectable, *a.* vénérable.
Respectif, tive, *a.* réciproq.
Respectueux, se, *a.* qui resp.
Respiration, *sf.* action de
Respirer, *v.* vivre.
Resplendir, *v.* briller.
Responsabilité, *sf.* garantie.
Responsable, *a.* qui est gar.
Ressaisir, *v.* saisir de nouv.
Ressasser, *v.* sasser de nouv.
Ressaut, *sm.* saillie de corn.
Ressemblance, *sf.* action de
Ressembler, *v.* être sembl.
Ressentiment, *sm.* souvenir.
Ressentir, *v.* sentir.
Ressorrement, *sm.* act. de
Resserrer, *v.* rétrécir.
Ressort, *sm.* élasticité.
Ressortir, *v.* dépend., ajust.
Ressouder, *v.* soud. de nouv.
Ressource, *sf.* moyens.
Ressouvenir (se), *v.* se souv.
Ressuer, *v.* suer de nouveau.
Ressusciter, *v.* rendre la vie.
Restaurant, *a.* et *sm.* qui
  restaure.
Restaurateur, trice, *s.* qui
  restaure.
Restauration, *sf.* rétablisse-
  ment.
Restaurer, *v.* rétablir.
Reste, *sm.* ce qui demeure.

Rester, *v.* être de reste.
Restituer, *v.* rendre.
Restitution, *sf.* act. de rendre
Restreindre, *v.* resserrer.
Restriction, *sf.* modification.
Résultat, *sm.* qui résulte.
Résulter, *v.* s'ensuivre.
Résumer, *v.* réduire.
Résurrection, *sf.* act. de re-
Rétablir, *v.* remettre. [vivre.
Rétablissement, *sm.* action
  de rétablir.
Retailler, *v.* tailler de nouv.
Retaper, *v.* remettre à neuf.
Retard, *sm.* retardement.
Retardataire, *s.* en retard.
Retarder, *v.* différer.
Retaxer, *v.* taxer de nouv.
Retenir, *v.* tenir encore.
Rétension, *sf.* réserve.
Retenue, *sf.* réserve, modér.
Réticence, *sf.* tenir caché.
Rétif, ve, *s.* et *a.* qui résiste.
Rétine, *sf.* memb. de l'œil.
Retiration *sf.* imprim., act. de
Retirer, *v.* tirer de nouveau.
Retomber, *v.* tomber encore.
Retordre, *v.* tordre de nouv.
Rétorquer, *v.* tourn. contre.
Retors, *a.* retordu, rusé.
Rétorsion, *sf.* act. de rétorq.
Retoucher, *v.* corriger.
Retour, *sm.* act. de   [pas.
Retourner, *v.* revenir sur ses
Retracer, *v.* tracer de nouv.
Rétractation, *sf.* act. de se
Rétracter, *v.* renoncer, chan-
  ger d'avis.
Retraite, *sf.* act. de se retir.,
  asile.
Retrancher, *v.* supprimer.
Rétrécir, *v.* rendre étroit.
Rétrécissement, *sm.* état ré-
  tréci.   [nouveau.
Retremper, *v.* tremper de
Rétribution, *sf.* salaire.
Rétroactif, ve, *a.* qui agit sur
Rétroaction, *sf.*   [le passé.
Rétrogradation, *sf.* retour.
Rétrograde, *a.* en arrière.
Rétrograder, *v.* reculer.
Retrousser, *v.* trousser.
Retrouver, *v.* trouv. de nouv.
Rets, *sm.* filet.
Réunion, *sf.* action de
Réunir, *v.* rejoindre, *fig.*
Réussir, *v.* avoir du succès.
Réussite, *sf.* succès.
Revanche, *sf.* compensation.
Rêvasser, *v.* rêver.
Rêve, *sm.* songe.
Revêche, *a.* rude, difficile.
Réveil, *sm.* cess. de sommeil.

Réveiller, *v.* éveiller.
Réveillon, *sm.* repas.
Révélation, *sf.* inspiration.
Révéler, *v.* découv., déclar.
Revendeur, se, *s.* qui revend
Revendication, *sf.* act. de
Revendiquer, *v.* réclamer.
Revendre, *v.* vendre de nouv.
Revenir, *v.* venir de.
Revenu, *sm.* rente.
Rêver, *v.* penser, songer.
Réverbération, *sf.* éclat réfléchi.
Réverbère, *sm.* lanterne.
Réverbérer, *v.* réfléchir.
Reverdir, *v.* redevenir vert.
Révéremment, *ad.* (ra).
Révérence, *sf.* respect.
Révérer, *v.* honorer.
Rêverie, *sf.* pensée vague.
Revers, *sm.* malheur, opposé au beau côté.
Reverser, *v.* verser de nouv.
Revêtement, *sm.* act. de
Revêtir, *v.* habiller.
Rêveur, euse, *s.* qui rêve.
Revirer, *v.* tourner.
Reviser, *v.* revoir.
Révision, *sf.* nouv. examen.
Revivre, *v.* ressusciter.
Révocable, *a.* de
Révocation, *sf.* act. de révoquer.
Revoir, *v.* voir, examiner.
Révolte, *sf.* insurrection.
Révolter, *v.* soulever.
Révolu, *a.* (temps) achevé.
Révolution, *sf.* changement.
Révolutionnaire, *a.*
Révolutionner, *v.* troubler.
Révoquer, *v.* rappeler.
Revue, *sf.* inspection.
Répulsif, ve, *a.* qui détourne
Révulsion, *sf.* détour des humeurs.
Rez, *prép.* tout contre.
Rhéteur, *sm.* professeur.
Rhétoricien, *sm.* qui suit la
Rhétorique, *sf.* art de bien
Rhombe, *sm.* losange. [dire
Rhomboïde *sm.* fig. de géom.
Rhubarbe, *sf.* plante.
Rhum, *sm.* liqueur.
Rhumatismal, *a.* de
Rhumatisme, *sm.* douleur.
Rhume, *sm.* fluxion.
Rhythme, *sm.* cadence.
Riant, *a.* gai.
Ribambelle, *sf.* longue suite
Ricaner, *v.* se moquer.
Ricanerie, *sf.* rire moqueur.
Ricaneur, euse, *a.* qui ricane
Ric-à-ric, *ad.* avec rigueur.

Richard, *sm.* homme riche.
Riche, *a.* et *sm.* qui a du bien
Richement, *ad.*
Richesse, *sf.* abondance.
Ride, *sf.* pli sur la peau.
Rideau, *sm.* pour cacher.
Ridelle *sf.* ratel. de charrette
Rider, *v.* faire des rides.
Ridicule, *a.* digne de risée.
Ridiculement, *ad.*
Ridiculiser *v.* rendre ridicule
Rien, *sm.* nulle chose.
Rieur, euse *sm* qui aime à rire
Rigide, *a.* sévère, exact.
Rigidement, *ad.*
Rigidité, *sf.* sévérité.
Rigole, *sf.* tranchée.
Rigorisme, *sm.* sévérité.
Rigoriste, *a.* et *s.* sévère.
Rigoureusement, *ad.*
Rigoureux, se, *a.* sévère.
Rigueur, *sf.* sévérité.
Rime, *sf.* cadence.
Rimer, *v.* faire des vers.
Rincé, *a.* nettoyé.
Rinceau, *sm.* feuillage.
Rincer, *v.* nettoyer en lavant
Rinçure, *sf.* relavure.
Ripaille, *sf.* grande chère.
Riposter, *v.* répartir vivem.
Rire, *v.* divertir, railler.
Ris, *sm.* action de rire.
Risée, *sf.* moquerie.
Risibilité, *sf.* faculté de rire.
Risible, *a.* cap. de faire rire
Risquable, *a.* périlleux.
Risque, *sm.* danger, péril.
Risquer, *v.* hasarder.
Rit (t), *sm.* cérémonial.
Ritournelle, *sf.* répétition.
Rituel, *sm.* livre de rites.
Rivage, *sm.* bord de la mer.
Rival, *sm.* concurrent.
Rivaliser, *v.* être rival.
Rivalité, *sf.* concurrence.
Rive, *sf.* rivage.
River, *v.* aplatir.
Riverain, *a.* et *s.* des confins
Rivet *sm* clou rivé. *maréchal*
Rivière, *sf.* cours d'eau.
Rixe, *sf.* querelle, débat.
Riz, *sm.* plante.
Robe, *sf.* vêtement long.
Robinet *sm.* tuyau de fontaine
Roboratif, ve, *a.* qui fortifie.
Robuste, *a.* vigoureux.
Robustement, *ad.*
Roc, *sm.* rocher.
Rocaille, *sf.* cailloux.
Rocailleur, *sm.* ouvrier en rocaille. [cailloux.
Rocailleux, se, *a.* plein de
Roche, *sf.* Rocher, *sm.* roc.

Rochet, *sm.* sorte de surplis.
Rôder, *v.* errer çà et là.
Rôdeur, *sm.* qui rôde.
Rodomont, *sm.* fanfaron.
Rodomontade, *sf.* fanfaronn.
Rogations, *sf. pl.* prières.
Rogne, *sf.* gale, mousse.
Rogner, *v.* retrancher, ôter.
Rogneur, euse, *s.* qui rogne.
Rogneux, se, *a.* et *s.* galeux.
Rognure, *sf.* ce qu'on a rogné
Roi, *sm.* monarque.
Roitelet, *sm.* petit oiseau.
Rôle, *sm.* feuillet écrit.
Romain, *a.* et *s.* de Rome.
Roman, *sm.* récit d'aventures
Romance, *sf.* chanson.
Romancier, *s.* faiseur de rom.
Romanesque, *a.* de roman.
Romanesquement, *ad.*
Romantique, *a.* de roman.
Rompre, *v.* casser, se séparer
Rond, *a.* circulaire, sincère.
Rondelet, ette, *a.* qui est rond
Rondelle, *sf.* virole.
Rondement, *ad.*
Rondeur, *sf.* forme ronde.
Rondin, *sm.* bûche ronde.
Ronfler, *v.* râler en dormant
Ronfleur, euse, *s.* qui ronfle.
Ronger, *v.* coup. av. les dents
Rongeur, *a.* qui ronge.
Rosace *sf.* orn. d'architecture
Rosaire, *sm.* chapelet.
Rose, *sf.* fleur, nœud.
Rosé, *a.* d'un rouge faible.
Roseau, *sm.* plante.
Rosée, *sf.* pluie fine.
Rosette, *sf.* ornement, nœud
Rosier, *sm.* arbrisseau.
Rosse, *sf.* mauvais cheval.
Rosser, *v.* battre violemment
Rossignol, *sm.* oiseau.
Rôt, *sm.* viande rôtie.
Rotation, *sf.* mouvement.
Rôtie, *sf.* tranche de pain grillé.
Rotin, *sm.* bâton.
Rôtir, *v.* cuire devant le feu.
Rôtisseur, euse, *s.* marchand de viandes rôties.
Rotonde, *sf.* bâtiment rond.
Rotondité, *sf.* rondeur.
Rotule, *sf.* os du genou.
Roture, *sf.* état roturier.
Roturier, ère, *s.* et *a.* qui n'est pas noble.
Rouages, *sm.* assemblage de roues.
Roucoulement, *sm.* act. de
Roucouler, *v.* cri du pigeon.
Roue, *sf.* machine ronde.
Roué *a.* et *s.* supplicié, déb.

Rouelle, *sf.* tranche ronde.
Rouenneries, *sf. pl.* étoffes.
Rouer, *v.* supplicier, battre.
Rouet, *sm.* mach. pour filer.
Rouge, *a.* de couleur de sang
Rougeâtre, *a.* presque rouge
Rougeaud, *a.* et *s.* rougeâtre
Rougeole, *sf.* maladie.
Rougeur, *sf.* couleur rouge.
Rougir, *v.* devenir rouge.
Rouille, *sf.* oxyde de fer.
Rouiller, *v.* couvrir de rouille
Roulade, *sf.* action de rouler
Roulage, *sm.* transport.
Rouleau, *sm.* paquet roulé.
Roulement, *sm.* mouvement.
Rouler, *v.* plier, voyager.
Roulette, *sf.* petite roue, jeu.
Roulier, *sm.* charretier.
Roulis, *sm.* agitat. du navire
Roupie, *sf.* goutte au nez,
 monnaie.
Roussâtre, *a.* presque roux.
Rousseur, *sf.* état roux.

Roussir, *v.* devenir roux.
Route, *sf.* voie, chemin.
Routier, *sm.* expérimenté.
Routine, *sf.* habitude.
Routiner, *v.* par habitude.
Routinier, *s.* par routine.
Rouvrir, *v.* ouvrir de nouveau
Roux, sse, *a.* blond rouge.
Royal, *a.* de roi, *fig.* libéral.
Royalement, *ad.*
Royalisme, *sm.* de la royauté
Royaliste, *a.* et *s.* du roi.
Royaume, *sm.* État.
Royauté, *sf.* dignité de roi.
Ruade, *sf.* action de ruer.
Ruban, *sm.* tissu de soie.
Rubanerie *sf.* com. de rubans
Rubanier, *s.* qui fait des rub.
Rubis, *sm.* pierre précieuse.
Rubrique, *sf.* craie, ruse.
Ruche *sf* panier pr les abeilles
Rude, *a.* âpre, difficile.
Rudement, *ad.* avec
Rudesse, *sf.* qualité rude.

Rudiment, *sm.* 1ers principes
Rudoyer, *v.* traiter rudement
Rue, *sf.* chemin de ville.
Ruelle, *sf.* petite rue.
Ruer, *v.* lancer des coups de
 pied.
Rugir, *v.* pousser un
Rugissement, *sm.* cri du lion
Ruine, *sf.* destruction, débris
Ruineux, se, *a.* qui se ruine.
Ruisseau, *sm.* courant d'eau
Ruisseler, *v.* couler en ruiss.
Rumeur, *sf.* bruit, querelle.
Ruminer, *v.* remâcher.
Rupture, *sf.* act. de rompre.
Ruse, *sf.* moyen adroit.
Rusé, *a.* fin, adroit.
Rustaud, *a.* et *sm.* rustre.
Rusticité, *sf.* grossièreté.
Rustique, *a.* grossier.
Rustiquement, *ad.* [que.
Rustre, *a.* et *sm.* fort rusti-
Rythme, *sm.* V. Rhythme.

S

S, *sm.* (èce), 19e lettre de
 l'alphabet.
Se, *a.* possessif. [des juifs.
Sabbat, *sm.* jour de repos
Sabine, *sf.* plante.
Sable, *sm.* gravier menu.
Sablé, *a.* garni de sable.
Sabler, *v.* couvrir de sable.
Sableux, se, *a.* mêlé de sab.
Sablier, *sm.* vase à sable.
Sablière, *sf.* pièce de bois.
Sablon, *sm.* sable fin.
Sablonner, *v.* écurer avec
 du sablon.
Sablonneux, euse, *a.* [canon.
Sabord, *sm.* ouvert. pour le
Sabot, *sm.* chauss. de bois,
 toupie.
Saboter, *v.* jouer au sabot.
Sabotier, *s.* qui fait des sab.
Sabouler, *v.* houspiller, *pop.*
Sabre, *sm.* arme ou coutel.
Sabrer, *v.* frapper du sabre.
Sac, *sm.* sorte de poche.
Saccage, *sm.* bouleversem.
Saccagement, *sm.* pillage.
Saccager, *v.* piller avec dég.
Sacerdoce, *sm.* état ecclés.
Sacerdotal, *a.* du sacerdoce
Sachée, *sf.* plein un sac.
Sachet, *sm.* petit sac.
Sacre, *sm.* action de sacrer.
Sacrement, *sm.* signe visible
 d'une grâce invisible.
Sacrer, *v.* oindre.

Sacrificateur, *sm.* qui sacrifie
Sacré, *a.* inviolable.
Sacrifice, *sm.* offrande.
Sacrifier, *v.* faire un sacrifice
Sacrilége, *sm.* action impie.
Sacrilégement, *ad.*
Sacristain, *sm.* garde de sa-
 cristie. [d'église.
Sacristie, *sf.* lieu pr les orn.
Safran ou Crocus, *sm.* plante
Safraner, *v.* jaunir.
Sagacité, *sf.* pénétration.
Sage, *a.* modéré, discret.
Sagement, *ad.*
Sagesse, *sf.* prudence.
Sagouin, *sm.* singe, sale.
Saignée, *sf.* act. de saigner.
Saignement, *sm.* act. de
Saigner, *v.* tirer du sang.
Saigneur, *sm.* qui saigne.
Saillie, *sf.* sortie impétueuse
Saillir, *v.* avancer.
Sain, *a.* non maladif.
Saindoux, *sm.* grais. de porc
Sainement, *ad.*
Sainfoin, *sm.* plante.
Saint, *a.* consacré à Dieu.
Saintement, *ad.*
Sainteté, *sf.* qualité sainte.
Saisie, *sf.* arrêt sur les biens.
Saisir, *v.* arrêter, prendre.
Saisissable, *a.* qu'on peut sais.
Saisissement, *sm.* surprise.
Saison, *sf.* 4e part. de l'ann.
Salade, *sf.* herbes potagèr.

Saladier, *sm.* pr la salade.
Salaire, *sm.* payement.
Salaison, *sf.* chose salée.
Salant, *a.* (marais, puits).
Salarier, *v.* payer.
Sale, *a.* qui n'est pas propre.
Salement, *ad.*
Saler, *v.* assaisonner de sel.
Saleté, *sf.* chose sale.
Salière, *sf.* vase pour le sel.
Saligaud, *a.* et *s.* sale. *pop.*
Salin, *a.* et *sm.* de sel.
Saline, *sf.* salaison, fabriq.
Salique, *a.* loi. [de sel.
Salir, *v.* rendre sale.
Salive, *sf.* humeur, crachat.
Saliver, *v.* cracher.
Salle, *sf.* chambre.
Saloir, *sm.* vase pour le sel.
Salon, *sm.* belle chambre.
Salpêtre, *sm.* nitrate.
Salpêtrier, *sm.* ouvrier de
Salpêtrière, *sf.* fab. de salp.
Salsifis, *sm.* racine potag.
Saltimbanque, *sm.* bateleur,
 charlatan, bouffon.
Salubre, *a.* sain.
Salubrité, *sf.* qualité saine.
Saluer, *v.* témoig. le respect.
Salure, *sf.* act. de saler.
Salut, *sm.* respect, être
Salutaire, *a.* utile. [sauvé.
Salutairement, *ad.*
Salutation, *sf.* act. de saluer
Salve, *sf.* décharge d'artill.

Salvé, *sm.* prière à la Vierge
Samedi, *sm.* 7ᵉ jour.
Sanctification, *sf.* act. de
Sanctifier, *v.* rendre saint.
Sanction, *sf.* confirmation.
Sanctionner, *v.* approuver.
Sanctuaire, *sm.* lieu saint.
Sandale, *sf.* chaussure.
Sandaraque, *sf.* gomme.
Sang, *sm.* ce qui coule dans
  les veines.
Sangfroid, *sm.* flegme.
Sanglant, *v.* ensanglanté.
Sangle, *sf.* bande plate.
Sangler, *v.* serrer.
Sanglier, *sm.* porc sauvage.
Sanglot, *sm.* soupir redoublé
Sangloter, *v.* pleurer.
Sangsue, *sf.* ver aquatique.
Sanguin, *a.* abond. en sang.
Sanguinaire, *a.* qui aime le
  sang.
Sanguine, *sf.* craie rouge.
Sanhédrin, *sm.* conseil juif.
Sanitaire, *a.* pour la santé.
Sans, *prép.* exclusivement.
Sansonnet, *sm.* oiseau.
Santé, *sf.* état sain.
Saoul, Saouler, *V.* Soûl, etc.
Sape, *sf.* action de
Saper, *v.* détruire, attaquer.
Sapeur, *sm.* soldat qui sape.
Sapience, *sf.* sagesse.
Sapin, *sm.* arbre résineux.
Sarcasme, *sm.* raill. amère.
Sarcelle, *sf.* oiseau aquatiq.
Sarcler, *v.* désherber.
Sarcleur, euse, *s.* qui sarcle.
Sarcloir, *sm.* inst. pʳ sarcler.
Sarcocèle, *sm.* tumeur.
Sardine, *sf.* poisson de mer.
Sarment, *sm.* rameau de vig.
Sarrasin, *a.* et *sm.* blé noir.
Sas, *sm.* tamis.
Sasser, *v.* passer au sas.
Satan, *sm.* le chef des dém.
Satanique, *a.* diabolique. *fa.*
Satellite, *sm.* dépendant de
Satiété, *sf.* (ci) réplétion.
Satin, *sm.* étoffe de soie.
Satiner, *v.* donner de l'éclat.
Satire, *sf.* censure.
Satirique, *a.* de la satire.
Satisfaction, *sf.* réparation,
  contentement.
Satisfaire, *v.* acquitter.
Satisfait, *a.* qui a satisfact.
Saturer, *v.* mêler av. excès.
Sauce, *sf.* assaisonnement.
Saucer, *v.* mett. de la sauce.
Saucière, *sf.* vase à sauce.
Saucisse, *sf.*
Saucisson, *sm.* charcuterie.

Sauf, *a.* sans accident.
Sauf-conduit, *sm.* passeport.
Sauge, *sf.* plante aromatiq.
Saule, *sm.* arbre.
Saumon, *sm.* poisson.
Saumure, *sf.* liquide salé.
Saunerie, *sf.* fabriq. de sel.
Saunière, *sf.* coffre à sel.
Saupoudrer, *v.* poudrer.
Saut, *smf.* action de sauter.
Sautelle, *sf.* sarment avec
  sa racine.
Sauter, *v.* faire un saut.
Sauterelle, *sf.* insecte.
Sauteur, euse, *s.* qui saute.
Sautillement, *sm.* act. de
Sautiller *v* faire de pet. sauts
Sauvage, *a.* farouche.
Sauvageon, *a.* et *sm.*
Sauvegarde, *sf.* protection.
Sauver, *v.* garantir, éviter.
Sauveur, *sm.* libérateur.
Savamment, *ad.*
Savant, *a.* et *s.* très-instruit
Savate, *sf.* vieux soulier.
Saveter, *v.* mal travailler.
Savetier, *s.* mauv. ouvrier.
Saveur, *sf.* goût.
Savoir, *v.* connaître.
Savon, *sm.* pâte p. nettoyer.
Savonnage, *sm.* action de
Savonner, *v.* nettoyer.
Savonnerie, *sf.* fab. de savon
Savonnette *sf* boule de savon
Savonneux, euse, *a.* de savon
Savourer *v.* déguster [saveur
Savoureux, se, *a.* qui a de la
Scabreux, se, *a.* rude.
Scalène, *a.* t. de géom.
Scandale, *sm.* occasion.
Scandaleusement, *ad.*
Scandaleux, se, *a.* de
Scandaliser, *v.* exposer.
Scapulaire, *sm.* étoffe bénite
Scarifier, *v.* inciser la chair.
Sceau *sm.* cachet, empreinte
Scélérat, *a.* et *s.* criminel.
Scélératesse *sf.* crime odieux
Scellé, *sm.* sceau apposé.
Scellement, *sm.* action de
Sceller, *v.* mettre le sceau.
Scène, *sf.* théâtre, querelle.
Schall, *sm.* grand fichu.
Schelling *sm* monnaie angl.
Schismatique, *a.* et *sm.* de
Schisme *sm* hérésie. [schisme
Sciage, *sm.* action de scier.
Sciatique, *a.* et *sf.* névralgie.
Scie, *sf.* lame dentelée.
Sciemment, *ad.*
Science, *sf.* savoir.
Scientifique, *a.* des sciences.
Scientifiquement, *ad.*

Scier, *v.* couper avec la scie.
Scieur, *sm.* ouvrier qui scie.
Scintillation *sf* étincellement
Scintiller, *v.* étinceler.
Scission, *sf.* division.
Sciure, *sf.* ce que la scie en-
Scolaire, *a.* des écoles. [lève
Scolastique, *a.* et *sf.*
Scolie, *sf.* note, monture.
Scorbut, *sm.* maladie
Scorbutique, *a.* et *s.*
Scorie, *sf.* résidu de forge.
Scorification, *sf.* de
Scorifier, *v.* extraire la scorie
Scribe, *sm.* docteur juif.
Scrofule, *sf.* écrouelle.
Scrofuleux, se, *a.* de scrofule
Scrupule, *sm.*
Scrupuleusement, *ad.*
Scrupuleux, se, *a.* inquiet.
Scrutateur *a.* et *sm.* q. scrute
Scruter, *v.* pénétrer.
Scrutin *sm.* suffrages secrets
Sculpter, *v.* tailler une figure
Sculpteur, *sm.* qui sculpte.
Sculpture *sf* art de sculpteur.
Se, *pron.* de la 3ᵉ personne.
Séance, *sf.* réunion.
Séant, *a.* situé.   [l'eau.
Seau, *sm.* vaiss. p. puiser de
Sébile, *sf.* écuelle de bois.
Sec, Sèche, *a.* et *sm.* maigre
Sécante, *sf.* ligne qui coupe.
Sécateur *sm.* outil de jardin.
Sèchement, *ad.*
Sécher, *v.* devenir sec.
Sécheresse, *sf.* ce qui est sec.
Second *a.* et *sm.* nombre ord.
Secondaire, *a.* accessoire.
Seconde *sf.* 60ᵉ d'une minute
Secondement, *ad.*
Seconder, *v.* aider, favoriser
Secouer, *v.* remuer.
Secoûment, *sm.* remuement.
Secourable, *a.* qui protège.
Secourir, *v.* aider.
Secours *sm.* aide, assistance.
Secousse, *sf.* ébranlement.
Secret, ète, *a.* caché.
Secrétaires mécrivain, meub.
Secrète, *sf.* oraison dite tout
Secrètement, *ad.*   [bas.
Sectaire *a.* qui est d'une secte
Sectateur, trice, *s.* partisan.
Secte, *sf.* séparation de
  croyance.
Secteur *sm* portion de cercle
Section, *sf.* division, ligne.
Séculaire *a.* de siècle en siècle
Sécularisation, *sf.* act. de
Séculariser, *v.* rendre laïq.
Séculier, *s.* laïque.
Séculièrement, *ad.*

Sécurité, *sf.* tranquillité.
Sédentaire, *a.* qui sort peu.
Sédiment, *sm.* dépôt.
Séditieusement, *ad.*
Séditieux, se, *a.* et *sm.* de
Sédition *sf* émeute populaire
Séducteur, trice, *s.* et *a.* qui séduit.
Séduction, *sf.* action de
Séduire, *v.* tromper, plaire.
Séduisant, *a.* qui séduit.
Segment *sm* port. du cercle.
Ségrégation, *sf.* mett. à part
Seigle, *sm.* sorte de blé.
Seigneur, *sm.* titre.
Sein, *sm.* le haut du corps.
Seing, *sm.* signature.
Seize, *a.* num. dix et six.
Seize (in-), *sm.* format.
Seizième, *a.* ord. et *sm.*
Séjour, *sm.* demeure.
Séjourner, *v.* demeurer.
Sel *sm.* acide p' assaisonner.
Selle *sf* siége de bois. [finesse
Sellier, *s.* qui fait des selles.
Selon, *prép.* d'après.
Semaille, *sf.* ce qu'on sème.
Semaine *sf* espace de 7 jours
Semainier, *s.* de semaine.
Semblable, *a.* et *sm.* pareil.
Semblablement, *ad.*
Semblant, *sm.* apparence.
Sembler, *v.* paraître.
Semé, *a.* parsemé.
Semelle *sf.* dessous de soulier
Semence, *sf.* ce qu'on sème.
Semer, *s.* répandre.
Semestre, *sm.* 6 mois.
Sémeur, *sm.* qui sème.
Sémillant, *a.* vif, éveillé.
Séminaire *sm* collége ecclés.
Séminariste *sm* élève ecclés.
Semonce, *sf.* réprimande.
Semoncer, *v.* réprimander.
Semoule, *sf.* pâte en grains.
Sénat *sm* corps de magistrats
Sénateur, *sm.* de sénat.
Sénatorial, *a.* de sénateur.
Séné, *sm.* plante médicinale.
Sénevé, *sm.* moutarde.
Sens, *sm.* faculté, opinion.
Sensation, *sf.* impression.
Sensé, *a.* raisonnable.
Sensément, *ad.*
Sensibilité, *sf.* action d'être
Sensible, *a.* impressionnable
Sensiblement, *ad.*
Sensitif, ve, *a.* qui peut sentir
Sensualité *sf* plaisirs des sens
Sensuel le *a* et *s.* voluptueux
Sensuellement, *ad.*
Sentence, *sf.* jugement, pro-
Sentencieusement *ad.* [verbe

Sentencieux, se, *a.*
Senteur, *sf.* odeur.
Sentier, *sm.* chemin étroit.
Sentiment, *sm.* perception.
Sentimental, *a.* d'esprit.
Sentine, *sf.* qui reçoit les ordures.
Sentinelle, *sf.* factionnaire.
Sentir, *v.* éprouver, flairer.
Séparable, *a.* de
Séparation *sf* act. de séparer
Séparément, *ad.*
Séparer, *v.* désunir.
Sept, *ad.* num. *sm.*
Septante, *a.* num. de 70.
Septembre, *sm.* 9e mois.
Septénaire, *a.* de sept ans.
Septennal, *a.* (enne)
Septentrion, *sm.* le nord.
Septentrional, *a.*
Septième, *a.* nombre ord.
Septièmement, *ad.*
Septuagénaire, *a.* et *s.*
Septuagésime, *sm.* dimanc.
Septuple, *a.* et *sm.* 7 fois.
Septupler, *v.* répéter 7 fois.
Sépulcral, *a.* de sépulcre.
Sépulcre, *sm.* tombeau.
Sépulture, *sf.* où l'on enterre
Séquelle, *sf.* partisans.
Séquestration, *sf.* act. de
Séquestrer, *v.* enfermer.
Sequin, *sm.* monnaie turq.
Sérail, *sm.* palais turc.
Séraphin, *sm.* espr. céleste.
Séraphique, *a.* de séraphin.
Serein, *sm.* clair, calme.
Sérénade, *sf.* concert.
Sérénissime, *sm.* titre de prince.
Sérénité, *sf.* état serein.
Serf (*f*), Serve, *a.* et *s.* esclave.
Serge, *sf.* étoffe légère.
Sergent, *sm.* sous-officier.
Série, *sf.* suite, division.
Sérieusement, *ad.*
Sérieux, *a.* grave, dang.
Serin, *s.* oiseau.
Serinette, *sf.* inst. de musiq.
Seringue, *sf.* petite pompe.
Serment, *sm.* affirmation.
Sermon, *sm.* prédication.
Sermoner, *v.* prêcher.
Sérosité, *sf.* partie aqueuse du sang, du lait, etc.
Serpe, *sf.* inst. de jardinier.
Serpent, *sm.* reptile.
Serpenter, *v.* être tortueux.
Serpette, *sf.* petite serpe.
Serpolet, *sm.* plante arom.
Serre, *sf.* pied d'oiseau, lieu pour les plantes.

Sorrement, *sm.* act. de serrer
Serrer, *v.* étreindre.
Serre-tête, *sm.* coiffe de nuit
Serrure, *sf.* mach. p' fermer.
Serrurerie, *sf.* art du
Serrurier, *sm.* qui fait des [serrur.
Sertir, *v.* enchâsser.
Sertissure, *sf.* man. de sert.
Servante, *sf.* domestique; meuble.
Serviable, *a.* officieux.
Service, *sm.* assistance.
Serviette, *sf.* linge de table.
Servile, *a.* vil.
Servilement, *ad.* de
Servilité, *sf.* espr. de servit.
Servir, *v.* faire le service.
Serviteur, *sm.* domestique.
Servitude, *sf.* esclavage.
Session, *sf.* durée d'une assemblée.
Setier, *sm.* mesure de grains
Séton, *sm.* cordon dans la chair.
Seuil, *sm.* bas d'une porte.
Seul, *sm.* isolé.
Seulement, *ad.*
Sève, *sf.* humeur des plant.
Sévère, *a.* rigoureux, austèr.
Sévèrement, *ad.* avec sévér.
Sévérité, *sf.* rigueur, austér.
Sévir, *v.* agir avec rigueur.
Sevrage, *sm.* action de
Sevrer, *v.* ôter la nourrice.
Sexagénaire, *a.* et *s.* qui a 60 ans.
Sexe, *sm.* mâle et femelle.
Sextupler, *v.* répéter 6 fois.
Si, *conj.* 7e note de musiq.
Siamoise, *sf.* étoffe de coton.
Sibylle, *sf.* prophétesse, *ant.*
Sicaire, *sm.* assassin.
Sidéral, *a.* (année) des astres.
Siècle, *sm.* cent ans.
Siége, *sm.* meuble, action d'assiéger.
Siéger, *v.* occuper un siége.
Sien, Sienne, *a. poss.* [sieur.
Sieur, *sm.* diminut. de *Mon-*
Sifflement, *sm.* bruit en siffl.
Siffler, *v.* former un son aigu
Sifflet, *sm.* inst. pour siffler.
Signal, *sm.* de signe.
Signalé, *a.* remarquable.
Signalement, *sm.* descript.
Signaler, *v.* donner un sig.
Signataire, *sm.* qui signe.
Signature, *sf.* seing.
Signe, *sm.* indice, marque.
Signer, *v.* mettre son seing.
Signet, *sm.* petit ruban.
Signifiant, *a.* qui signifie.
Significatif, *a.* de

Signification, *sf.* notification.
Signifier, *v.* dénoter, notifier
Silence, *sm.* act. de se taire.
Silencieux, se, *a.* taciturne.
Silice, *sf.* terre à verre.
Sillon, *sm.* trace de la char.
Sillonner, *v.* faire des sillons
Simagrée, *sf.* minauderie.
Similaire, *a.* de même nat.
Similitude, *sf.* ressemblance.
Simonie, *sf.* trafic de choses saintes.
Simple, *a.* non composé.
Simplement, *ad.*
Simplicité, *sf.* candeur.
Simplification, *sf.* act. de
Simplifier, *v.* rendre simple.
Simulacre, *sm.* image.
Simulation, *sf.* déguisement.
Simuler, *v.* supposer, feind.
Simultané, *a.* en même temps
Simultanéité, *sf.* même sens
Simultanément, *ad.*
Sincère, *a.* franc, naïf.
Sincèrement, *ad.*
Sincérité, *sf.* franchise.
Singe, *sm.* quadrumane.
Singer, *v.* imiter, contrefaire
Singerie, *sf.* grimace, mal.
Singulariser (se), *v.* se faire remarquer,
Singularité, *sf.* chose sing.
Singulier, *a.* unique, rare.
Singulièrement, *ad.*
Sinistre, *sm.* malheur.
Sinistrement, *ad.*
Sinon, *ad.* autrement.
Siphon, *sm.* tuyau courbé.
Sire, *sm.* seigneur.
Sirène, *sf.* monstre fabul.
Sirop, *sm.* liqueur sucrée.
Siroter, *v.* boire à pet. coups.
Sis, *a.* situé.
Site, *sm.* situat. de paysage.
Sitôt que, *conj.* dès que.
Situation, *sf.* position.
Situer, *v.* placer.
Six, *a.* numéro, 5 et 1.
Sixième, *a.* nombre six.
Sixièmement, *ad.*
Sobre, *a.* modéré.
Sobrement, *ad.*
Sobriété, *sf.* tempérance.
Sobriquet, *sm.* surnom.
Soc, *sm.* fer de charrue.
Sociabilité, *sf.* ce qui est
Sociable, *a.* de bon accord.
Sociablement, *ad.*
Social, *a.* de la société.
Société, *sf.* réunion.
Socle, *sm.* base, piédestal.
Socque, *sm.* sorte de chaussure.

Sœur, *sf.* fille née d'un même père ou d'une même mère.
Sofa, Sopha, *sm.* lit de rep.
Soi, *pron. sing.*
Soi-disant, *a.* se disant être
Soie, *sf.* produit du ver à
Soierie, *sf.* de soie.
Soif, *sf.* besoin de boire.
Soigner, *v.* avoir soin.
Soigneusement, *ad.*
Soigneux, se, *a.* rangé.
Soin, *sm.* attention.
Soir, *sm.* opposé au matin.
Soirée, *sf.* durée du soir.
Soit, *conj.* alternative.
Soixantaine, *sf.* environ 60.
Soixante *a. num.* 60 unités.
Sol, *sm.* terrain, 5ᵉ note de musique.
Solaire, *a.* du soleil.
Soldat, *sm.* militaire.
Soldatesque, *sf.* les soldats.
Solde, *sf.* paie.
Solder, *v.* payer. [syntaxe.
Solécisme, *sm.* faute de
Soleil, *sm.* l'astre du jour.
Solennel, le, *a.* public. (an)
Solennellement, *ad.* (an)
Solenniser, *v.* célébrer. (an).
Solennité, *sf.* cérémon. (an)
Solfège, *sm.* livre, étude des notes.
Solfier, *v.* chanter les notes.
Solidaire, *a.* l'un pour l'aut.
Solidairement, *ad.*
Solidarité, *sf.* réciprocité.
Solide, *a.* ferme.
Solidement, *ad.*
Solidifier, *v.* rendre solide.
Solidité, *sf.* qui est solide.
Solitaire, *a.* qui est seul.
Solitairement, *ad.*
Solitude, *sf.* retraite.
Solive *sf.* pièce de charpente.
Soliveau, *sm.* petite solive.
Sollicitation, *sf.* importunité
Solliciter *v.* inciter, postuler.
Solliciteur, euse *s.* qui sollic.
Sollicitude *sf.* souci, soin.
Solo, *sm.* (i) par un seul.
Soluble, *a.* pouvant fondre.
Solution, *sf.* explication.
Solvabilité, *sf.* act. d'être
Solvable, *a.* qui peut payer.
Sombre, *a.* peu éclairé.
Sommaire, *a.* et *sm.* abrégé.
Sommairement, *ad.*
Sommation, *sf.* signification.
Somme, *sf.* quantité, charge
Sommeil, *sm.* act. de dormir
Sommeiller, *v.* dormir légèr.
Sommer, *v.* signifier.

Sommet, *sm.* le haut.
Sommier, *sm.* matelas.
Sommité *sf.* sommet|dormant
Somnambule, *s.* qui agit en
Somptueusement, *ad.*
Somptueux, se, *a.* splendide
Somptuosité, *sf.* faste.
Son, Sa, Ses, *a. poss.*
Son, *sm.* bruit.
Sonde, *sf.* instrument pour
Sonder, *v.* fouiller.
Songe, *sm.* rêve.
Songer, *v.* rêver, penser à.
Songeur, euse, *s.* qui songe.
Sonner, *v.* rendre un son.
Sonnerie, *sf.* accord de plus. cloches.
Sonnet, *sm.* pièce en 14 vers
Sonnette, *sf.* petite cloche.
Sonneur, *sm.* qui sonne.
Sonore, *a.* qui a du son.
Sophisme, *sm.* argum. capt.
Sophiste *sm.* faiseur de soph.
Sophistiquer, *v.* altérer.
Soporatif, ve, *a.* qui endort.
Sorbonne, *sf.* faculté de théologie.
Sorcellerie, *sf.* opération de
Sorcier, ère, *s.* magicien.
Sordide, *a.* sale, avare.
Sordidement, *ad.*
Sordidité, *sf.* avarice.
Sornette, *sf.* discours frivole
Sort, *sm.* destinée.
Sortable, *a.* convenable.
Sorte, *sf.* espèce.
Sortie, *sf.* act. de sortir.
Sortilège, *sm.* maléfice.
Sortir, *v.* passer au dehors.
Sot Sotte *a.* et *s.* peu spirit.
Sottement, *ad.*
Sottise, *sf.* act. d'un sot, grossièreté.
Sou, *sm.* monnaie de cuivre.
Soubassement, *sm.* stylobate
Souche, *sf.* tronc.
Souci, *sm.* plante, inquiétude
Soucier (se) *v.* s'inquiéter.
Soucieux, se, *a.* inquiet.
Soucoupe *sf.* dessous de tasse
Soudain *a.* subit, *ad.* aussitôt
Soudainement, *ad.*
Soude, *sf.* subs. chimique.
Souder, *v.* mettre ensemble.
Soudoyer, *v.* payer.
Soudure, *sf.* pour souder.
Soufflage, *sm.* de souffler.
Souffle *sm.* vent, respiration
Souffler, *v.* faire du vent.
Soufflet *sm.* coup sur la joue, inst. pour souffler.
Souffletade, *sf.* action de
Souffleter *v.* donner un souffl.

Souffleur , euse, s. et a. qui souffle.
Soufflure, sf. bouffissure.
Souffrance, sf. peine.
Souffre-douleur, sm.
Souffrir, v. sentir la douleur
Soufre, sm. minéral.
Soufrer, v. enduire de soufre
Souhaitable, a. désirable.
Souhait, sm. désir, vœu.
Souhaiter, v. désirer.
Souiller, v. salir.
Souillure, sf. tache.
Soûl, a. et sm. (sou) rassasié
Soulagement, sm.
Soulager v. aider, décharger
Soûler, v. rassasier.
Souleur , sf. frayeur subite.
Soulèvement, sm. émeute.
Soulever , v. élever.
Soulier, sm. chaussure,
Souligner, v. tirer une ligne
Soumettre v. réduire, déférer
Soumission , sf. obéissance.
Soumissionnaire, s.
Soumissionner, v. s'engager
Soupape sf languette mobile.
Soupçon, sm. doute.
Soupçonner v avoir un soupç.
Soupçonneux se a qui soupç.
Soupe, sf. potage.
Soupente, sf. retranchement
Souper, s. repas du soir.
Soupeser , v. soulever.
Soupière , sf. vase à soupe.
Soupir sm respiration. [cave.
Soupirail , sm. ouverture de
Soupirer, v. pousser des sou-
Souple, a. qui plie. [pirs.
Souplement, ad.
Souplesse, sf. flexibilité.
Source, sf. principe, cause , fontaine.
Sourcil, sm. poil des yeux.
Sourciller v remuer les sourc
Sourd, a. qui n'entend pas.
Sourdaud, s. presque sourd.
Sourdement, ad.
Sourdine, sf. qui affaiblit le son. [souris.
Souricière , sf. piége à
Sourire, v. rire légèrement.
Souris, sf. petit quadrupède.
Sournois, a. et s. qui se cache
Sous, prép.
Souscripteur, s. qui souscrit.
Souscription, sf. act. de
Souscrire, v. approuver.
Sous-diaconat , sm. ordre majeur. [à demi mot.
Sous-entendre , v. entendre
Sous-entente sf. supposition
Sous-multiple sm divis. exact

Sous-ordre sm. sous un autre
Soussigner, v. mett. son nom
Soustraction , sf. action de
Soustraire , v. ôter. [tiqué.
Soutane, sf. habit ecclésias-
Soutanelle sf. petite soutane
Soutenable, a. qu'on soutient
Soutenir, v. appuyer.
Soutenu , a. (style) soigné.
Souterrain , a. et sm. lieu sous terre.
Soutien, sm. appui.
Soutirage , sm. act. de
Soutirer, v. transvaser.
Souvent, ad.
Souverain a. et s. emp., roi.
Souverainement, ad.
Souveraineté, sf. autorité.
Spacieusement, ad.
Spacieux, se, a. vaste.
Spasme, sm. convulsion.
Spatule, sf. ustensile.
Spatulé, a. en for. de spatule
Spécial, a. particulier.
Spécialement, ad.
Spécialité, sf. chose spéciale
Spécieusement, ad.
Spécieux, se, a. trompeur.
Spécifier, v. particulariser.
Spécifique, a. et sm. spécial
Spectacle, sm. scène, théâtre
Spectateur, trice, s. témoin.
Spectre sm. fig. fantastique.
Spéculateur, sm. qui spécule
Spéculatif, ve, a. et sm.
Spéculation , sf. action de
Spéculer, v. observer, trafiq.
Sphénoïde, sm. os du crâne.
Sphère, sf. globe.
Sphéricité sf. forme de sph.
Sphérique , a. en sphère.
Sphériquement, ad.
Sphéroïde, sm. t. de géomét.
Spiral, a. et sm. roulé en
Spirale sf. courbe partant du
Spiritualiser , v. [centre.
Spiritualité, sf. non matériel
Spirituel, le, a. incorporel.
Spirituellement , ad.
Spiritueux, se, a. alcoolique.
Splendeur, sf. éclat.
Splendide, a. magnifique.
Splendidement, ad.
Spoliateur, trice, a. et s. de
Spoliation, sf. action de
Spolier, v. prendre de force.
Spongieux, se, a. d'éponge.
Spontané, a. de soi-même.
Spontanéité, sf. spontané.
Spontanément, ad.
Squelette, sm. ossements.
Stabilité, sf. état stable.
Stable, a. forme, durable.

Stade, sm. mesure.
Stagnant, a. (ag), en repos.
Stagnation, sf. état stagnant
Stalle, sm. et f. siége.
Stance, sf. strophe de poésie
Station, sf. demeure, arrêt.
Stationnaire, a. fixe.
Stationnel, a. de station.
Statistique, sf. situation.
Statuaire, s. sculpteur.
Statue, sf. figure sculptée.
Statuer, v. ordonner, régler.
Stature, sf. la taille.
Statut, sm. règlement.
Sténographie , sf. action de
Sténographier, v. écrire vite
Stère, sm. mètre cube.
Stéréotypage, sm. action de
Stéréotyper, v. clicher.
Stérile, a. improductif.
Stérilité, sf. ne produit rien.
Stigmate, sm. marque.
Stigmatisé, a. qui est marq.
Stimuler, v. exciter, pousser
Stipulation, sf. action de
Stipuler, v. spécifier.
Stomacal, a. de l'estomac.
Strangulation, sf. act. d'étr.
Stratagème, sm. ruse.
Strict, a. (kt), rigoureux.
Strictement, ad.
Strophe, sf. couplet d'ode.
Structure, sf. construction.
Studieusement, ad.
Studieux, se, a. qui aime l'étude.
Stupéfaction sf. surprise vive
Stupéfait, a. interdit.
Stupéfier, v. engourdir.
Stupeur, sf. stupéfaction.
Stupide, a. et s. sot.
Stupidement, ad.
Stupidité, sf. bêtise.
Style, sm. manière d'écrire.
Styler, v. former.
Stylet, sm. petit poignard.
Stylobate sm ornement. arc.
Su, sm. connu.
Suaire, sm. linceul.
Suave, a. doux, agréable.
Suavité, sf. qualité suave.
Subalterne, a. et s. subord.
Subdéléguer, v. envoyer.
Subdiviser, v. diviser.
Subdivision, sf. part. de div.
Subir, v. endurer.
Subit, a. prompt.
Subitement, ad.
Subjonctif, sm. t. de gramm.
Subjuguer, v. réduire.
Sublime, a. et sm. élevé.
Sublimé, sm. mercure.
Sublimement, ad.

Sublimer, *v.* volatiliser.
Sublimité, *sf.* élévation.
Submerger, *v.* inonder.
Submersion, *sf.* inondation.
Subordination *sf.* dépendance
Subordonnément, *ad.*
Subordonner, *v.* soumettre.
Subornation, *sf.* action de
Suborner *v.* tromper, séduire
Suborneur, euse, *s.* trompeur
Subreptice, *a.* fartif et illicite
Subrepticement, *ad.*
Subreption, *sf.* tromperie.
Subrogation, *sf.* acte pour
Subroger, *v.* substituer.
Subséquemment, *ad.* de
Subséquent, *a.* qui vient après
Subside, *sm.* impôt.
Subsistance, *sf.* nourriture.
Subsister, *v.* continuer d'être
Substance, *sf.* l'essentiel.
Substantiel, le (ci), *a.* de
  substance.
Substantiellement, *ad.*
Substantif, *sm.* nom.
Substantivement, *ad.*
Substituer, *v.* mett. à la place
Substitut, *sm.* suppléant.
Substitution, *sf.* remplacem.
Subterfuge, *sm.* ruse.
Subtil, *a.* délié, rusé.
Subtilement, *ad.*
Subtilisation, *sf.* action de
Subtiliser, *v.* rendre subtil.
Subtilité, *sf.* finesse.
Subvenir, *v.* secourir.
Subvention, *sf.* sorte de sec.
Subversif, ve, *a.* qui renverse
Subversion, *sf.* renversement
Subvertir, *v.* renverser.
Suc, *sm.* liqueur des corps.
Succéder, *v.* venir après.
Succès, *sm.* réussite.
Successeur, *sm.* qui succède
Successif, *a.* qui se succède.
Succession, *sf.* biens laissés,
  suite.
Successivement, *ad.*
Succinct, *a.* court.
Succinctement, *ad.*
Succomber, *v.* être accablé.
Succulent, *a.* plein de suc.
Succursale, *a.* et *sf.* qui dé-
  pend.
Sucer, *v.* att. avec les lèvres
Suceur, euse, *a.* qui suce.
Sucre, *sm.* suc très-doux.
Sucrer, *v.* mettre du sucre.
Sucrerie, *sf.* choses sucrées,
  raffinerie.
Sucrier, *sm.* vase p^r le sucre
Sud, *sm.* l'opposé du Nord.
Suée, *sf.* inquiétude.

Suer, *v.* rendre la sueur.
Sueur, *sf.* humeur.
Suffire, *v.* être suffisant.
Suffisamment, *ad.*
Suffisance, *sf.* ce qui suffit.
Suffisant, *a.* qui suffit.
Suffocation, *sf.* action de
Suffoquer, *v.* ôter la respirat.
Suffragant, *a.* et *sm.* qui dé-
  pend.
Suffrage, *sm.* approbation.
Suggérer, *v.* inspirer.
Suggestion, *sf.* inspiration.
Suicide, *sm.* attentat à sa vie
Suicider (se), *v.* se tuer.
Suie, *sf.* matière noire.
Suif, *sm.* graisse.
Suinter, *v.* couler peu à peu.
Suisse, *sm.* gardien d'église.
Suite, *sf.* cortége, série.
Suiver, *v.* enduire de suif.
Suivi, *a.* continu.
Suivre, *v.* être après.
Sujet, te, *a.* et *s.* soumis à
Sujétion, *sf.* dépendance.
Sulfate, *sm.* sel.
Sulfureux, *a.* de soufre.
Superbe, *sf.* orgueil.
Superbement, *ad.*
Supercherie, *sf.* tromperie.
Superficie, *sf.* surface.
Superficiel, *a.* léger.
Superficiellement, *ad.*
Superfin, *a.* et *sm.* très-fin.
Superflu, *a.* et *sm.* inutile.
Superfluité, *sf.* abondance.
Supérieur, *a.* chef.
Supérieurement, *ad.*
Supériorité, *sf.* excellence.
Superlatif *a.* et *sm.* très-haut
Superlativement, *ad.* |degré
Superstitieusement, *ad.*
Superstitieux, *a.* et *s.*
Superstition *sf.* vain présage
Supplantation, *sf.* action de
Supplanter, *v.* prendre la
  place d'un autre.
Suppléant, *sm.* qui supplée.
Suppléer, *v.* ajouter.
Supplément, *sm.* ce qu'on
  ajoute.
Supplémentaire, *a.*
Supplication, *sf.* prière.
Supplice, *sm.* tourment.
Supplicier, *v.* tourmenter.
Supplier, *v.* conjurer.
Supplique, *sf.* requête.
Support, *sm.* ce qui soutient.
Supportable, *a.* qu'on supp.
Supportablement, *ad.*
Supporter, *v.* soutenir.
Supposer, *v.* alléguer.
Supposition, *sf.* act. de supp.

Suppôt, *sm.* memb., envoyé
Suppression, *sf.* action de
Supprimer, *v.* retrancher.
Suppuratif, ve, *a.* et *s.*
Suppuration, *sf.* action de
Suppurer, *v.* jeter du pus.
Supputation, *sf.* calcul.
Supputer, *v.* compter.
Suprématie, *sf.* supériorité.
Suprême, *a.* au-dessus de
  tout.
Sur, *prép.*
Sur, e, *a.* aigre, acide.
Sûr, e, *a.* certain, ferme.
Surabondamment, *ad.*
Surabondance, *sf.* gr. abond.
Surabonder, *v* être abondant.
Suranné, *a.* vieux.
Suranner, *v.* prescrire.
Surbaissé, *a.* qui baisse.
Surbaissement, *sm.*
Surcharge, *sf.* surcroît.
Surcharger, *v.* charg. trop.
Surcroît, *sm.* augmentation.
Surcroître, *v.* trop accroître.
Surdité, *sf.* perte de l'ouïe.
Sureau, *sm.* arbre.
Sûrement, *ad.*
Surérogation, *sf.* excédant.
Suret, *a.* aigrelet.
Sûreté, *sf.* abri du danger.
Surface, *sf.* extérieur.
Surfaire, *a.* demander trop.
Surgir, *v.* s'élever.
Surhausser, *v.* élev. trop haut
Surhumain, *a.* au-dessus du
  pouvoir de l'homme.
Surintendance, *sf* inspection
Surintendant, *sm.* inspecteur
Surjet, *sm.* esp. de couture.
Surjeter, *v.* coudre en surjet
Surlendemain, *sm.* après le
  lendemain.
Surmontable, *a.* qu'on peut
Surmonter, *v.* vaincre.
Surnager, *v.* se soutenir sur
  l'eau.   [de la nature.
Surnaturel, le, *a.* au-dessus
Surnaturellement, *ad.*
Surnom, *sm.* nom ajouté.
Surnommer, *v.* donner un
  nom. |dessus du nombre.
Surnuméraire, *a.* et *s.* au-
Surpasser, *v.* excéder.
Surplis, *sm.* vêtement ecclés.
Surplus, *sm.* le reste.
Surprendre, *v.* tromper.
Surpris, *a.* étonné.
Surprise, *sf.* étonnement.
Sursaut, *sm.* (réveiller en)
Surséance, *sf.* délai d'affaire
Surseoir, *v.* remettre.
Sursis, *a.* délai.

Surtaxer, *v.* taxer trop haut.
Surtout, *ad.* et *s.* justaucorps
Surveillance, *sf.* inspection.
Surveillant, *a.* et *s.* inspect.
Surveille, *sf.* jour d'avant la veille.
Surveiller, *v.* observer.
Survenance, *sf.* arrivée imprévue.
Survenant, *a.* et *s.* qui surv.
Survendre, *v.* vend. trop cher
Survenir, *v.* arriver.
Survente, *sf.* act. de surv.
Survenu, *a.* venu inopiném.
Survivance, *sf.* succession.
Survivant, *a.* qui survit.
Survivre, *v.* vivre après.
Sus (*s*) *interj.*
Susceptibilité, *sf.* qui est
Susceptible, *a.* sensible.
Suscitation, *sf.* instigation.
Susciter, *v.* faire naître.
Suscription, *sf.* adresse de lettre.

Susdit, *a.* et *s.* déjà nommé.
Suspect, *a.* douteux.
Suspecter, *v.* soupçonner.
Suspendre, *v.* interdire.
Suspens, *sm.* interdit.
Suspense, *sf.* censure.
Suspensif, *s.* qui suspend.
Suspension, *sf.* surséance.
Suspensoir, *sm.* bandage.
Sustenter, *v.* nourrir.
Svelte, *a.* délié.
Sycomore, *sm.* arbre.
Syllabaire, *sm.* alphabet.
Syllabe, *sf.* émission de voix.
Syllabique, *a.* des syllabes.
Syllepse, *sf.* fig. de syntaxe.
Syllogisme, *sm.* argument.
Symbole, *sm.* figure.
Symbolique, *a.* qui sert de symbole.
Symboliser, *v.* indiquer.
Symétrie, *sf.* proportion.
Symétrique, *a.* en symétrie.
Symétriquement, *ad.*

Symétriser, *v.* faire symétrie
Sympathie, *sf.* convenance.
Sympathique, *a.* de la symp.
Sympathiser, *v.* convenir.
Symphonie, *sf.* concert.
Symptôme, *sm.* signe. [juive.
Synagogue, *sf.* assemblée
Synallagmatique, *a.* réciproque. [tanéité.
Synchronisme, *sm.* simul-
Syncope, *sf.* défaillance.
Syncoper, *v.* défaillir, abrég.
Syndic, *sm.* agent.
Synodal, *a.* du synode.
Synode, *sm.* assemb. ecclés.
Synonyme, *a.* et *sm.* de même sens. [synonymes.
Synonymie, *qual.* des mots
Synoptique, *a.* qui se voit d'un coup-d'œil.
Syntaxe, *sf.* construction.
Systématique, *a.* et *s.* de
Système, *sm.* opinion. [lune.
Syzigie, *sf.* nouv. ou pleine

T

T, *sm.* 20e lettre.
Ta, *a. poss. fém.* de Ton.
Tabac, *sm.* (*taba*) plante.
Tabagie, *sf.* lieu pour fumer.
Tabatière, *sf.* boîte à tabac.
Tabernacle, *sm.* coffre.
Tablature, *sf.* embarras.
Table, *sf.* meuble.
Tableau, *sm.* peinture, liste.
Tabletier, *a.* marchand.
Tablette, *sf.* agenda, planc.
Tablier, *sm.* pièce d'étoffe.
Tabouret, *sm.* siège sans dos
Tac, *sm.* maladie.
Tache, *sf.* souillure.
Tâche, *sf.* ouvrage à faire.
Tacher, *v.* souiller.
Tâcher, *v.* s'efforcer.
Tacheter, *v.* marqueter.
Tachygraphe, *s.* qui sait la
Tachygraphie, *sf.* sténograp.
Tacite, *a.* sous-entendu.
Tacitement, *ad.*
Taciturne, *a.* qui parle peu.
Taciturnité, *sf.* qui est tacit.
Tact, *sm.* le toucher, finesse
Tactique, *sf.* art militaire.
Taffetas, *sm.* étoffe de soie.
Taie, *sf.* pellicule sur l'œil, linge d'oreiller.
Taillade, *sf.* coupure.
Taillader, *v.* faire des taillad.
Taillanderie, *sf.* art du
Taillandier, *sm.* qui fabrique des instrum. tranchants.

Taillant, *sm.* tranchant.
Taille, *sf.* coupe, tranchant.
Taille-douce, *sf.* gravure.
Tailler, *v.* couper.
Tailleur, *sm.* qui fait les hab.
Taillis, *sm.* bois en coupe.
Tailloir, *sm.* billot.
Taire, *v.* garder le silence.
Talent, *sm.* aptitude.
Talmud, *sm.* livre des Juifs.
Taloche, *sf.* coup sur la tête.
Talon, *sm.* derrière du pied.
Talonner, *v.* presser.
Talus, *sm.* pente.
Tamarin, *sm.* arbre.
Tambour, *sm.* caisse, cylind.
Tambourin, *sm.* petit tamb.
Tambouriner, *v.* battre le
Tamis, *sm.* sas. [tambour.
Tamiser, *v.* passer.
Tampon, *sm.* gros bouchon.
Tamponner, *v.* boucher.
Tam-tam, *sm.* instr. chinois.
Tan, *sm.* écorce pour tanner
Tanaisie, *sf.* plante.
Tancer, *v.* réprimer.
Tanche, *sf.* poisson.
Tandis que, *conj.* pend. que
Tangage, *sm.* balancement.
Tangente, *sf.* terme de géom.
Tanière, *sf.* repaire de bêtes
Tanin, *sm.* principe du tan.
Tanne, *sf.* bulbe dans les pores de la peau.
Tanner, *v.* préparer le cuir.

Tannerie, *sf.* où l'on tanne.
Tanneur, *sm.* qui tanne.
Tant, *ad.* tant pis.
Tante, *sf.* sœur du père ou de la mère.
Tantôt, *ad.* de temps.
Taon, *sm.* (*ton*), mouche.
Tapage, *sm.* bruit.
Tapager, *v.* faire du bruit.
Tape, *sf.* coup de la main.
Tapecu, *sm.* bascule, voiture
Taper, *v.* frapper.
Tapir, *v.* se blottir.
Tapis, *sm.* tissu.
Tapisser, *v.* couvrir de tapis
Tapisserie, *sf.* étoffe de tenture. [tapis.
Tapissier, ère, *s.* qui fait des
Tapoter, *v.* donner de petits coups.
Taquin, *a.* et *s.* querelleur.
Toquinement, *ad.*
Taquiner, *v.* contrarier.
Taquinerie, *sf.* tracasserie.
Taraud, *sm.* outil pour
Tarauder, *v.* percer un trou.
Tard, *ad.* et *sm.* après le [temps.
Tarder, *v.* différer.
Tardif, ve, *a.* qui tarde.
Tardivement, *ad.*
Tare, *sf.* déchet.
Taré, *a.* vicié.
Tarer, *v.* causer du déchet.
Targette, *sf.* verrou plat.
Targuer (se), *v.* prévaloir.

Tarière, *sf.* outil pour percer
Tarif, *sm.* cote.
Tarifer, *v.* fixer le prix.
Tarir, *v.* mettre à sec.
Tarissable, *a.* qu'on peut tarir. [ment.
Tarissement, *sm.* dessèche-
Tartan, *sm.* étoffe de laine.
Tartane, *sf.* petit vaisseau.
Tartare, *sm.* enfer.
Tarte, *sf.* sorte de pâtisserie
Tartine, *f.* tranche de pain beurré.
Tartre, *sm.* dépôt salin.
Tas, *sm.* amas.
Tasse, *sf.* vase à boire.
Tassé, *a.* mis en tas.
Tasseau, *sm.* petit support.
Tasser, *v.* mettre en tas.
Tâter, *v.* manier doucement.
Tatillonner, *v.* s'occuper à des riens.
Tâtonnement, *sm.* act. de
Tâtonner, *v.* hésiter.
Tâtons (à), *ad.* en tâtonnant
Tatouer, *v.* barioler.
Taudis, *sm.* lieu petit et malpropre.
Taupe, *sm.* petit quadrupède
Taupière, *sf.* piège.
Taupinée, Taupinière, *sf.* trou de taupe.
Taureau *sm.* mâle de la vache
Taux, *sm.* prix établi.
Taveler, *a.* moucheter.
Taverne, *sf.* cabaret.
Taxeur, *sm.* qui taxe.
Taxation, *sf.* act. de taxer.
Taxe, *sf.* règlement.
Taxer, *v.* régler, fixer.
Te, *pron. pers.* toi à toi.
Technique *a* propre à un art.
Te Deum, *sm.* cantique.
Teigne, *sf.* maladie.
Teigneux, se, *a.* et *s.* qui a la
Teindre, *v.* colorer. [teigne.
Teint, *sm.* teinture.
Teinte, *sf.* degré de couleur
Teinture, *sf.* superficie.
Teinturerie, *sf.* métier de
Teinturier, ère, *s.* qui teint.
Tel, le, *a.* pareil.
Télégraphe *sm* machine pour correspondre.
Télégraphie *sf.* art de télégr.
Télégraphique, *a.* de télég.
Télescope *sm* sorte de lunette
Tellement, *ad.*
Téméraire, *a.* et *sm.* hardi.
Témérairement, *ad.* avec
Témérité *sf* hardiesse excess.
Témoignage, *sm.* preuve.
Témoigner, *v.* assurer.

Témoin, *sm.* qui a vu.
Tempe, *sf.* place entre l'oreille et le front.
Tempérament, *sm.* caractère
Tempérance, *sf.* sobriété.
Tempérant, *a.* sobre.
Température *sf.* état de l'air
Tempérer, *v.* modérer.
Tempête, *sf.* vent impétueux
Tempêter *v* faire grand bruit
Temple, *sm.* édifice.
Temporaire, *a.* de temps.
Temporairement, *ad.* [temps
Temporel, le, *a.* et *s.* du
Temporellement, *ad.*
Temporisation, *sf.* action de
Temporiser, *v.* attendre.
Temporiseur, *sm.* qui attend
Temps, *sm.* espace.
Tenable, *a.* qu'on peut tenir.
Tenace, *a.* qui s'attache.
Tenacité, *sf.* qualité tenace.
Tenaille, *sf.* inst. de fer.
Tenailler, *v.* pincer.
Tendance, *sf.* penchant.
Tendant, *a.* qui tend.
Tendon, *sm.* extrémité du muscle.
Tendre, *a.* sensible.
Tendre, *v.* présenter, dresser
Tendrement, *ad.*
Tendresse, *sf.* sensibilité.
Tendu, *a.* bandé.
Ténèbres, *sf. pl.* obscurité.
Ténébreux, se, *a.* sombre.
Teneur, *sf.* contenu.
Tenir, *v.* avoir à la main.
Tenon, *sm.* bout de bois.
Ténor, *sm.* voix de taille.
Tension, *sf.* état tendu.
Tentant, *a.* qui tente.
Tentateur, trice, *a.* et *s.* qui
Tentation, *sf.* désir. [tente.
Tentative, *sf.* essai.
Tente, *sf.* pavillon.
Tenter, *v.* essayer.
Tenture, *sf.* tapisserie.
Tenue, *sf.* durée.
Ténuité, *sf.* qualité déliée.
Térébenthine, *sf.* résine.
Térébenthe, *sm.* arbre résin.
Tergiversation, *sf.* act. de
Tergiverser *v* agir p. détours
Terme, *sm.* fin, borne.
Terminaison, *sf.* désinence.
Terminal, *a.* qui termine.
Terminer, *v.* borner.
Ternaire, *a.* du nombre trois
Terne, *a.* sans éclat.
Ternir, *v.* ôter l'éclat.
Terrain, *sm.* espace de terre
Terrasse, *sf.* levée de terre.
Terrassé, *a.* garni de terre.

Terrasser, *sm.* ouv. en terre.
Terre, *sf.* globe terrestre, limon, sol, pays, champ.
Terreau, *sm.* terre et fumier
Terre-plein *sm* amas de terre
Terrer, *v.* enduire de terre.
Terrestre, *a.* de la terre.
Terreur, *sf.* grande crainte.
Terreux, euse, *ad.* mêlé de
Terrible, *a.* effrayant. [terre.
Terriblement, *ad.*
Terrier, *sm.* trou en terre.
Terrine, *sf.* vase de terre.
Terrinée *sf.* plein une terrine
Territoire *sm* étendue de ter.
Terroir, *sm.* qualité d'une
Tertre *sm* monticule. [terre.
Tes, *a. poss. pl.* de Ton.
Testacé, *a.* et *sm.* animal à coquilles. [volonté.
Testament, *sm.* dernière
Testamentaire *a.* de testam.
Testateur, trice, *a.* qui teste.
Tester, *v.* faire son testament
Testimonial, *a.* qui rend témoignage.
Tétanos *sm* convuls. de nerfs
Têtard *sm* petite grenouille
Tête *sf* chef, partie du corps.
Tête-à-tête, *sm.* entretien.
Tétraèdre, *sm.* fig. de géom.
Tétrarque, *sm.* chef, petit
Têtu *a.* et *s.* obstiné. [prince.
Texte *sm* paroles d'un auteur
Textile, *a.* propre à tisser.
Textuaire, *sm.* livre de texte
Textuel, le, *a.* du texte.
Textuellement, *ad.*
Thaler *sm* monnaie d'Allem.
Thaumaturge, *a.* et *s.* grand faiseur de miracles.
Thé *sm.* arbrisseau de Chine.
Théatin, *sm.* sorte de relig.
Théâtral, *a.* du théâtre.
Théâtre *sm* lieu de spectacle
Théière, *sf.* vase pour le thé
Théisme, *sm.* de théiste.
Théiste *sm.* qui croit en Dieu
Thème *sm.* traduction, sujet
Théocratie, *sf.* gouv. divin.
Théocratique *a* de théocratie
Théogonie, *sf.* relig. païenne
Théologal, *a.* qui a Dieu pour objet.
Théologie, *sf.* science divine
Théologien, *s.* qui sait la théologie.
Théologique, *a.* de théologie
Théologiquement, *ad.*
Théorème, *sm.* proposition
Théoricien, *s.* qui connaît la
Théorie, *sf.* spéculation.
Théorique, *a.* de la théorie.

Théoriquement , *ad.*
Thérapeutique , *sf.* manière de traiter les malades.
Thériaque , *sf.* opiat. [des.
Thermal *a* eaux minér. chau-
Thermomètre, *sm.* inst. pour indiquer le froid et le chaud
Thésauriser, *v.* s'enrichir.
Thésauriseur, euse , *s.* qui thésaurise.
Thèse, *sf.* proposition.
Thon, *sm.* poisson de mer.
Thuya, *sm.* espèce de cyprès
Thuriféraire , *s.* qui porte l'encensoir.
Thym (*tin*) *sm* plante aromat.
Tiare, *sf.* bonnet du pape.
Tibia, *sm.* os de la jambe.
Tic, *sm.* mouvement.
Tiède, *a.* ni chaud ni froid.
Tièdement, *ad.*
Tiédeur, *sf.* qualité tiède.
Tiédir, *v.* devenir tiède.
Tienne, *a.* et *sm* qui est à toi
Tierce , *sf.* heure canoniale.
Tiercer *v.* hausser d'un tiers.
Tiers, Tierce, *a.* 3e partie.
Tige, *sf.* corps d'une plante.
Tigre, esse, *s.* bête féroce.
Tilbury, *sm.* cabriolet léger.
Tillac, *sm.* pont d'un navire.
Tille, *sf.* écorce de chanvre.
Tiller, *v.* ôter l'écorce.
Tilleul, *sm.* arbre.
Timbale , *sf.* inst. de musique, gobelet.
Timbre *sm* cloche, voix, droit
Timbré, *a.* marqué, fou.
Timbrer, *v.* mettre le timbre
Timide, *a.* peureux.
Timidité, *sf.* peur.
Timon, *sm.* gouvernail.
Timonier, *sm.* matelot.
Timoré, *a.* craintif.
Tinette, *sf.* petite cuve.
Tintamarre, *sm.* grand bruit
Tintement, *sm.* action de.
Tinter, *v.* sonner lentement.
Tir, *sm.* action de tirer.
Tirade, *sf.* suite de phrases.
Tirage, *sf.* action de tirer.
Tiraillement, *sm.* action de
Tirailler, *v.* tirer mal.
Tirailleur, *sm.* qui tiraille.
Tire-d'aile, *sm.* voler à, *ad.*
Tire-balle , *sm.* instrument.
Tire-larigot, *ad.* excessivem.
Tire-ligne, *sm.* instrument de dessin.
Tirelire, *sf.* tronc, bourse.
Tire-pied, *sm.* lanière.
Tirer, *v.* amener à soi.
Tiret, *sm.* trait.

Tiretaine, *sf.* droguet.
Tireur, euse, *s.* qui tire.
Tiroir, *sm.* caisse emboîtée.
Tisane, *sf.* infusion.
Tison, *sm.* bûche à demi-brûlée.
Tisonné , *a.* tacheté de noir.
Tisonner, *v.* remuer les tis.
Tisonneur, euse, *s.*.
Tisser, *a.* faire un tissu.
Tisserand, *sm.* qui fait de la toile.   [de tisserand.
Tisseranderie, *sf.* commerce
Tissu, *a.* et *sm.* ouvrage au métier.
Titre, *sm.* inscription.
Titrer, *v.* donner un titre.
Titulaire, *a.* et *s.* en titre.
Toast, *sm* V. Toste.
Tocsin, *sm.* cloche d'alarme.
Toi, *pron.* de la 2e personne
Toile, *sf.* tissu de fil.
Toilerie, *sf.* marchandise.
Toilette, *sf.* parure, meuble.
Toise, *sf.* mesure de 6 pieds.
Toiser, *v.* mesurer.
Toison, *sf.* laine du mouton.
Toit, *sm.* couverture.
Tôle, *sf.* fer en feuille.
Tolérable, *a.* qu'on peut tol.
Tolérance, *sf.* indulgence.
Tolérantisme, *sm.* système.
Tolérer, *v.* avoir tolérance.
Tomate, *sf.* plante, fruit.
Tombe, *sf.* sépulcre.
Tombeau, *sm.* sépulcre.
Tomber, *v.* être renversé.
Tombereau, *sm.* charrette.
Tome, *sm.* volume.
Ton, ta, tes, *a. poss.*
Ton, *sm.* degré d'un son.
Tondaison, *sf.* tonte.
Tondre, *v.* couper la laine.
Tonique, *a.* et *sm.* du ton.
Tonne, *sf.* tonneau.
Tonneau, *sm.* petite tonne.
Tonnelier, *s.* fabr. de tonn.
Tonnelle, *sf.* treille, filet.
Tonner, *v.* bruit, éclat.
Tonnerre, *sm.* bruit de la foudre.
Tonsure , *sf.* cheveux rasés.
Tonsurer , *v.* raser les cheveux en rond.
Tonte , *sf.* action de tondre.
Tontine, *sf.* rentes viagères.
Topaze, *sf.* pierre précieuse.
Topinambour, *sm.* tubercule
Topique, *a* et *sm.* remède.
Topographie, *sf.* description
Toque, *sf.* sorte de chapeau.
Torche, *sf.* flambeau.
Torcher, *v.* essuyer.

Torchis, *sm.* mortier.
Torchon *sm.* grosse serviette
Tordre, *v.* tourner en long.
Tore, *sm.* astragale.
Torréfier, *v.* griller, rôtir.
Torrent, *sm.* courant d'eau
Torride, *a.* brûlant. [rapide.
Tors, *a.* tordu.
Torsade, *sf.* frange en spirale
Torse, *sm.* tronc, buste.
Tort, *sm.* défaut.
Torticolis, *sm.* mal de cou.
Tortillage, *sm.* embarras.
Tortillement, *sm.* action de
Tortiller, *v.* tordre, biaiser.
Tortu, *a.* de travers.
Tortue, *sf.* anim. amphibie.
Tortuer, *v.* rendre tortu.
Tortueusement, *ad.*
Tortueux, se, *a.* tortu.
Torture, *sf.* gêne, tourment.
Torturer, *v.* tourmenter.
Toscan, *a.* ordre d'architect.
Toste , *sm.* boire à la santé d'une personne.
Toster, *v.* porter des santés.
Tôt, *ad.* vite.
Total, *a.* entier ; *sm.* le tout.
Totalement, *ad.*
Totalité, *sf.* le total.
Touche, *sf.* pièce de clavier, épreuve.
Toucher, *v.* act. de contact.
Touffe, *sf.* amas d'herbe.
Touffu, *a.* épais, en touffe.
Toujours, *ad.*
Toupet, *sm.* petite touffe.
Toupie, *sf.* jouet.
Tour, *sf.* construction élevée
Tour à tour, *ad.*
Tourbe, *sf.* mottes à brûler.
Tourbière, *sf.* fosse à tourbe
Tourbillon, *sm.* vent impét.
Tourelle, *sf.* petite tour.
Touret, *sm.* petite roue.
Tourillon, *sm.* gros pivot.
Tourment, *sm.* douleur.
Tourmente, *sf.* tempête.
Tourmenter, *v.* faire souffrir
Tournailler, *v.* rôder.
Tournebroche, *sm.* machine de cuisine,
Tournée, *sf.* voyage, course.
Tourner, *v.* mouvoir, façonner, s'altérer.
Tournesol , *sm.* (*ss*) plante.
Tourneur, *sm.* artisan.
Tournevis, *sm.* (*s*) instrum.
Tourniquet, *sm.* moulinet.
Tournoi, *sm.* fête militaire.
Tournoiement, *sm.* act. de
Tournoyer, *v.* tourner sans
Tournure, *sf.* manière. [cesse.

Tourte, *sf.* sorte de pâtiss.
Tourterelle, *sf.* ois. [saints.
Toussaint, *sf.* fête de tous les
Tousser, *v.* faire effort de la poitrine.
Tout, *a.* Tous, *pl.* l'intégr. de la chose.
Toutefois, *ad.* néanmoins.
Tou-tou, *sm.* pet. chien. enf.
Toux, *sf.* mouvem. convulsif.
Tracas, *sm.* mouvement.
Tracasser, *v.* inquiéter.
Tracasserie, *sf.* chicane.
Tracassier, ère, *a.* et *s.*
Trace, *sf.* vestige.
Tracé, *sm.* trait d'un plan.
Tracement, *sm.* act. de trac.
Tracer, *v.* marquer.
Tradition, *sf.* transmission.
Traditionnel, le, *a.*
Traducteur, *s.* qui traduit.
Traduction, *sf.* act. de
Traduire, *v.* citer en justice, transférer.
Trafic, *sm.* commerce.
Trafiquer, *v.* faire trafic.
Tragédie, *sf.* drame, événement funeste.
Tragique, *a.* de la tragédie.
Tragiquement, *ad.*
Trahir, *v.* manquer de foi.
Trahison, *sf.* manque de foi.
Traille, *sf.* sorte de bac.
Train, *sm.* allure, convoi.
Traînant, *a.* qui traîne.
Traînard, *sm.* homme lent.
Traîneau, *sm.* voiture sans [roues.
Traînée, *sf.* traces.
Traîner, *v.* tirer après soi.
Traîneur, *sm.* qui traîne.
Traire, *a.* tirer le lait.
Trait, *a.* dard, ligne, action.
Traitable, *a.* doux, docile.
Traite, *sf.* lettre de change.
Traité, *sm.* dissertation.
Traitement, *sm.* act. de trait.
Traiter, *v.* discuter, servir.
Traiteur, *sm.* restaurateur.
Traître, esse, *s.* qui trahit.
Trajet, *sm.* espace à trav.
Trame, *sf.* fils ourdis, comp.
Tramer, *v.* passer la trame, comploter.
Tramontane, *sf.* vent du nord.
Tranchant, *sm.* le fil d'un outil.
Tranche, *sf.* morc. coupé.
Trancher, *v.* séparer, creus.
Tranchet, *sm.* outil de cord.
Tranquille, *a.* (ll) calme.
Tranquillement, *ad.*
Tranquilliser, *v.* calmer.
Tranquillité, *sf.* état calme.

Transaction, *sf.* action de transiger.
Transcendance, *sf.* supérior.
Transcendant, *a.* sublime.
Transcrire, *v.* copier.
Transe, *sf.* appréhension.
Transférement, *sm.* transp.
Transférer, *v.* transporter.
Transfert, *sm.* transport.
Transfiguration, *sf.* chang.
Transfigurer, *v.* changer.
Transformation, *sf.* changement de forme.
Transformer, *v.* changer.
Transfuge, *sm.* qui passe à l'ennemi.
Transgresser, *v.* enfreindre.
Transgresseur, *sm.* violateur
Transgression, *sf.* violation.
Transi, *a.* gelé.
Transiger, *v.* (zi) accomm.
Transir, *v.* pénétrer, saisir.
Transit, *sm.* (zit) même sens.
Transitif, *a.* t. de gramm.
Transition, *sf.* passage.
Transitoire, *a.* passager.
Translater, *v.* traduire.
Translation, *sf.* act. de trans.
Transmettre, *v.* céder. [férer.
Transmigration, *sf.* aller d'un pays à un autre.
Transmission, *sf.* action de transmettre. [travers.
Transparence, *sf.* à voir au
Transparent, *a.* même sens.
Transpercer, *v.* percer.
Transpirer, *v.* s'exhaler.
Transplantation, *sf.* act. de
Transplanter, *v.* plant. aill.
Transport, *sm.* déplacem., transfert, mouv. de l'âme.
Transporter, *v.* déplacer, transférer.
Transposer *v.* chang. de place
Transposition, *sf.* même sens
Transsubstantiation, *sf.* changement de substance.
Transvaser, *v.* verser aill.
Transversal, *a.* oblique.
Transversalement, *ad.*
Trapèze, *sm.* quadrilatère.
Trapézoïde, *sm.* fig. de géom.
Trappe, *sf.* porte horizontale
Trapu, *a.* gros et court.
Traquer, *v.* battre un bois, poursuivre.
Travail, *sm.* labeur.
Travailler, *v.* faire un travail
Travailleur, euse, *s.* qui trav.
Travée, *sf.* entre 2 poutres.
Travers, *sm.* défaut, larg.
Traverse, *sf.* pièce en travers
Traversée, *sf.* traj. par mer.

Traverser, *v.* passer au trav.
Traversin, *sm.* oreill. en long
Travestir, *v.* masquer.
Travestissement, *sm.* déguisement.
Trébuchement, *sm.* de [pas.
Trébucher, *v.* faire un faux
Trébuchet, *sm.* piége, bal.
Trèfle, *sm.* plante, carte.
Treillage, *sm.* treillis en latt.
Treillager, *v.* faire un treillage. [treillages.
Treillageur, *sm.* qui fait les
Treille, *sf.* berceau, vigne.
Treillis, *sm.* toile de métal.
Treize, *a. num.* dix et trois.
Treizième, *a.* nomb. d'ordre
Treizièmement, *ad.*
Tréma, *sm.* accent (ö).
Tremble, *sm.* arbre.
Tremblement, *sm.* agitation
Trembler, *v.* être agité.
Trembloter, *v.* demi-tremb.
Trémie, *sf.* auge.
Trémoussement, *sm.* act. de
Trémousser, *v.* s'agiter.
Trempe, *sf.* dur, humectat.
Tremper, *v.* mouiller.
Trentaine, *sf.* de 30.
Trente, *a. num.* trois fois dix.
Trente-deux (in), *sm.* format
Trentième, *a.* et *s.*
Trépaner, *v.* ouvrir le crâne
Trépas, *sm.* décès.
Trépassé, *sm.* décédé.
Trépassement, *sm.* trépas.
Trépasser, *v.* mourir.
Trépied, *sm.* instr. à 3 pieds.
Trépignement, *sm.* action de
Trépigner, *v.* frapper du pied
Trépointe, *sf.* sort. de sem.
Très, *particule ad.*
Trésor, *sm.* amas de richess.
Trésorier, *sm.* caissier.
Tressaillement, *sm.* act. de
Tressaillir, *v.* être ému.
Tresse, *sf.* tissu plat, natte.
Tresser, *v.* entrelac., natter.
Tresseur, euse, *s.* qui tresse
Tréteau, *sm.* support.
Treuil, *sm.* cylindre de bois.
Trève, *sf.* suspension.
Triangle, *sm.* fig. de géom.
Triangulaire, *a.* à 3 angles.
Triangulairement, *ad.*
Tribord, *sm.* côté droit du [navire.
Tribu, *sf.* division.
Tribulation, *sf.* affliction.
Tribun, *sm.* magistrat.
Tribunal, *sm.* lieu pour juger
Tribune, *sf.* lieu élevé, chaire
Tribut, *sm.* impôt.
Tributaire, *a.* qui paye trib.

Tricher, *v.* tromper au jeu.
Tricherie, *sf.* tromperie.
Tricheur, euse, *s.* qui trompe
Tricolore, *a.* de 3 couleurs.
Tricot, *sm.* tissu.
Tricotage, *sm.* action de
Tricoter, *v.* faire du tricot.
Tricoteur, euse, *s.* qui tric.
Trictrac, *sm.* jeu.
Trident, *sm.* fourche à 3 dents
Triennal, *a.* (enne) de 3 ans.
Triennalité, *sf.* emploi de
Triennat, *sm.* de 3 ans.
Trier, *v.* choisir.
Trieur, euse, *s.* qui trie.
Triglyphe, *sm.* orn. d'archit.
Trigonométrie, *sf.* science.
Trigonométrique, *a.*
Trigonométriquement, *ad.*
Trillion, *sm.* mille billions.
Trimbaler, *v. a.* traîner.
Trimer, *v.* marcher vite.
Trimestre, *sm.* de trois mois
Tringle, *sf.* baguette.
Trinitaire *sm.* sorte de relig.
Trinité, *sf.* Dieu en 3 pers.
Trinôme, *sm.* de 3 termes.
Trinquer, *v.* boire en cho-
    quant les verres.
Trio *sm.* 3 person., 3 parties
Triomphal, *a.* du triomphe.
Triomphalement, *ad.* [phe.
Triomphateur, *sm.* qui triom-
Triomphe, *sm.* honneur.
Triompher, *v.* être victorieux
Tripe, *sf.* boyaux.
Triperie, *sf.* boucherie.
Triple, *a.* trois fois autant.
Triplement, *sm.* action de
Tripler, *v.* trois fois plus.
Triplicité, *sf.* nombre triplé.
Tripoli, *sm.* sorte de terre.
Tripot, *sm.* maison de jeu.
Tripotage *sm.* mauv. mélange
Tripoter *v.* faire un tripotage
Trique, *sf.* gros bâton.
Trisaïeul, *s.* père ou mère de
Triste, *a.* affligé.   [bisaïeul.
Tristement, *ad.*
Tristesse, *sf.* affliction, chag.
Triturer, *v.* broyer.
Triumvir *sm.* magist. romain
Triumvirat, *sm.* de trois.
Trivial, *a.* commun, bas.

Trivialement, *ad.*
Trivialité, *sf.* chose triviale.
Troc, *sm.* échange.
Trogne *sf.* visage d'un ivrogne
Trognon *sm.* milieu d'un fruit
Trois, *a.* nomb. deux et un.
Troisième, *a.* ord. de trois.
Trombe, *sf.* tourbillon d'eau
Trombone, *sm.* inst. de mus.
Trompe, *sf.* inst. de musique,
    museau d'éléphant.
Tromper, *v.* induire en erreur
Tromperie, *sf.* act. de tromp.
Trompeter, *v.* publier.
Trompette, *sf.* inst. de mus.
Trompeur, euse, *a. et s.* qui
    trompe.
Tronc, *sm.* (n), tige d'arbre,
    tirelire.
Tronçon, *sm.* morceau. [çon
Tronçonner *v.* coup. en tron-
Trône, *sm.* siége royal.
Tronquer, *v.* retrancher.
Trop, *ad.* plus qu'il ne faut.
Trophée, *sm.* sig. de victoire
Tropique, *sm.* cercle.
Troquer, *v.* échanger.
Troqueur, euse, *s.* qui troque
Trot, *sm.* allure de cheval.
Trotte, *sf.* espace de chemin
Trotte-menu, *a.* à petits pas
Trotter, *v.* aller le trot.
Trotteur, *sm.* qui trotte.
Trottoir, *sm.* chemin élevé.
Trou, *sm.* ouverture.
Troubadour, *sm.* anc. poëte.
Trouble, *a.* non clair; *sm.* in-
    quiétude.
Trouble-fête, *sm.* importun.
Troubler, *v.* rendre trouble,
    inquiéter.
Trouée, *sf.* ouverture.
Trouer, *v.* percer.
Troupe, *sf.* multitude.
Troupeau, *sm.* d'animaux.
Trousse, *sf.* étui de chirurg.
Trousseau, *sm.* linge nécess.
Trousser, *v.* replier.
Troussis, *sm.* pli.
Trouvaille, *sf.* chose trouvée
Trouver, *v.* rencontrer.
Truchement, *sm.* interprète.
Truelle, *sf.* outil de maçon.
Truellée *sf.* plein une truelle

Truffe, *sf.* tubercule.
Truffer, *v.* garnir de truffes.
Truie, *sf.* femelle du porc.
Truite, *sf.* poisson.
Trumeau, *sm.* glace, espace
    entre deux glaces.
Tu, *pron.* de la 2ᵉ personne
Tuable, *a.* qu'on peut tuer.
Tuant, *a.* très-fatigant.
Tube, *sm.* tuyau.
Tubercule, *sm.* excroissance
Tuberculeux, se, *a.*
Tuer, *v.* ôter la vie.
Tuerie, *sf.* carnage.
Tuf, *sm.* pierre blanche.
Tuile, *sf.* terre cuite.
Tuileau *sm.* morceau de tuile
Tuilerie, *sf.* manuf. de tuiles
Tulipe, *sf.* fleur liliacée.
Tulle, *sm.* tissu en réseau.
Tumeur, *sf.* enflure. *médec.*
Tumulte, *sm.* désordre.
Tumultueusement, *ad.*
Tunique, *sf.* vêtement.
Turban, *sm.* coiff. orientale.
Turbot, *sm.* poisson de mer.
Turbulence, *sf.* caractère.
Turbulent, *a.* agité.
Turc, Turque, *a. et s.* nation
Turlupin, *sm.* farceur.
Turlupiner, *v.* railler.
Turpitude, *sf.* honte.
Tutélaire, *a.* qui protége.
Tutelle, *sf.* surveillance.
Tuteur, trice, *s.* protecteur.
Tutoiement, Tutoiment, *sm.*
Tutoyer, *v.* dire tu.
Tuyau, *sm.* tige creuse.
Tympan *sm.* part. de l'oreille,
    orn. d'archit., t. d'imprim.
Tympaniser, *v.* décrier.
Tympanon, *sm.* inst. de mus.
Type, *sm.* figure originale.
Typhon, *sm.* V. Trombe.
Typhus, *sm.* fièvre maligne.
Typographe, *sm.* imprimeur
Typographie, *sf.* imprimerie
Typographique, *a.* d'imprim.
Tyran, *sm.* mauvais maître.
Tyrannie, *sf.* vexation.
Tyrannique, *a.* de tyran.
Tyranniquement, *ad.*
Tyranniser, *v.* vexer.

U

U, *sm.* 21ᵉ lettre de l'alphab.
Ukase, *sm.* édit russe.
Ulcération, *sf.* d'ulcère.
Ulcère, *sm.* plaie.
Ulcéré *a.* att. d'ulcère, chag.

Ulcérer, *v.* causer un ulcère,
    affliger.
Ultérieur, *a.* après.
Ultérieurement, *ad.*
Un, *sm.* le premier nombre.

Unanime, *a.* de concert.
Unanimement, *ad.*
Unanimité, *sf.* conformité.
Uni, *a.* simple, égal.
Unième, *a.* de un.

Uniforme, *a.* toujours égal.
Uniformément, *ad.* avec
Uniformité, *sf.* ressemblance
Uniment, *ad.* tout uni.
Union, *sf.* jonction.
Unique, *a.* seul.
Uniquement, *ad.*
Unir, *v.* joindre.
Unisson, *sm.* accord de ton.
Unité, *sf.* non pluralité.
Unitif, ve, *a.* vie dévote.
Univers, *sm.* le monde.
Universalité, *sf.* généralité.
Universel, le, *a.* partout.
Universellement, *ad.*
Université, *sf.* corps enseig.
Urbanité, *sf.* politesse.

Urgence, *sf.* nécessité.
Urgent, *a.* pressant.
Urinal, *sm.* vase pour uriner
Urine, *sf.* liquide séreux.
Uriner, *v.* évacuer l'urine.
Urne, *sf.* vase antique.
Ursulines, *sf. pl.* religieuses
Usage, *sm.* coutume.
Usance, *sf.* terme.
User, *v.* consommer.
Usine, *sf.* forge, moulin.
Usité, *a.* en usage.
Ustensile, *sm.* petit meuble.
Usuel, le, *a.* d'un usage ord.
Usuellement, *ad.*
Usufruit, *sm.* jouissance d'un
  revenu.

Usufruitier, *s.* qui jouit d'us.
Usuraire, *a.* où il y a usure.
Usurairement, *ad.*
Usure, *sf.* intérêt illégitime.
Usurier, ière, *s.* qui prête à
  taux trop élevé.
Usurpateur, trice, *s.* et *a.*
Usurpation, *sf.* action d'
Usurper, *v.* s'emparer.
Utérin, *a.* né d'une même
  mère.
Utile, *a.* profitable.
Utilement, *ad.* avec utilité.
Utiliser, *v.* rendre utile.
Utilité, *sf.* avantage.
Utopie, *sf.* plan imaginaire.

V

V, *sm.* (vé ou ve), 22e lett.
Va, *loc. ad.* soit; *sm.* t. de jeu
Vacance, *sf.* suspension.
Vacant, *a.* pas occupé.
Vacarme, *sm.* grand bruit.
Vacation *sf.* séance, vacance
Vaccin, *sm.* virus de vache.
Vaccinateur, *a.* et *sm.* qui
  vaccine.
Vaccination, *sf.* act. de vacc.
Vaccine, *sf.* art de
Vacciner, *v.* inoculer le vacc.
Vache *sf.* quadrupède, valise
Vacillation, *sf.* act. de
Vaciller, *v.* chanceler.
Vadé-mécum, *sm.* livre.
Vagabond, *a.* et *s.* de
Vagabondage, *sm.* act. de
Vagabonder, *v.* errer çà et là
Vague, *sf.* flot ; *a.* indéfini.
Vaguement, *ad.*
Vaguer, *v.* errer çà et là.
Vaillamment, *ad.*
Vaillance, *sf.* bravoure.
Vaillantise, *sf.* idem.
Vaille que vaille, *loc. adv.*
Vain, *a.* orgueilleux.
Vaincre, *v.* surmonter.
Vainement, *ad.*
Vainqueur, *sm.* et *a.* qui a
  vaincu.
Vaisseau, *sm.* vase, navire.
Vaisselle, *sf.* plats, assiettes
Val, *sm. pl.* vaux, vallée.
Valable, *a.* admissible.
Valablement, *ad.*
Valet, *sm.* serviteur.
Valétudinaire, *a.* maladif.
Valeur, *sf.* courage, prix.
Valeureusement, *ad.*
Valeureux, se, *a.* vaillant.
Valide, *a.* qui a les qualités.

Validement, *ad.*
Valider, *v.* rendre valide.
Validité, *sf.* qualité.
Valise, *sf.* sac de cuir.
Vallée *sf.* (*l*) entre les monts
Vallon, *sm.* petite vallée.
Valoir, *v.* avoir un prix.
Valser, *v.* danser.
Valve, *sf.* écaille.
Valvule, *sf.* membrane.
Vampire, *sm.* revenant. *fig.*
Van, *sm.* inst. pour vanner.
Vandalisme, *sm.* pillage.
Vanille, *sf.* fruit du
Vanillier, *sm.* arbre exotique
Vanité, *sf.* inutilité.
Vaniteux, se, *a.* qui est vain.
Vanne, *sf.* écluse.
Vanneau, *sm.* oiseau.
Vanner, *v.* nettoyer le grain.
Vannerie, *sf.* de vanneur.
Vanneur, *sm.* qui vanne.
Vannier, *s.* ouvrier en osier.
Vantail, *sm.* volet.
Vanter, *v.* louer.
Vapeur, *sf.* exhalaison.
Vaporeux, se, *a.* et *s.* qui a
  des vapeurs.
Vaporiser, *v.* réduire en vap.
Vaquer, *v.* être vacant.
Variabilité, *sf.* de
Variable, *a.* sujet à varier.
Variation, *sf.* changement
Varice, *sf.* veine dilatée.
Varier, *v.* changer.
Variété, *sf.* diversité.
Variole, petite vérole.
Variolique, *a.* de la variole.
Varlope, *sf.* rabot.
Vase, *sm.* ustensile, boue.
Vaseux, se, *a.* boueux.
Vasistas (s) *sm.* fenêtre mob.

Vassal, *s.* dépendant.
Vaste, *a.* étendu, grand.
Vatican, *sm.* palais du Pape.
Vaurien, *sm.* fainéant.
Vautour *sm.* oiseau de proie
Vautrer, *v.* se rouler.
Veau, *sm.* petit de la vache.
Vedette *sf.* sentinelle à chev.
Végétable *a.* qui peut végéter
Végétal, *a.* et *sm.* qui pousse
Végétation, *sf.* action de
Végéter, *v.* pousser, languir.
Véhémence, *sf.* impétuosité.
Véhément, *a.* impétueux.
Véhicule, *sm.* voiture.
Veille, *sf.* avant le jour.
Veillée, *sf.* act. de
Veiller, *v.* soigner, ne pas
  dormir.
Veilleur, *sm.* qui veille.
Veilleuse, *sf.* petite lumière.
Veine, *sf.* canal, sillon.
Veiné, *a.* qui a des veines.
Veineux, se, *a.* même sens.
Vélin, *sm.* peau préparée.
Velléité, *sf.* volonté faible.
Véloce, *a.* très-rapide.
Vélocifère *sm.* voiture légère
Vélocité, *sf.* grande vitesse.
Velours, *sm.* étoffe.
Velouté, *a.* et *sm.* ce qui imite
  le velours.
Velte, *sf.* mesure.
Velter, *v.* mesurer.
Velu, *a.* couvert de poil.
Venaison, *sf.* chair de bêtes
  fauves.
Vénal, *a.* qui se vend.
Vénalement, *ad.* de
Vénalité, *sf.* par intérêt.
Vendable *a.* qu'on peut vend.
Vendange, *sf.* réc. de raisin.

Vendanger, v. cueillir le rais.
Vendangeur, euse, s. qui vendange.
Vendeur, euse, s. qui vend.
Vendre, v. céder.
Vendredi sm. cinquième jour
Venelle, sf. petite rue.
Vénéneux, euse a. venimeux
Vénérable, a. respectable.
Vénération, sf. respect.
Vénérer, v. révérer.
Vénerie, sf. réserve de bêtes fauves.
Vengeance, sf. action de
Venger, v. tirer raison.
Vengeur, resse, a. et s. qui venge.
Véniel, le, a. qui ne prive pas de la grâce.
Véniellement, ad.
Venimeux, se, a. qui a du
Venin, sm. suc délétère.
Venir, v. arriver, croître.
Vent, sm. air agité.
Vente, sf. action de vendre.
Venter, v. faire du vent.
Venteux, se a. sujet aux vents
Ventilateur, sm. qui donne du vent.
Ventilation, sf. action de
Ventiler, v. donner de l'air.
Ventouse, sf. ouverture.
Ventre sm. capacité du corps
Ventricule, sm. cavité.
Ventrière, sf. sangle.
Ventriloque, a. et s. qui semble parler du ventre.
Ventru, a. gros ventre.
Venue, sf. arrivée.
Vêpres, sf. pl. office du soir
Ver, sm. (èr), annélide.
Véracité, sf. de vérité.
Verbal, a. de vive voix.
Verbalement, ad.
Verbaliser, v. faire un procès
Verbe, sm. partie d'oraison.
Verbération, sf. choc de l'air
Verbiage sm. mauv. langage
Verbiager, v. parler mal.
Verbiageur, se, s. qui verb.
Verdâtre, a. presque vert.
Verdelet, te, a. idem.
Verdir, v. rendre vert.
Verdoyant, a. de
Verdoyer, v. devenir vert.
Verdure, sf. herbes.
Véreux, se, a. atteint par le ver.
Verge, sf. baguette.
Verger, sm. enclos.
Vergeter, v. nettoyer.
Vergette, sf. brosse.
Verglas, sm. gelée.

Vergne, sm. arbre.
Vergne, sf. terme de marine
Vergogne, sf. honte.
Véridicité, sf. ce qui est
Véridique, a. vrai.
Vérificateur, sm. qui vérifie.
Vérification, sf. action de
Vérifier, v. s'assurer.
Véritable, a. vrai.
Véritablement, ad.
Vérité, sf. certitude.
Verjus, sm. raisin vert.
Vermeil, le, a. d'un rouge
Vermicelle, sm. pâte. [foncé.
Vermiculé, a. travers de vers.
Vermifuge, a. sm. contre les vers.
Vermiller, v. fouiller la terre
Vermillon, sm. rouge. [rouge
Vermillonner, v. marquer de
Vermine, sf. insectes sales.
Vermisseau, sm. petit ver.
Vermouler (se), v. piquer de
Vermoulure, sf. piqûre de vers.
Vernir, v. mettre en vernis.
Vernis, sm. lustre, éclat.
Vernisser, v. vernir de la poterie.
Vernisseur, sm. qui vernit.
Vernissure, sf. application de vernis.
Vérole (petite), sf. maladie.
Véronique, sf. plante.
Verrat, sm. pourceau.
Verre, sm. corps transpar.
Verrerie, sf. manuf. de verr.
Verroterie, sf. menus verres
Verrou, sm. ferm. de porte.
Verrouiller, v. tourner le verrou.
Verrue, sf. excroissance.
Vers, sm. rimes.
Versant, sm. pente.
Versatile, a. fig. variable.
Versatilité, sf. changement.
Verseau, sm. signe du zodiaq.
Verser, v. épancher.
Verset, sm. part. du disc.
Versification, sf. action de
Versifier, v. faire des vers.
Version, sf. interprétation.
Verso, sm. le revers.
Vert, a. couleur. [cuivre.
Vert-de-gris, sm. oxide de
Vertèbre, sf. chacun des os de l'épine du dos.
Vertement, ad. avec force.
Vertical, a. d'aplomb.
Verticalement, ad.
Vertige, sm. étourdissem.
Vertigo, sm. caprice.
Vertu, sf. qualité.

Vertueusement, ad. [vertu
Vertueux, se, a. qui a de la
Verve, sf. force d'imaginat.
Vesse, sf. plante.
Vésicatoire, a. et sm. médicament extérieur.
Vésiculeux, Vésiculaire, a. de
Vésicule, sf. petite vessie.
Vessie, sf. sac membraneux
Veste, habillement.
Vestiaire, sm. lieu où l'on s'habille.
Vestibule, sm. pièce d'entrée
Vestige, sm. restes.
Vêtement, sm. habits.
Vétéran, sm. en retraite.
Vétille, sf. bagatelle.
Vétiller, v. chicaner.
Vétilleux, se, a. minutieux.
Vêtir, v. couvrir, habiller.
Véto, sm. (é) opposition.
Vêtu, a. habillé.
Vêture, sf. prise d'habit.
Vétusté, sf. ancienneté.
Vétyver, sm. plante odorante
Veuf, Veuve, a. et s. qui a perdu son époux ou son épouse.
Veuvage, sm. état de veuf.
Vexation, sf. de
Vexatoire, a. qui vexe.
Vexer, v. tourmenter.
Viable, a. espoir de vivre.
Viager, ère; a. et sm. de la vie.
Viande, sf. chair, nourriture
Viatique, sm. dern. sacrem.
Vibralité, sf. tremblement.
Vibration, sf. mouvement.
Vibrer, v. trembler.
Vicaire, sm. suppléant, adj.
Vicariat, sm. empl. de vic.
Vice, sm. défaut, débauche.
Vicennal, e, a. de 20 ans.
Vice versâ (é) loc. ad.
Vicié, a. gâté, corrompu.
Vicier, v. altérer.
Vicieusement, ad.
Vicieux, a. contre l'ordre.
Vicinal, e, ad. chemin.
Vicissitude, sf. instabilité.
Victime, sf. sacrifice.
Victimer, v. rendre victime.
Victoire, sf. avantage.
Victorieusement, ad.
Victorieux, se, a. qui remporte la victoire.
Vidange, sf. état vide.
Vidangeur, sm. qui vidange.
Vide, sm. non plein.
Vider, v. rendre vide.
Viduité, sf. état de veuvage.
Vie, sf. opposé à la mort.

V... ou vieux, Vieille, a.
...illard, sm. ancien.
...lerie, sf. chose usée.
...llesse, sf. être vieux.
Vieillir, v. devenir vieux.
Vielle, sf. instr. de musiq.
Vierge, a. pureté.
Vieux, a. et s. V. Vieil.
Vif, ve, a. avoir vie.
Vif-argent, sm. mercure.
Vigie, sf. sentinelle.
Vigilamment, ad.
Vigilance, sf. attention.
Vigilant, a. attentif.
Vigile, sf. veille de fête.
Vigne, sf. plante à raisin.
Vigneron, sm. qui cultive la vigne.
Vignette, sf. estampe.
Vignoble, sm. terrain à vig.
Vigoureusement, ad.
Vigoureux, se, a. et s. de
Vigueur, sf. force, ardeur.
Vil, a. abject, méprisable.
Vilain, a. qui déplait, laid.
Vilainement, ad.
Vilebrequin, sm. vrille.
Vilement, ad.
Vilenie, sf. ordure, injure.
Vilipender, v. déprimer.
Village, sm. hameau, bourg
Villageois, a. et s. de village
Ville, sf. cité.
Vin, sm. jus de raisin.
Vinaigre, sm. vin aigre.
Vinaigrer, v. mettre du vinaigre. |vinaigre.
Vinaigrier, sm. fabricant de
Vindicatif, ve, a. qui se venge
Vindication, sf. vengeance.
Vineux, se, a. de vin.
Vingt, a. nom.(vin), 2 fois 10
Vingtaine, sf. nomb. de 20.
Vingtième, a. et sm. ord.
Violateur, sm. qui viole.
Violation, sf. ou
Violemment, sm. infraction.
Violemment, ad. (la).
Violence, sf. force injuste.
Violent, a. furieux.
Violenter, v. contraindre.
Violer, v. enfreindre.
Violet, a. et sm. couleur de
Violette, sf. plante, sa fleur.
Violon, sm. inst. de musiq.
Vipère, sf. sorte de serpent
Virer, v. tourner.
Virginal, a. de vierge.
Virginité, sf. état de vierge
Virgule, sf. signe de ponct.
Viril, a. d'homme.
Virilement, ad.
Virolle, sf. rondelle.

Virtuel, le, a. qui agit.
Virtuellement, ad.
Virus, sm. (s) venin. méd.
Vis, (s) sf. sorte de clou.
Vis-à-vis, ad. et prép. en face.
Visa, sm. approbation.
Visage, sm. figure.
Viscéral, a. des viscères.
Viscère, sm. organe.
Visée, sf. but.
Viser, v. mirer, pointer.
Visibilité, sf. de
Visible, a. évident.
Visiblement, ad.
Visière, sf. du casque.
Vision, sf. apparition.
Visionnaire, a et s. lunatique
Visitation, sf. fête.
Visite, sf. act. d'aller voir.
Visiter, v. faire visite.
Visiteur, sm. qui visite.
Visqueux, se, a. gluant.
Visser v attacher avec des vis
Visuel, le, a. de la vue.
Vital, a. de la vie.
Vite, a. ou
Vitement, ad.
Vitesse, sf. promptitude.
Vitrage, sm. de vitrail.
Vitrail sm. plusieurs Vitraux
Vitre, sf. carreau de verre.
Vitré, a. garni de vitres.
Vitrer, v. garnir de vitres.
Vitrerie, sf. art du vitrier.
Vitreux, euse, a. de verre.
Vitrier, s. ouvrier en vitres.
Vitrification, sf. action de
Vitrifier, a convertir en verre
Vitriol, sm. sulfate.
Vitriolé, où il y a du vitriol.
Vitupérer, v. blâmer.
Vivace, a. qui vit.
Vivacité, sf. promptitude.
Vivandier, ère, s. marchand de vivres.
Vivant, a. et sm. non mort.
Vivat, sm. souhait.
Vivement, ad.
Vivier, sm. bassin.
Vivification, sf. act. de
Vivifier, v. donner la vie.
Vivipare a. qui fait ses petits tout vivants.
Vivoter, v. vivre pauvrement
Vivre, v. être en vie.
Vocabulaire sm dictionnaire.
Vocal, a. de la voix.
Vocation, sf. profession.
Vocifération, sf. malédiction
Vociférer, v. maudire.
Vœu, sm promesse à Dieu.
Vogue, sf. mouvement.

Voguer, v. ramer.
Vogueur, sm. rameur.
Voici, pr.
Voie, sf. chemin.
Voilà, pr. propos. elliptique
Voile, sm. linge pour se couvrir, sf. toile pour le vent.
Voilé, a. couvert d'un voile.
Voiler, v. couvrir d'un voile.
Voilerie, sf. manuf. de voiles
Voilier, sm qui fait les voiles
Voir, v. examiner.
Voirie, sf. grand chemin.
Voisin, a. qui est proche.
Voisinage, sm. proximité
Voisiner, v. fréquenter.
Voiture, sf. véhicule.
Voiturer, v. transporter.
Voiturier, sm. roulier.
Voiturin, sm. roulier.
Voix, sf. son, suffrage.
Vol, sm. act. de voler.
Volage, a. et s. inconstant.
Volaille sf. oiseau de basse
Volatil a qui s'évapore [cour...
Volatile, a. et sm. qui vole.
Volatilisation, sf. act. de
Volatiliser, v. rendre volatil.
Volatilité, sf. état de ce qui est volatil.
Volcan, sm. embrasement.
Volée, sf. bande d'oiseaux.
Voler, v. dérober, s'élev. en
Volerie, sf. larcin. [l'air.
Volet, sm. contrevent.
Voleur, euse, a. qui dérobe.
Volière, sf. grande cage.
Volontaire a. sans contrainte
Volontairement, ad.
Volonté sf. faculté de vouloir
Volontiers, ad.
Volte, sf. mouvement.
Voltiger, v. voler ça et là.
Voltigeur, sm. qui voltige.
Volubilité, sf. abondance de
Volume sm grosseur |paroles
Volumineux, euse, a. fort étendu.
Volupté, sf. plaisir.
Voluptueusement, ad.
Voluptueux, euse a qui aime, qui inspire la volupté.
Volute, sf. en coquille.
Vomir, v. rejeter.
Vomissement, sm. act. de vomir. [vomir.
Vomitif, a. et sm. qui fait
Vorace, a. qui a de la
Voracité, sf. avidité à mang.
Votant, sm. qui vote.
Votation, act. de voter.
Vote, sm. vœu émis, suffrage
Voter, v. donner son suffrage

Votif, *a.* qu'on vote.
Vôtre, *a. poss.* de vous.
Vouer, *v.* consacrer.
Vouloir, *v.* avoir la volonté
Vous, *pr. pers. pl.* de tu.
Voussure, *sf.* courbure.
Voûte, *sf.* en arc.
Voûter, *v.* faire une voûte.
Voyage, *sm.* chemin, trajet.
Voyager, *v.* faire un voyage.
Voyageur, euse, *s.* qui voyage
Voyant, *a.* et *s.* qui voit.
Voyelle, *sf.* qui a un son.

Voyer, *sm.* agent p' les che-
Vrai, *a.* véritable.   [mins.
Vraiment, *ad.*
Vraisemblable, *a.* et *s.* qui
  paraît vrai.
Vraisemblablement, *ad.*
Vraisemblance *sf.* apparence
  du vrai.
Vrille, *sf.* outil pour percer.
Vu, *sm.* vérification.
Vue, *sf.* faculté de voir.
Vulgaire, *a.* commun, ordi-
  naire.

Vulgairement, *ad.*
Vulgate, *sf.* Bible.
Vulnérable, *a.* qu'on peut
  blesser.
Vulnéraire, *a.* et *s.* pour les
  plaies.
Whig, *sm.* (*ouigue*) partisan
Whist, *sm.* (*ouiste*) jeu de
  cartes.
Wiskey, *sm.* (*ouiski*) eau-
  de-vie.
W, *sm.* double V.

X

X, *sm.* 18e consonne.
Xénélasie, *sf.* interdiction du

séj. d'une ville aux étrang.
Xérophage, *sm.* vit de fruits

Xérophagie, *sf.* même sens.
Xyste, *sm.* lieu couvert.

Y

Y, *sm.* 6e voyelle.
Yacht, *sm.* (*iaque*) petit nav.

Yòble, *sm.* plante.
Yeuse, *sm.* chêne vert.

Yole, *sf.* petit canot.

Z

Z, *sm.* 19e consonne.
Zèbre, *sm.* quadrupède.
Zébu, *sm.* bœuf à 2 bosses.
Zélateur, trice *s* qui agit avec
Zèle, *sm.* affection ardente.
Zélé, *a.* qui a du zèle.
Zénith, *sm.* opposé au nadir.

Zéphyr, *sm.* vent doux.
Zéphyre, *sm.* dieu de la fable
Zéro, *sm.* rien.
Zest (*t*), *interj.* p' se moquer
Zeste, *sm.* cloison de noix.
Zigzag, *sm.* en tournoyant.
Zinc, *sm.* métal blanc gris.

Zizanie, *sf.* discorde.
Zodiaque, *sm.* grand cercle
  de la sphère.
Zone, *sf.* division de la terre
  entre les pôles.
Zoologie, *sf.* histoire naturelle des animaux.

FIN.

Poitiers. — Imp. de HENRI OUDIN.

www.ingramcontent.com/pod-product-compliance
Ingram Content Group UK Ltd.
Pitfield, Milton Keynes, MK11 3LW, UK
UKHW020925120726
13693UKWH00003B/1132

Petit Dictionnaire français adopté pour les classes
tenues par les Filles-de-la-Sagesse

http://gallica.bnf.fr/ark:/12148/bpt6k1165920g